Poderes inexplicáveis após experiências de quase morte

DEBRA DIAMOND

PODERES INEXPLICÁVEIS APÓS EXPERIÊNCIAS DE QUASE MORTE

Histórias de cura e transformação na vida de pessoas que adquiriram habilidades psíquicas extraordinárias

Tradução
Denise de Carvalho Rocha

Editora
Pensamento
SÃO PAULO

Título original: *Life After Near Death.*
Copyright © 2016 Debra Diamond.
Publicado originalmente por The Career Press, Inc., 12 Parish Drive, Wayne, NJ – 07470 – USA.
Copyright da edição brasileira © 2020 Editora Pensamento-Cultrix Ltda.
1ª edição 2019.

Todos os direitos reservados. Nenhuma parte deste livro pode ser reproduzida ou usada de qualquer forma ou por qualquer meio, eletrônico ou mecânico, inclusive fotocópias, gravações ou sistema de armazenamento em banco de dados, sem permissão por escrito, exceto nos casos de trechos curtos citados em resenhas críticas ou artigos de revista.

A Editora Pensamento não se responsabiliza por eventuais mudanças ocorridas nos endereços convencionais ou eletrônicos citados neste livro.

Editor: Adilson Silva Ramachandra
Gerente editorial: Roseli de S. Ferraz
Produção editorial: Indiara Faria Kayo
Editoração eletrônica: s2 Books
Revisão: Claudete Agua de Melo

Dados Internacionais de Catalogação na Publicação (CIP)
(Câmara Brasileira do Livro, SP, Brasil)

Diamond, Debra
    Poderes inexplicáveis após experiências de quase morte: histórias de cura e transformação na vida de pessoas que adquiriram habilidades psíquicas extraordinárias / Debra Diamond; tradução Denise de Carvalho Rocha. -- São Paulo : Editora Pensamento, 2019.

    Título original: Life after near death
    Bibliografia.
    ISBN 978-85-315-2079-2

    1. Experiências de quase morte 2. Morte - Aspectos psicológicos 3. Parapsicologia I. Título.

19-28221   CDD-133.9013

Índices para catálogo sistemático:
1. Experiências de quase morte : Parapsicologia 133.9013
Maria Paula C. Riyuzo - Bibliotecária - CRB-8/7639

Direitos de tradução para o Brasil adquiridos com exclusividade pela
EDITORA PENSAMENTO-CULTRIX LTDA., que se reserva a
propriedade literária desta tradução.
Rua Dr. Mário Vicente, 368 – 04270-000 – São Paulo – SP
Fone: (11) 2066-9000
http://www.editorapensamento.com.br
E-mail: atendimento@editorapensamento.com.br
Foi feito o depósito legal.

SUMÁRIO

Prefácio 7

Introdução 13

PARTE I - MINHA TRAJETÓRIA

1 - Minha introdução ao mundo espiritual 21

PARTE II - HISTÓRIAS DE TRANSFORMAÇÃO

2 - Javier Pereza e sua Transformação Fisiológica: Talento Recém-descoberto para os Esportes 33

3 - Barbara Whitfield e sua Transformação Fisiológica: Interferência na Eletricidade 43

4 - Lewis Brown Griggs e a sua Transformação Fisiológica: Proteção do Corpo ... 54

5 - Ragiv Parti e a Transformação Fisiológica: Cura Espontânea 65

6 - Dan Rhema e o dr. Robert Magrisso e sua Transformação Cognitiva: Talento para as Artes 75

7 - Lyla e sua Transformação Cognitiva: Compositora/Cantora 92

PARTE III - RETROSPECTIVA VAMOS EXAMINAR A REALIDADE DA EQM

8 - Por que Você Não Quer Passar por uma Experiência de Quase Morte 99

9 - A Comunidade de Pessoas que Vivenciaram a EQM e se Apoiam Mutuamente .. 107

PARTE IV - MAIS A FUNDO: EFEITOS COLATERAIS MAIS COMPLEXOS DA EQM

10 - Ken Ebert e sua Transformação Fisiológica: Cura Acelerada; e Robert Bare e sua Transformação Fisiológica: Visão Mais Aguçada 113

11 - Lynnclaire Dennis e sua Transformação Cognitiva: Geometria Sagrada 125

12 - Marissa e sua Transformação Cognitiva: Talento Musical 133

13 - Mark Jacoby e sua Transformação Fisiológica: Sensibilidade Eletromagnética 143

14 - Mary Ann Mernaugh e sua Transformação Cognitiva: QI mais Elevado 153

15 - Ann Callan e sua Transformação Cognitiva: Poesia e Versos 161

PARTE V - O QUADRO MAIOR: O UNIVERSO ENTRELAÇADO ÀS NOSSAS EXPERIÊNCIAS

    16 - Manifestação e Intenção: Como elas Influenciam a EQM? 173

    17 - O Significado da Consciência na EQM 186

    18 - Tudo É Energia 194

    19 - Um Novo Paradigma para Explicar a EQM 201

    20 - O Que os Cientistas Descobriram, o Que Eu Descobri e o Que Todos Nós Podemos Descobrir se Avançarmos na nossa Investigação 204

Apêndice A - A TERMINOLOGIA E A DEFINIÇÃO DA EQM 209

Apêndice B - METODOLOGIA DE PESQUISA 213

Notas dos Capítulos 217

Glossário 219

Bibliografia 223

PREFÁCIO

Evelyn Carleton não vê o mundo exatamente como as outras pessoas.

Aos 36 anos, Evelyn passou por uma experiência de quase morte que mudou sua vida para sempre.

Ela tinha passado o dia assessorando noivos no Templo Bahai, em Wilmette, Illinois. Na época, estava, como ela mesma dizia, "vivendo a vida na velocidade máxima". Era solteira, morava em Chicago e trabalhava para uma agência de administração de talentos. Sozinha no templo, Evelyn perguntava-se como seria seu futuro e estava preocupada com o seu namoro. A sua jornada pela vida parecia incompleta. Aquela tarde, ela parou do lado de fora do templo e gritou: "Deus, se existe algo além disso, me mostre. Não vou dar mais nem um passo à frente se não me der respostas!".

Mais tarde, nesse mesmo dia, Evelyn passou por uma EQM (experiência de quase morte), em decorrência de uma parada cardíaca causada por uma pedra no rim, embora sua saúde fosse perfeita até o momento. Ela teve de ser levada às pressas para o hospital.

"Alguém colocou gelo na minha cabeça", Evelyn contou mais tarde "e comecei a sentir que deixava o corpo físico e atravessava um túnel. Tão logo cheguei ao Outro Lado, não senti mais nenhuma dor". Evelyn viu uma luz branca e recebeu informações sobre os mistérios do universo. Soube que tinha a opção de voltar ou de ficar ali, mas de repente sentiu-se puxada de volta para o corpo. "Meses depois, tudo que eu achava importante passou a não significar nada", contou ela. "Eu era outra pessoa e sabia que nunca mais seria a mesma."

Se esse fosse o final da história de Evelyn, já seria algo muito intrigante, mas acontecimentos ainda mais surpreendentes a aguardavam.

Logo depois que Evelyn saiu do hospital, começou a receber misteriosas transmissões de equações matemáticas e fórmulas de física quântica. Alguma força desconhecida transmitia essas fórmulas e códigos a Evelyn, num processo além do seu controle.

Alguns anos depois, Evelyn ouviu falar da minha pesquisa e entrou em contato comigo para contar sua experiência. Quando falei com ela, estava desesperada. Não entendia as informações, mas continuava recebendo-as. À certa altura, começou a registrar esses códigos e fórmulas – e reuniu 32 *pastas*! Nos últimos vinte anos, Evelyn compilou as fórmulas em cadernos, que guarda nas prateleiras do armário de casa.

O que esses códigos significam? Seriam resultado das suas EQMs? Psicose? Uma doença neurológica?

Depois da sua EQM, Evelyn se mudou para o Texas e passou a trabalhar como secretária particular. Hoje, mora sozinha num apartamento, está quase se aposentando e ainda se pergunta como deveria aplicar seus talentos. As fórmulas de Evelyn serão decifradas pelos cientistas? Será que um dia eles vão descobrir esse grande mistério?

* * *

Tony Woody tinha 24 anos e era engenheiro de voo da Marinha norte-americana, com credenciais de nível máximo, quando se envolveu numa colisão quase fatal no treinamento com um jato. Um pouco depois do acidente, Tony acordou no meio da noite e descobriu que tinha sido transportado para outra dimensão. Viu uma luz branca e formas geométricas que eram mais do que tridimensionais, todas diferentes umas das outras. Tony sentia o impulso de se fundir com essa luz. O amor que sentia era incondicional e ele sabia que não se tratava de um sonho.

"É algo tão impressionante... que toma conta de você", conta ele. "Essas experiências foram as mais reais que já vivi."

Depois do ocorrido, Tony ficou acordado, fitando a energia residual, a luz branca e cintilante. "O que eu devia fazer?", ele se pergunta ao me contar a história e o milagre inesperado.

Tony tinha muitas perguntas: "Quem sou eu e no que estou me transformando?", "Por que tive essa experiência?" Ele passou anos procurando respostas – estudando princípios espirituais e religiões, entre elas o Cristianismo, o Sufismo, o Zoroastrismo e o Budismo, em milhares de livros. Por fim, concluiu que as respostas estavam além das fronteiras da religião e da teologia.

Embora tivesse um diploma em TI, desde a sua experiência Tony não conseguiu mais usar computadores, pois eles reiniciam ou entram em pane toda vez que ele chega perto. A proximidade física faz com que as bombas dos postos de gasolina funcionem mal e ele não possa usar nem mesmo um relógio. Sua sensibilidade é superior à normal e seus efeitos não se limitam a causar pane nos equipamentos eletrônicos. Seu filho, que tinha apenas 2 anos e meio e dormia no quarto ao lado do pai na época da EQM, tem agora 26 anos e, desde aquele dia, também não pode usar relógios.

O que aconteceu a Tony? Por que ele tem essa sensibilidade elétrica que afeta o funcionamento de máquinas e aparelhos? Com o que ele se deparou em sua experiência? E o que havia naquele lugar para onde ele foi que o fazia parecer mais real do que a própria realidade? Será que algo em Tony foi, de alguma forma, "ativado"?

* * *

Jessica Haynes tinha 27 anos e era gerente de uma galeria de arte em Carmel, na Califórnia, quando passou por um terrível acidente de carro e sofreu ferimentos que quase tiraram a sua vida. Os médicos achavam que ela nunca iria se recuperar ou, se sobrevivesse, ficaria paraplégica.

Até o dia do acidente, Jessica só se dedicava ao trabalho e ao namorado. A vida estava difícil e ela se sentia incapaz de sair do mundinho restrito em que vivia.

Depois do acidente, a vida de Jessica virou de cabeça para baixo. Ela foi despedida do emprego. O namorado a deixou. Seu rosto ficou desfigurado, uma das suas vértebras foi esmagada e os ossos dos seus pés se quebraram em vários lugares. Ela não tinha movimentos da cintura para baixo e a dor que sentia era excruciante.

"Estou morta", ela pensava, em seu leito de hospital.

Durante sua EQM, Jessica se viu num lugar escuro, enquanto ondas de energia passavam por ela. Ela reviveu experiências da sua infância e da sua carreira várias e várias vezes, e lhe foram mostrados caminhos alternativos que podia tomar na vida, dali para frente.

Em seis meses, Jessica estava totalmente recuperada do acidente – a tal ponto que já fazia corridas de longa distância, embora, durante pelo menos seis meses, ainda precisasse usar um colete para sustentar a coluna. Hoje, Jessica é casada, mora no norte da Califórnia e tem uma carreira artística gratificante. Segundo ela, sua vida está completa.

O que aconteceu para que Jessica se curasse completamente? Será que de algum modo ela própria escolheu passar por essa experiência, porque precisava de uma segunda oportunidade na vida? Sua EQM seria a chave para liberar o poder de autocura do seu corpo? O que Jessica ganhou com essa experiência que foi muito maior do que a vida que ela levava antes do acidente?

Do comum ao extraordinário

Como milhares de outras pessoas, Evelyn, Tony e Jessica passaram por experiências de quase morte – *acontecimentos transformadores que os fizeram rever a vida que levavam*. O mais importante é que essas três pessoas não só passaram a ter outra visão da vida. O seu encontro com a morte concedeu a elas talentos impressionantes. Poderes especiais. Capacidades totalmente novas que não existiam antes das EQMs. Essas pessoas comuns se tornaram extraordinárias.

Todas as três voltaram das suas experiências de quase morte com *efeitos colaterais* cognitivos, fisiológicos e psicológicos. Efeitos colaterais de natureza sem precedentes. Efeitos colaterais que causaram transformações permanentes. Esses efeitos produziram mudanças radicais na vida dessas pessoas, entre elas uma série de talentos, habilidades e dons dos quais nenhuma delas nem suspeitava anteriormente.

O que aconteceu a Evelyn, Tony e Jessica para que passassem a ter poderes sobre-humanos tão surpreendentes? Embora esses três indivíduos tenham adquirido características notáveis, nem todas as pessoas que passam por EQM demonstram esses mesmos efeitos colaterais. Algumas passam a apresentar características diferentes, como sensibilidade a substâncias químicas ou à luz, ou efeitos colaterais psicológicos como espiritualidade intensificada ou um amor profundo pela humanidade.

A vida depois da quase morte

O que você descobrirá neste livro é o perfil de dezenas de indivíduos entrevistados, que compõem um conjunto de aproximadamente cinquenta pessoas com efeitos colaterais de EQM. Cada um deles apresenta o que eu chamo de "efeitos colaterais da experiência de quase morte". Esses efeitos aconteceram a todos esses indivíduos, independentemente da sua idade, nacionalidade, posição socioeconômica, religião ou vida profissional. A faixa etária desse grupo, composto de homens e mulheres, varia de 20 a 60 e poucos anos. Ele engloba desde desempregados até profissionais talentosos, de todos os Estados Unidos e de outros países. Há um ex-CEO e cientista que, depois de chegar às portas da morte, passou meses produzindo obras de arte; um "intuitivo cibernético" que se comunica com máquinas; um terapeuta cujo QI atingiu um patamar elevadíssimo; e um professor universitário míope que passou a ter uma visão mais do que perfeita.

Ao longo de um período de três anos, viajei por todos os Estados Unidos entrevistando esses homens e mulheres, tentando descobrir o significado por trás das suas EQM e dos seus efeitos colaterais. Essas histórias são reais e, com exceção de três pessoas com pseudônimos (Evelyn, Marissa e Lyla), os nomes dos entrevistados são revelados, com a sua devida permissão. Por mais diferentes que possam ser, essas pessoas passaram pela mesma transformação, algo que para muitas delas é tão complexo, intrigante, místico e misterioso quanto a própria experiência de quase morte que iniciou suas jornadas.

Como esses indivíduos, fiquei muito intrigada quando me deparei com a experiência de quase morte pela primeira vez, e imediatamente quis entendê-la melhor. A investigação dessa experiência me levou a mais perguntas e respostas. Depois de entrevistar essas pessoas, vários temas coerentes vieram à tona e levaram a uma compreensão mais profunda do fenômeno por trás da experiência pela qual esses indivíduos passaram. E, agora, eu apresento essas informações neste livro.

A maioria das obras sobre vida após a morte gravita em torno de questões como "Vou ver meus entes queridos outra vez?" ou "Vou encontrar Deus ou meus mestres espirituais?" Essas perguntas, porém, são apenas o começo do que eu trato em *Poderes Inexplicáveis Após Experiências de Quase Morte*.

Este livro examina as histórias de dezenas de pessoas que voltaram de suas experiências de quase morte transformadas. No entanto, ele também é a história de cada um de nós e do nosso relacionamento com o universo, a realidade e a consciência. Ele nos ajuda a entender a natureza energética essencial do universo e a esclarecer qual é o propósito da nossa vida.

Essa é a história que eu apresento aqui. Não é fácil explicar os mistérios do universo. Você não tem de acreditar no que apresento neste livro, mas eu acredito que tudo que apresento seja a mais absoluta verdade.

Esta obra é dividida em cinco partes. Na Parte I, conto um pouco da minha vida e apresento as definições básicas da EQM. Na Parte II, examino as histórias das pessoas que passaram por transformações miraculosas em resultado de suas EQMs. Na Parte III, retrocedo um pouco e examino a realidade da EQM e as questões relacionadas ao modo como os entrevistados lidaram com as consequências de suas EQMs. Na Parte IV, apresento casos mais complexos no que se refere aos efeitos colaterais das EQMs. E na Parte V, examino as implicações da experiência de quase morte para todos nós e para o nosso planeta.

INTRODUÇÃO

O que é a experiência de quase morte? Uma ilusão? Um desequilíbrio neurológico? Ou uma consequência do fato de o cérebro estar morrendo? Ou será que é outra coisa, algo inefável, uma jornada a um reino indescritível que pode transformar e alterar para sempre a vida de quem vive essa experiência?

Raymond Moody cunhou o termo "experiência de quase morte" em seu revolucionário livro *Life After Life*, de 1975, no qual ele delineava nove elementos da EQM, entre eles a revisão da vida, a experiência fora do corpo, o encontro com entes queridos já falecidos e a decisão e voltar ao corpo. Oito anos depois, Bruce Greyson, um professor da Universidade de Virginia, expandiu a lista para dezesseis elementos, entre eles um conhecimento intuitivo súbito, a visão de cenas do futuro e a chegada a um ponto sem retorno.

De acordo com a maior parte dos livros sobre EQM, os elementos mais comuns desse fenômeno envolvem uma experiência fora do corpo, um sentimento de paz com relação ao universo e de amor profundo, e uma conexão com uma luz branca brilhante. (No Apêndice A apresento uma lista completa de todos os elementos da EQM e suas definições.)

Apesar dos elementos comuns, ainda falta um consenso que possibilite uma definição única da EQM. Vidas inteiras podem ser revistas, parentes falecidos podem ser encontrados e dons podem ser concedidos em questão de segundos ou minutos, se medidos no tempo da Terra. A intensidade emocional de uma EQM é diferente da sentida em qualquer outro tipo de experiência pela qual uma pessoa pode passar neste planeta. No entanto, pouco se sabe ainda sobre o que são as EQMs.

A maioria das pessoas acha que é preciso "morrer" e depois "voltar" para se ter uma EQM. No entanto, a pessoa não tem de ser declarada clinicamente morta para vivenciar uma EQM, embora muitas experiências desse tipo sejam resultado de um acidente, uma parada cardíaca ou acontecimentos semelhantes que muitas vezes, mas nem sempre, são fatais.

Também não é necessário, para se ter uma EQM, que a pessoa vivencie todos os nove elementos descritos por Raimond Moody nem a maioria deles. De acordo com o ACISTE (sigla da American Center for the Integration of Spiritually Transformative Experiences) e a IANDS (sigla da International

Association for Near-Death Experiencers), a chave não é saber quantos elementos a EQM apresenta, mas saber se a pessoa que passou pela experiência sofreu uma *transformação permanente* depois dela e tornou-se incapaz de levar a mesma vida que tinha antes. Eu concordo com essas definições da natureza das EQMs.

As EQMs não são incomuns. De acordo com uma pesquisa de 1992 do Instituto Gallup, aproximadamente 13 milhões de norte-americanos relatam experiências de quase morte. Esse número pode ser até mais alto, visto que muitas pessoas evitam falar sobre essa experiência por constrangimento e receio de serem ridicularizadas.

Como a ciência vê a experiência de quase morte?

O que a comunidade científica tem a dizer sobre a experiência de quase morte? Ela seria uma consequência da hiperventilação? O resultado da diminuição do oxigênio ou da falta de irrigação sanguínea no cérebro? Ou haveria uma explicação sobrenatural para o fenômeno?

A ciência continua a investigar a questão da EQM, na verdade todas as questões parapsicológicas, com um saudável ceticismo. De acordo com o atual pensamento científico, o estado de quase morte é uma ilusão causada pela hipóxia (diminuição da taxa de oxigênio no sangue) no cérebro, o que resulta em alucinações. Especialistas acreditam que o cérebro pare de funcionar vinte a trinta segundos depois que o coração para de bater. Depois que isso acontece, não é possível mais ter consciência de nada. Segundo a ciência, não existe nenhuma base para a crença de que sobrevivemos depois da morte física.

No entanto, embora a ciência expresse ceticismo, cada vez mais pessoas relatam EQMs, com testemunhos no YouTube e relatos em programas de TV, como *Dr. Oz*, e nos noticiários. Parece que chegou a hora de reexaminarmos o significado da EQM e, inclusive, da morte e da vida após a morte.

Quando comecei a minha jornada de investigação da EQM, segui um processo que delineei no Apêndice B, lancei-me num território desconhecido e comecei o meu trabalho.

Os efeitos colaterais da EQM: O que eles são?

Fiquei de fato intrigada com o universo da EQM, mas foram os efeitos colaterais que mais me fascinaram.

Os efeitos colaterais da EQM – os comportamentos que se mantiveram depois da EQM – são transformações permanentes ainda menos compreendidas do que a própria experiência em si. Esses efeitos ainda não foram objeto de muitas pesquisas e, na nossa nomenclatura, ainda são vistos como milagres dos dias de hoje. Os efeitos colaterais das EQMs podem ser perturbadores. Nem todas as pessoas que passam por essas experiências apresentam os mesmos efeitos colaterais. Assim como cada EQM é única, cada versão dos efeitos colaterais também é.

Algumas pessoas voltam à vida com características completamente novas ou com dons sobrenaturais, como capacidades cognitivas intensificadas e uma sensibilidade sensorial nada convencional. Algumas delas se expressam como compulsões. Muitos desses efeitos normalmente não encontram expressão no plano terreno, como a sensibilidade exacerbada para substâncias químicas ou a capacidade de saber o que completos estranhos estão pensando ou sentindo. Os efeitos colaterais da EQM têm consequências em muitos aspectos, desde o cognitivo e o fisiológico até o social e o psicológico.

Os efeitos colaterais sociais e psicológicos, como a espiritualidade intensificada e as capacidades psíquicas, são difíceis de mensurar e verificar. Eu não me ative à investigação desses efeitos, pois preferi me concentrar em dons cognitivos e fisiológicos mais tangíveis, que são verificáveis e mensuráveis. Embora todos os efeitos colaterais exijam mais investigação, os aspectos cognitivo e fisiológico, que ainda não foram examinados em profundidade, são os que requerem maior atenção. Eu particularmente me interessei por eles por serem irrefutáveis e demonstráveis.

Efeitos colaterais cognitivos e fisiológicos da EQM

Os efeitos colaterais cognitivos e fisiológicos da EQM não se manifestam apenas como talentos e capacidades incomuns, mas também como obsessões que assumem o controle da vida da pessoa. Para ser mais clara, quero enfatizar que não estou me referindo simplesmente a tocar algumas notas no piano ou de pegar ocasionalmente um pincel para pintar uma aquarela. As pessoas que apresentam esses efeitos colaterais ficam totalmente focadas nessas capacidades recém-descobertas, muitas vezes a ponto de excluir todas as pessoas e outras atividades da sua vida. Os entrevistados Dan Rhema (ver Capítulo 6) e Ana Callan (ver Capítulo 5) não conseguem "desligar" seu fluxo de inspiração. Uma força maior – um poder além do físico – toma conta deles. Essas pessoas são transformadas em artistas, escritores, músicos e matemáticos depois das EQMs.

Os efeitos colaterais fisiológicos são até mais bizarros: audição intensificada, visão melhorada, elevação do QI, capacidades atléticas incríveis, cura espontânea. Alguns efeitos colaterais são realmente assustadores e podem ser até perigosos, como a sensibilidade elétrica exacerbada. Esses efeitos colaterais não devem ser considerados uma panaceia ou a resposta há muito procurada para uma vida estagnada. *Saiba que os efeitos da EQM têm um alto preço.*

Na maior parte dos casos, os efeitos colaterais das EQMs são uma interferência, uma intrusão, que pode exigir da pessoa uma reorganização total da sua vida. Ela pode precisar abrir mão de um velho hábito, de um emprego ou de um estilo de vida em favor de capacidades inesperadas e nem sempre adaptáveis à rotina diária.

Esses efeitos da experiência de quase morte são um campo do qual ainda temos pouquíssimas informações. Eu me sentia à vontade nesse terreno e com a pesquisa desse campo, porque, na minha profissão, costumava colher dados, pesquisar e sintetizar informações esparsas em áreas que ainda não são muito bem compreendidas. Eu pesquisava campos profissionais e empresas cuja área de atuação era tão nova que ainda nem podia ser considerada "de ponta". Essa era a minha experiência e por isso eu era capaz de ligar os pontos de um modo que as outras pessoas talvez não fossem.

Além disso, de acordo com meus colegas de trabalho, sempre fui um pouco "híbrida" e aquela "ovelha" que ia na frente, levando todo o rebanho atrás. Essa sou eu.

A pesquisa que fiz no campo dos efeitos colaterais da EQM foi resultado de um verdadeiro trabalho de "escavação", realizado durante muitos anos. Quando entrei no mundo das EQMs e identifiquei as pessoas que apresentavam efeitos colaterais cognitivos e fisiológicos, utilizei uma metodologia baseada nesse trabalho anterior, que incluía uma combinação de pesquisa convencional e parapsicológica. (Ver Apêndice B para mais informações sobre essa metodologia.)

Minha vontade de escrever este livro

Meu próprio interesse por esse reino espiritual foi resultado de uma profunda experiência que me conduziu a uma vida mais voltada para a metafísica. Antes dessa mudança, eu era simplesmente uma mulher casada e com filhos, executiva da Wall Street, e minha vida se limitava ao mundo material. Embora não tenha se tratado de uma situação de quase morte, essa experiência transformadora levou-me a usar minhas habilidades únicas e a minha experiência de vida. Oito anos depois, minha vida pessoal e minha carreira, marcada por um sucesso exemplar mas convencional, foram irrevogavelmente alteradas. Eu passei por uma experiência espiritual que me tornou clarividente. Não foi algo pelo qual eu tenha pedido ou buscado.

Nessa experiência "sobrenatural", descobri que podia ver pessoas falecidas e me comunicar com elas, e pelo fato de nunca ter enfrentado esse tipo de coisa, fiquei bem assustada. À medida que o tempo passava, foi surgindo dentro de mim a certeza de que eu estava lidando com um poder que não era convencional. Deixei de ser uma novata relutante no mundo da espiritualidade e comecei a aprender a usar os dons que ganhei. Coincidências mais significativas ocorreram à medida que eu avançava no mundo da investigação espiritual, e elas resultaram no meu trabalho nos domínios da EQM. E esse trabalho naturalmente evoluiu para uma prática na qual combinei minha experiência de vida com meus dons espirituais.

Embora o objetivo inicial desse trabalho fosse investigar os efeitos posteriores da experiência de quase morte, acontecimentos muito rápidos (às vezes não planejados, mas profundamente significativos para mim) me conduziram a direções diferentes. Isso incluiu um exame mais atento do significado mais profundo da EQM e de aspectos totalmente ignorados ou tratados superficialmente por outros investigadores. E os resultados renderam algo surpreendente: constatações mais amplas e impressionantes do seu alcance e complexidade. Enquanto eu explorava o prisma que é a nossa realidade, descobri os conceitos complexos da consciência e da intenção. Surgiram narrativas que incluíam histórias não tão extraordinárias de EQMs, que evoluíram para ideias maiores e uma contemplação do papel do plano espiritual em toda a nossa vida.

Este foi o trabalho mais importante que realizei. Sei que há quem duvide e, se eu estivesse no seu lugar, não sei se acreditaria. Uma história se transformou numa viagem profunda ao reino etérico, apesar da sua improvável gênese numa sala de aula perto de Penn Station, na cidade de Nova York, cerca de oito anos atrás. Se alguém me dissesse que minha vida viraria de cabeça para baixo, a ponto de se tornar completamente irreconhecível, e que eu começaria uma pesquisa sobre o domínio da EQM, eu não teria acreditado.

Às vezes, a dificuldade desse trabalho me causou a impressão de que estava passando por um espesso aglomerado de nuvens ou fazendo malabarismos debaixo d'água. No entanto, também percebi que tinha a oportunidade de usar minhas habilidades para trazer conhecimentos de valor para outras pessoas. Afinal, a morte e a vida após a morte são questões que dizem respeito a todos nós.

PARTE I

MINHA TRAJETÓRIA

1
Minha introdução ao mundo espiritual

"A mais bela experiência que podemos ter é o mistério."
– Albert Einstein

Pensei nos acontecimentos que me levaram a chegar aonde cheguei. Eu tinha percorrido um longo caminho.

Nasci em Ohio (EUA) e passei a maior parte da minha juventude lá. Minha mãe era professora primária e meu pai, empresário. Eu era uma boa aluna, uma das melhores, e me matriculei na faculdade quando tinha 17 anos, vindo a me formar três anos depois. Aos 22 anos, já tinha um diploma de mestrado. Sempre vivi à toda velocidade. Num artigo importante sobre mim, um repórter do jornal *Baltimore Sun* disse uma vez: "Ser precoce, às vezes muito precoce, tem sido a história da vida de Debra Diamond".

Depois de receber meu MBA, fui contratada como analista por uma empresa de investimento. Durante vinte anos, fui uma pessoa muito ocupada, que fazia malabarismos o tempo todo para dar conta de um trabalho, um marido e três filhos. Não tinha tempo para me sentar e filosofar e resolver tudo. Até então, tinha uma carreira bem-sucedida na Wall Street, fazendo investimentos e comentários no canal de TV da CNBC. Eu já tinha feito muitas coisas: trabalhado com capital de risco, feito parte de conselhos, ajudado empresas a iniciar negócios e prestado consultoria a outras.

Quando estava no negócio de investimentos, percebi que eu tinha uma vantagem. Sabia coisas. E esse era um saber que vinha instantaneamente. Percebi que tinha uma ótima intuição e uma carreira em que eu precisava seguir os meus instintos. Foi assim que expliquei: ótima intuição. Meu chefe costumava dizer, "Debra, você tem um instinto apurado", e eu decidi que essa devia ser a razão. Não conhecia outro modo de entender o que acontecia comigo. Meu vocabulário na Wall Street não incluía o vocabulário da Nova Era. Embora eu pudesse ouvir um "Siga seus instintos" ou "O que a intuição lhe diz?", não há lugar para a espiritualidade no mundo dos negócios.

Eu não contava a ninguém que sabia coisas intuitivamente: como um setor poderia crescer, como uma empresa poderia ter sucesso, como gerenciar uma equipe. Só encontrei ceticismo nos meus primeiros anos nesse ramo de negócios, mas depois de algum tempo seguindo sempre à frente do rebanho, os outros começaram a ouvir o que eu dizia. Eles coçavam a cabeça e diziam: "Não sabemos como você faz isso, mas continue fazendo". Eu era conhecida como "uma investidora supertalentosa e com uma intuição notável".

Uma sala de aula em Nova York e visitas da vida após a morte

Em 2008, passei por uma experiência espiritual que me transformou para sempre. Na tentativa de entender melhor o que estava acontecendo comigo, comecei a estudar o trabalho com energias e desenvolvi uma prática. Nesse ínterim, comecei a "fazer" consultas e usar minhas habilidades de várias maneiras diferentes.

Sempre tive interesse em desenvolver a minha intuição e achei que seria divertido aprender alguns truques para deixá-la ainda melhor. Quando soube de um curso em Nova York sobre o desenvolvimento da intuição, isso me pareceu interessante, mas sempre que eu pensava em me inscrever alguma coisa me impedia. Agora sei: eu não estava preparada. Quando estamos prontos, a vida faz as coisas acontecerem. Por fim, a hora certa pareceu ter chegado e eu me inscrevi no curso, em novembro de 2008.

Era um curso de fim de semana em Manhattan, perto da Penn Station. *Vai ser divertido*, pensei. *Vou entrar em contato com os meus sentidos, aprender a confiar nos meus palpites, aquelas intuições que todos nós temos.*

Havia 25 alunos na sala de aula, homens e mulheres. Alguns já tinham experiência no assunto, outros eram novatos. A professora era uma acadêmica que já havia escrito vários livros sobre espiritualidade e religiões orientais. Fizemos um relaxamento, no início da aula, e alguns exercícios de telepatia, para aprender a nos comunicar sem o uso do som ou da visão e deixar o clima mais leve.

Trabalhamos durante algumas horas, praticando técnicas de meditação, depois fizemos uma pausa. Fiquei surpresa quando voltamos do intervalo e vi que o curso tomaria outro rumo.

"Agora vamos fazer uma sessão espiritual", anunciou a professora.

Uma sessão espiritual? *De jeito nenhum! Não foi para isso que me inscrevi!*, pensei enquanto verificava o folheto com a descrição da aula. Evocar os mortos? Eu achava que aquilo era um curso para desenvolver a intuição. Novas técnicas de atenção plena. Como entrar em sintonia com os meus instintos. Talvez alguns exercícios com cartas de tarô...

Não consegui escapar. Afinal, eu era uma aluna inscrita no curso. *Bem, vou fazer isso e só. Não vai acontecer nada mesmo...*

"Vou dizer a vocês o que fazer se virem alguém", a professora disse.

Fiquei ali parada, observando e ouvindo, enquanto ela explicava que, se uma pessoa que já tivesse morrido aparecesse no canto da sala, ela provavelmente tinha ligação com um aluno sentado naquele canto. Se víssemos algum espírito, devíamos perguntar se alguém na classe poderia identificar essa pessoa. *Interessante*, pensei, *mas não relevante, porque não vou ver ninguém*. Achei que faríamos isso e depois passaríamos para o próximo exercício.

Minha ideia de sessão espiritual era bastante limitada. Imaginei a classe toda sentada de mãos dadas ao redor de uma mesa, numa sala escura. Talvez ouvíssemos batidas sob o tampo da mesa. Olhei em volta, procurando uma bola de cristal. Não havia nenhuma. Era apenas uma sala com paredes encardidas, no oitavo andar de um prédio de escritórios.

A professora explicou como devíamos abordar aquilo. Tínhamos de seguir um certo protocolo ao iniciar a sessão. *Ok*, pensei. Ela disse que nos colocaria num estado meditativo e, se víssemos alguma coisa, deveríamos informá-la e ela nos ajudaria. *Tudo bem. Vamos meditar e depois passaremos para o próximo exercício,* concluí.

Fechei os olhos e ouvi enquanto a professora nos fazia entrar num estado de relaxamento. Minha respiração ficou mais lenta e ouvi suas instruções para relaxar o corpo e serenar o coração. Senti minha cabeça cair sobre o peito e relaxei. Fiquei relaxada, mas consciente de que minhas costas estavam doloridas por causa da cadeira de espaldar reto.

Senti algumas sensações leves, mas rapidamente as descartei. Eu estava quente, mas atribuí isso à temperatura da sala. (Era um dia de calor em Nova York, mas a professora sugeriu que mantivéssemos as janelas fechadas, para que os ruídos da rua não nos incomodassem.) Eu senti um ligeiro formigamento. Nada demais. A sala estava em silêncio. Nada fora do comum aconteceu.

Então a professora disse que podíamos abrir os olhos. Se "víssemos" alguma coisa, devíamos avisá-la. Eu me sentei mais ereta.

"Alguém 'viu' alguma coisa?", ela perguntou.

Olhei ao redor da sala. Todos os alunos se entreolharam. Ninguém levantou a mão. Eu levantei.

"Sim, Debra? O que você está vendo?", ela perguntou.

"Vejo cerca de cinquenta pessoas", eu disse.

Todos ofegaram. Eu também, só que estava ocupada vendo a sobrinha do meu irmão, falecida um ano antes. Ela estava sentada numa cerca branca e parecia feliz. Havia um pônei branco ao lado dela. (Ela adorava cavalos.) No canto da sala, um homem com um bigode em forma de guidão de bicicleta me abriu um amplo sorriso. Um jogador de futebol pegava um passe no meio da sala. Minha tia estava gargalhando na minha frente. Havia outros que eu não conhecia, incluindo dançarinas da Broadway, atuando no centro da sala. Um ambulante com um carrinho de mão cruzou na minha frente.

Todos pareciam reais. Eu não tinha me dado conta de que estava olhando para pessoas que já tinham falecido. Todas pareciam ansiosas para falar. Só mais tarde percebi plenamente que esses sujeitos não estavam vivos.

A professora me perguntou novamente o que eu estava vendo.

Quando descrevi o homem de bigode e o seu sorriso largo, de dentes muito brancos, uma mulher num canto começou a chorar. Ela ergueu a mão e identificou o homem como seu noivo, que havia morrido dois anos antes. A professora perguntou se ele tinha alguma mensagem para ela.

Eu disse que iria verificar, mesmo não sabendo exatamente o que fazer. Perguntei se ele tinha alguma mensagem e ele disse: "Eu morri".

"Ele morreu", eu disse. (Eu tenho de dizer que fiquei muito melhor desde então nesse negócio de transmitir mensagens.) A mulher no canto continuou a chorar. Mais tarde ela perguntou se poderia me mostrar uma foto do noivo durante o nosso intervalo. Ela tinha fotos dele no celular. Será que eu poderia identificá-lo?

"Claro!", eu disse, nunca duvidando de que pudesse fazer isso.

No intervalo, ela me mostrou algumas fotos.

"Esta", eu disse, apontando para uma foto mostrando um homem com bigode de guidão, cabelos castanhos e um amplo sorriso. "É ele!"

Ela começou a chorar novamente. Queria ter notícias dele desde sua morte e disse que agora ficaria em paz, sabendo que ele tinha se comunicado com ela. Ela me deu um grande abraço e me agradeceu. Disse que eu a ajudara a fazer um contato que ela desejava muito. Que eu a ajudara de um jeito muito especial.

Parei para refletir sobre isso.

Eu tinha feito algo importante. Nunca tinha feito nada na minha carreira na Wall Street que provocasse esse tipo de reação numa pessoa. No setor de investimentos, meu trabalho era lidar com o mercado de ações, observar outros estrategistas ou superar metas. É tudo uma questão de ganhar dinheiro. Ajudar as pessoas não fazia parte da minha missão.

A minha vida nunca mais seria a mesma.

Um novo modo de vida

Apesar das recompensas, não pedi para ter essa habilidade, nem estava em busca dela. Naquele domingo à noite, quando estava a caminho de casa, em Baltimore, liguei para um dos meus filhos. Eu tenho três filhos, mas esse, em particular, é muito cético e sempre tem uma pontuação alta nos testes de lógica. Contei a ele o que tinha acontecido na aula. Ele não disse uma palavra e não me interrompeu. Quando terminei, falou:

"Bem, isso faz sentido. Somos apenas energia, e a energia tem de ir para algum lugar".

Sua explicação colocou minha experiência num contexto que eu podia entender, embora ainda estivesse confusa com os acontecimentos.

Não contei a mais ninguém sobre o que tinha ocorrido naquele fim de semana. A maioria das pessoas que eu conhecia trabalhava na Wall Street e nenhuma delas teria entendido ou acreditado em mim. Elas teriam revirado os olhos ou, pior ainda, rido na minha cara. Eu não queria parecer uma louca, então fiquei quieta.

Não posso deixar a minha vida tomar esse rumo, decidi. *Tenho de controlar isso.* Um bumerangue tinha sido lançado para mim. Tentei me esquivar, mas de algum modo, não teve jeito. Não havia como voltar atrás.

Eu estava louca? Não pensava assim. Teria feito alguma coisa para provocar aquilo? Será que eu mesma estava provocando aquilo? Minha mente pensou em todas as possibilidades. Como eu continuaria vivendo a mesma vida agora que aquela porta tinha sido aberta? Fingir que não tinha acontecido? Varrer para baixo do tapete? Não conseguiria.

Sou uma pessoa prática e com os dois pés no chão. Uma mulher de negócios durona. A ideia de que ser definida como alguém dotado de poderes parapsíquicos me deixava muito desconfortável. Isso não era o que eu tinha pensado para a minha vida. Não era algo com o qual sonhara ou queria.

Não estou pronta para isso.

Tentei não pensar a respeito, mas não foi tão fácil assim. Naquele verão, decidi deixar Baltimore – o meu lar – e visitar Taos, no Novo México. Meu plano era ficar lá durante dois meses.

Dois anos depois, eu ainda estava lá. Isso não é incomum em Taos. Quando você conhece os moradores e pergunta há quanto tempo estão lá, eles dizem: "Ah, vim para ficar um fim de semana, vinte anos atrás". Para artistas, pessoas criativas e espiritualistas, o lugar exerce uma atração magnética.

Em Taos, relaxei com relação ao que aconteceu comigo e a quem eu era. Sem nem perceber, comecei a aceitar meus novos dons.

O plano espiritual decidiu que já era hora de eu trabalhar com essa energia. Relaxei e deixei que as coisas acontecessem.

Comecei a praticar, fazer cursos e estudar com profissionais, incluindo professores do Arthur Findlay College, no Reino Unido. Eu estava começando a crescer e a aprender sobre meus pontos fortes, enquanto trilhava meu caminho nesse novo mundo. Minha intuição, que tinha desaparecido depois da experiência em Nova York por causa do medo que senti, voltou. Com uma certa distância e perspectiva, percebi que ganhar dinheiro não era a coisa mais importante da minha vida.

Sem esse empurrão inicial do plano espiritual, eu teria continuado a ser uma mulher de negócios inteligente e preocupada apenas em ganhar dinheiro. Não teria investigado as experiências de quase morte, e nada do que aconteceu na minha vida ao longo dos últimos oito anos teria acontecido de fato. Fui levada para o mundo da espiritualidade com a sutileza de um ciclone.

Este livro descreve os acontecimentos do modo como ocorreram e como os vivenciei quando fui conduzida ao mundo das EQMs. Escrevi esta história assim como ela ocorreu. Já não passo meus dias fazendo negócios de milhões de dólares ou ouvindo boatos sobre as aquisições mais recentes da Wall Street ou procurando as ações mais quentes do mercado. Já não participo de coquetéis extravagantes, não faço viagens de jatinho ao exterior para atender clientes, nem vou a conferências em locais exóticos. Em vez disso, uso meus talentos para estudar perguntas ainda sem resposta, que dizem respeito a todos nós.

Passei a me sentir mais à vontade com meus novos dons à medida que os anos passavam. Em Taos, quando perguntam o que você faz e você diz: "Sou médium", a resposta é: "Eu também!" Não há problema em se fazer trabalho mediúnico, pelo menos enquanto se estiver lá.

Vários anos se passaram e me tornei um membro da comunidade de Taos. Eu tinha meu grupo de escrita criativa, meu grupo de tricô e meu trabalho voluntário na SOMOS, uma sociedade literária. Fiz muitos amigos maravilhosos, pessoas muito diferentes dos gerentes financeiros e analistas que conheci na minha vida antes disso. A Costa Leste parecia muito distante.

Taos serviu como uma espécie de linha divisória entre minha vida antiga e a nova. Deixei de ser uma novata relutante no mundo da espiritualidade e comecei a aprender a usar os dons que recebi. Desde então, já ofereci consultas parapsíquicas, fiz *workshops* e dei palestras. Meu trabalho é ajudar os outros. Se, dez anos atrás, alguém me dissesse que eu faria esse trabalho, nunca teria acreditado.

Assim como eu soube, no momento em que cheguei, que não havia chance de eu deixar Taos tão cedo, alguns anos depois reconheci que meu tempo ali terminaria em breve.

Eu deveria deixar para trás o mundo de Taos? Aquele seria o fim da minha jornada pelo reino da metafísica?

Antes de sair da cidade, decidi fazer uma jornada com um xamã em Santa Fé, para empreender uma busca interior e recuperar informações de uma dimensão invisível. Era um tipo de consulta espiritual.

Na viagem xamânica, eu me vi na infância: uma garota que não deixava ninguém convencê-la de nada e que sempre escolhia seu próprio caminho. Vi um mapa dos Estados Unidos e, em particular, uma cidade no Sudoeste. Eu não sabia que cidade era essa, nem mesmo o estado, mas sabia que não era o Novo México, a Califórnia ou o Texas. A cidade estava iluminada. Percebi que o Criador estava tentando me mostrar algo, mesmo que eu não soubesse exatamente o que era. Guardei a informação, lembrando-me de prestar atenção nas pistas para esse destino desconhecido.

Alguns meses depois da jornada xamânica, voltei para a minha casa em Baltimore. Passei algum tempo escrevendo e pintando, entrando em contato com amigos e visitando a minha família. Logo conheci uma mulher que "tinha morrido" aos 36 anos de uma parada cardíaca e voltado à vida, intrigando os médicos. Ela tinha ouvido falar de mim e perguntou se eu poderia lhe fazer uma consulta parapsíquica. Foi uma consulta tradicional, não uma consulta de EQM, e depois dessa logo se seguiram outras. Não muito tempo depois, graças à propaganda boca a boca, eu estava fazendo consultas para outras pessoas, muitas delas profissionais da região do Médio-Atlântico.

Meses se passaram, eu me mantive ocupada e o inverno chegou. O ar claro e límpido e a misteriosa e penetrante escuridão noturna do Novo México passaram a fazer parte do passado. Estava sempre nublado e úmido em Baltimore. Eu já estava farta de tanto frio. Tinha lido a respeito da Feira de Pedras Preciosas e Minerais de Tucson, que acontece todos os anos em fevereiro. Os dias agradáveis de Tucson acenavam para mim.

Por que não?, pensei.

DESBRAVANDO O MUNDO DAS EQMS

Não demorei para fazer as malas. Estava planejando acrescentar algumas pedras ao meu arsenal esotérico e aproveitar os dias ensolarados de Tucson e o inverno temperado.

Cheguei ao meu hotel em Catalina Foothills e senti o ar seco quente contra a minha pele. Quando estava desfazendo as malas, meu celular vibrou com uma mensagem de texto de uma amiga.

Você conhece o dr. Gary Schwartz, um estudioso proeminente no campo multidisciplinar de ciência e espiritualidade?

Pesquisei-o no Google. Gary Schwartz tinha feito doutorado em Harvard e era diretor do Centro de Psicofisiologia e da Clínica de Medicina Comportamental da Universidade de Yale, antes de se mudar para o Arizona e fazer pesquisas no Laboratório Veritas, da Universidade do Arizona. O dr. Schwartz conduzia uma investigação para demonstrar, por meio de médiuns, o papel do mundo espiritual na orientação das pessoas.

Gary Schwartz me pareceu uma pessoa interessante, alguém que eu gostaria de conhecer um dia.

Destampei uma garrafa de água, abri o *Arizona Daily Star*, o jornal diário de Tucson, e fiquei perplexa diante de um anúncio de página inteira: o dr. Gary Schwartz daria uma palestra na noite seguinte na Igreja da Unidade, a cerca de dois quilômetros de onde eu estava hospedada! O quarto estava quente e, enquanto me abanava, pensava em que chance havia de isso ser uma coincidência.

Provavelmente nenhuma, conclui.

Na noite seguinte, sentei-me na primeira fila da Igreja da Unidade, enquanto uma brisa agitava as bandeirinhas coloridas no altar. Ouvi enquanto o dr. Schwartz apresentava suas evidências da existência do mundo espiritual. No final da sua apresentação, outro orador tomou seu lugar e fez um anúncio. Na noite seguinte, haveria uma reunião do grupo de estudo local sobre a experiência de quase morte. *Por que não? Eu iria nessa reunião também.*

Na noite seguinte, eu estava de volta à capela, ouvindo Dave Bennett contar que, vinte anos antes, quando era mergulhador profissional, ele se afogou num dos seus trabalhos. Enquanto estava "morto", viu o futuro e passou por uma mudança de paradigma. Mais tarde, Dave descobriu que tinha um câncer em estágio avançado, do qual ele se recuperou completamente. Ao ouvi-lo, enquanto explicava sobre sua experiência, fiquei intrigada. Após a apresentação, saí da igreja para a noite cálida de fevereiro e pensei no que tinha ouvido. Estava convencida de que deveria aprender mais sobre essa experiência de quase morte.

Enquanto dirigia pela Speedway Boulevard no dia seguinte, atravessando a cordilheira que cerca Tucson, eu pensava nas experiências de quase morte. Aonde quer que essas pessoas tivessem ido durante suas EQMs, eu sabia que tinha estado lá também. Eu tinha visto. Provado. E compartilhado algo com elas. Todos nós éramos viajantes nesse reino invisível.

Com isso, iniciou-se minha jornada pelo reino da vida após a morte. Mas o verdadeiro início só aconteceria meses depois, na Costa Leste.

Desbravando o mundo da experiência de quase morte

Seis meses depois, em Baltimore, uma amiga mencionou que a Associação Internacional de Estudos da Quase Morte (parece que existe associação para tudo ultimamente) realizaria sua reunião anual em Washington. Eles estavam recrutando agentes de cura voluntários.

"Você poderia ser útil a eles", ela disse, e eu concordei em ajudar.

Uma semana depois, passei pelo cemitério de Arlington, descendo a rodovia Jefferson Davis na direção de Crystal City, o subúrbio de Washington onde seria a conferência.

O Hotel Marriott estava movimentado, os salões cheios de grupinhos travando conversas animadas, enquanto outros folheavam o cronograma do dia ou esperavam em fila para entrar na sala do curso. Disseram-me para me apresentar no setor de "cura".

"Estou aqui para me oferecer como agente de cura", falei ao homem atrás da mesa.

"Não precisamos mais de agentes se cura", disse o homem.

E agora?, pensei.

"Também sou médium vidente", arrisquei.

"Ok, escreva isso aí, na folha de inscrição, e veremos se alguém se interessa", ele murmurou.

Dentro de alguns minutos, um homem se aproximou para fazer uma consulta comigo. Quando terminei, ele me agradeceu e saiu.

Cinco minutos depois, o homem estava de volta.

"Agora você vai fazer uma consulta para...", ele mencionou o nome de outro homem, um profissional muito conhecido. Esse indivíduo não só tinha visto a morte de perto, como voltara da sua EQM com dons artísticos especiais. Meses depois, eu recapitularia esse momento várias e várias vezes na minha mente.

"Você não sabe quem ele é?", insistiu o homem.

"Não", respondi.

Ele me disse que aquele homem tinha sido atingido por um raio e voltado de sua experiência de quase morte com habilidades especiais.

Ok, pensei. *Isso é incrível*. Mas não o suficiente para me abalar. Tive reuniões com os CEOs de empresas que estavam na lista das 550 maiores corporações norte americanas da revista *Fortune*, realizei entrevistas na CNBC e apresentei meus próprios programas de rádio. Eu sabia o que era enfrentar adversidades. Então anotei mentalmente essa informação e simplesmente continuei em frente. O homem chegou para a consulta e se instalou numa cadeira, enquanto eu colocava outra na frente dele. Então, começamos.

Baixei a cabeça, entrei em sintonia com o plano espiritual e me concentrei. Afinal, achava que era apenas outra consulta.

Mas eu estava enganada.

Quando comecei a consulta desse homem, percebi que não se tratava de uma consulta comum. Dessa vez, a informação que me mostravam (as pessoas que têm dons parapsíquicos veem a informação por meio de símbolos), literalmente, não era deste mundo. Símbolos do universo. Galáxias. Estrelas. Elementos estranhos, fora deste nosso plano. A capacidade para transcender a nossa realidade. O encontro do homem com a morte o deixara com dons extraordinários, poderes especiais. Esse não era um homem comum.

Nos dias subsequentes à consulta, continuei pensando no que tinha visto. Ela havia desencadeado em mim uma sucessão de pensamentos e perguntas: como esse indivíduo teria desenvolvido esses efeitos colaterais? O que ele devia fazer com eles agora? Por que ele? E quanto às outras EQMs? Também concederiam dons?

As perguntas não acabam mais. Pesquisei no Google "efeitos colaterais das experiências de quase morte" e descobri que eram poucas as pesquisas a respeito.

Caberia a mim mesma responder a essas perguntas.

PARTE II

HISTÓRIAS DE TRANSFORMAÇÃO

2

Javier Pereza e sua Transformação Fisiológica: Talento Recém-descoberto para os Esportes

> "O verdadeiro segredo da saúde perfeita e duradoura é, na verdade, o contrário do que pensam; é deixar que o seu corpo cuide de você."
> – Deepak Chopra

Em 2013, decidi ir para a Costa Oeste, fazer o programa de extensão da UCLA para escritores. No outono, mudei-me para Los Angeles com a intenção de abrir meu próprio negócio, fazer cursos e começar a me aprofundar no mundo da EQM.

Eu me instalei num lindo apartamento em Santa Monica, esperando passar meus dias me aperfeiçoando como escritora e estudando o campo da EQM. Estava em busca de mudança – nem que fosse por um curto período –, um clima ameno e aulas que expandiriam meu conhecimento sobre pontos de vista e estilo, tudo isso enquanto conhecia pessoas novas. Em breve, no entanto, descobri que o plano espiritual tinha outros planos para mim.

O mundo das EQMs se abre na Califórnia

Num dia ensolarado, típico e perfeito, do sul da Califórnia, peguei a rodovia I-10 rumo ao Condado de Orange, para participar de um encontro da IANDS, uma associação internacional situada em Tustin e composta de pessoas que tinham passado pela experiência de quase morte.

Uma semana antes, eu tinha recebido um e-mail anunciando a reunião. Uma pessoa que havia passado por uma EQM daria seu depoimento e haveria tempo para conversarmos depois. Eu estava ansiosa por isso.

Seria a oportunidade perfeita para ouvir minha primeira história. Saí da rodovia de Santa Ana em direção a Tustin, enquanto pensava na pessoa que tinha me pedido para fazer a consulta ao profissional, em Crystal City. Ela morava no sul da Califórnia e me perguntei se não poderia encontrá-la na reunião. *Não. Isso seria muito estranho.*

O estacionamento da Igreja da Unidade estava lotado quando cheguei e tive de espremer meu carro entre um Toyota e um Honda. Atravessei um jardim até uma sala pequena, onde um grupo de cerca de trinta pessoas estava sentado em cadeiras dobráveis no que parecia ser uma sala de aula para crianças. Era uma tarde ensolarada de setembro, mas o ar estava frio e eu tive de fechar um pouco mais minha jaqueta leve.

Quando me virei para dar uma olhada na sala, notei, atrás de mim, o homem que tinha sugerido a minha consulta para o profissional em Crystal City. Nós nos cumprimentamos com um abraço e eu expliquei por que estava na reunião. *Um sinal?*

Quando a reunião começou, o grupo estava ansioso para ouvir o novo membro da associação, que nunca tinha falado sobre o seu caso em público. A sala estava cheia de espectadores curiosos, fascinados pelo tópico da vida após a morte. Os frequentadores mais fiéis contribuíam com histórias sobre a comunidade metafísica, notícias sobre novos casos e temas para a reunião do dia.

Javier, o novo membro da associação, contou sua história brevemente. Sua experiência continha muitos elementos da EQM: uma experiência fora do corpo, mais atenção e consciência, o encontro com uma luz brilhante e uma alteração no tempo e no espaço. Javier retornou dela permanentemente transformado, embora ela não envolvesse um trauma físico. Como os outros que eu encontraria, Javier voltou alterado, com efeitos secundários permanentes. Essa era uma informação importante a observar, à medida que eu conhecia outras pessoas que haviam entrado no reino das EQMs de um modo diferente.

Todos aplaudiram quando Javier terminou sua história. Estávamos todos emocionados com sua apresentação e sua decisão de "ir a público".

A reunião durou três horas, com uma pausa para lanches e café, seguida de um *happy hour* num restaurante local, onde o grupo deu continuidade à conversa. Javier não se juntou ao grupo no restaurante, mas nós logo combinamos um encontro para que pudéssemos discutir seu caso mais a fundo. Eu tinha ficado muito intrigada com o que ouvira.

Na volta para casa, enquanto dirigia de Tustin para Los Angeles, minha mente divagou. Ao me aproximar da cidade, aproveitei a maravilhosa vista. Na verdade, eu podia ver o horizonte de LA. Ao passar pelo Getty Center, cheguei à conclusão de que parecia que eu estava seguindo um caminho, como se atravessasse um rio e pedras estivessem dispostas, uma a uma, na minha frente. Participar de uma reunião em Tustin, na Califórnia, com o homem responsável por despertar meu interesse por esse tópico, parecia mais do que mera coincidência.

No dia seguinte, eu queria fazer mais perguntas a Javier. Já haviam se passado sete anos desde a sua experiência, mas ele ainda estava ansioso para falar sobre ela. Enviei-lhe um e-mail e ele me enviou a seguinte resposta:

> Simplesmente fui dormir uma noite e, no exato instante em que minha avó de 92 anos faleceu, às 4:11 da manhã, do dia 31 de março de 2006, tive minha experiência. No final dela, não vi mais nada. Senti como se eu entrasse num vazio eterno. Como nunca foi ou será. Essa sensação ainda permanece em mim e às vezes ainda se intensifica. É quando me sinto desconectado do tempo e do espaço, quando sinto por dois ou três segundos que estou no limbo novamente.
>
> Depois dessa experiência, eu não parava de chorar e, na manhã seguinte, não conseguia sair da cama.

*

Percorri o e-mail com os olhos. Javier contava um pouco de como tinha sido a sua criação.

*

> Eu era a criança de pele mais clara de uma família hispânica, o que, de acordo com a nossa tradição, fazia com que eu fosse o favorito. Eu também era um tirano. Quando queria comer, toda a família tinha de comer. Quando eu queria sair de férias, todos nós tínhamos de sair de férias. Eu também era o favorito da minha avó.

*

E é aí que a história fica mais interessante. Continuei a ler o e-mail.

*

> Eu não tinha contato com a minha família fazia dois anos e meio. Na noite seguinte, após a minha EQM, o telefone tocou. Intuitivamente eu disse:

"Aí está você!"

Eu tinha certeza de que era a minha prima mais próxima, Elizabeth.

As primeiras palavras dela foram:

"Sinto muito incomodá-lo, mas tenho más notícias."

Imediatamente a interrompi.

"Tudo bem, eu sei, vovó faleceu."

"Um dos seus irmãos já ligou pra você?", ela perguntou.

"Não, vovó se despediu de mim ontem à noite", eu disse.

*

Reli as respostas de Javier ao questionário que enviei, observando os elementos que ele enumerou e os efeitos colaterais, incluindo talentos novos e mais acentuados. Eu sabia que havia algo mais acontecendo, além do visível, e queria saber mais sobre a experiência dele.

Javier e eu concordamos em nos encontrar no meu apartamento para uma consulta, na semana seguinte. Ele parecia animado e estava interessado em ver o que poderíamos descobrir.

A CONSULTA DE JAVIER E SUAS CAPACIDADES FÍSICAS RECÉM-DESCOBERTAS

Olhei pela janela e vi um homem de cabelos castanhos saindo do carro, vestido com uma camisa polo e calças de sarja cáqui. Javier. Ele parecia um menino com seu corpo compacto e o cabelo cortado curto, com uma franja longa, mas achei que ele tinha uns 30 anos. Poucos minutos depois, a campainha tocou.

Abri a porta e Javier entrou na pequena sala, no mesmo instante em que meus gatos corriam para debaixo da cama. A sala de estar estava decorada com um sofá de um alegre tom de verde e gravuras coloridas. O que prevalecia no ambiente era uma grande TV de tela plana e um painel de janelas ao longo da parede lateral, que inundava a sala com a luz brilhante do sol da Califórnia.

"Que belo apartamento!", comentou ele.

Gesticulei para fora, em direção ao sol onipresente e a rua comercial lotada abaixo, e disse:

"Sim, eu adoro este lugar".

Conversamos sobre a experiência dele, da qual ainda estava se recuperando. Os primeiros sete anos tinham sido difíceis e ele sentira dificuldade para incorporar a experiência à sua vida. Agora finalmente tinha chegado a um estado de paz e aceitação e se sentia pronto para contar o que tinha acontecido. Eu lhe ofereci um café, mas ele recusou e disse que preferia já começar a consulta.

Apontei as cadeiras e a mesa que eu tinha colocado no meio da sala, para a nossa consulta. Nós nos sentamos à mesa, um de frente para o outro, enquanto eu explicava que eu iria precisar de um minuto para entrar em estado meditativo.

"Vou estar concentrada", expliquei, "mas você pode me interromper e fazer perguntas quando quiser."

Em poucos minutos, começamos a consulta.

Fiz algumas respirações profundas e, quando comecei, vi imediatamente a aura de Javier, o campo energético que envolve o corpo físico. Sua aura era incomum, e eu vi algo que nunca tinha visto antes.

"Sua aura não é como a da maioria das pessoas", eu disse. "A primeira camada, mais próxima do corpo, é quase preta." Essa aura mais próxima representava a aura física de Javier, sua vida física na Terra. A vida de Javier tinha sido crivada de dificuldades; o negro representa tempos difíceis ou um trauma do passado.

"Mais alguma coisa?", ele perguntou.

"Sim. Há outra camada, além dessa, que é violeta e branca. Essa camada é cheia de luz e se estende para fora do seu corpo", expliquei. "Essa aura externa cobre sua aura escura."

Graças à experiência pela qual tinha passado, Javier pareceu ganhar uma nova camada de espiritualidade e resiliência, representadas por sua nova aura, cheia de luz. Uma nova camada de proteção, gratuitamente concedida pelo plano espiritual!

Eu mencionei que também estava vendo um símbolo curioso que nunca vira antes em minhas consultas: um homem dentro de um círculo e um quadrado – um homem com múltiplos níveis de espiritualidade, quase como um holograma. Logo percebi que se tratava do Homem Vitruviano, um desenho de Leonardo Da Vinci – uma mistura de arte e ciência. (Eu sou artista e já fiz um curso de história da arte.)

Compreendi que esse símbolo servia para indicar que a experiência de Javier abrangia dois mundos: o mundo espiritual e o mundo das ciências. O Homem Vitruviano demonstrava que Javier tinha encontrado dois reinos distintos que raramente se encontram, e o plano espiritual estava me mostrando essa intersecção.

"Esse homem não é uma pessoa comum", falei a Javier. "Ele é multidimensional."

A própria experiência de Javier era uma espécie de holograma. Como um holograma, a experiência dele abrangia vibrações e perspectivas mutáveis de uma fonte de luz que já não estava mais presente.

Continuamos a consulta e eu perguntei:

"O que aconteceu com Javier nessa jornada?"

Javier foi transportado para outro reino, onde encontrou uma frequência mais elevada. Essa frequência, essa nova vibração, permitiu-lhe absorver sensações de outro mundo, imbuindo-o de novos comportamentos ao retornar ao plano espiritual.

Javier voltou com novas sensações e habilidades. Durante sete anos, ele tentou conviver com as mudanças provocadas pela experiência. Ele sabia que estava mudado. Não só encontrara outro reino como outra energia – que não existe na Terra.

Mas nós ainda nos perguntávamos: por que a experiência de Javier coincidiu com a morte da avó? Que significado a morte da avó tinha para a EQM de Javier?

Quando a avó de Javier faleceu, graças à sua determinação e à tremenda força energética que ela produziu ao morrer, ela enviou uma mensagem que era importante que seu neto favorito – Javier – recebesse. A ligação forte entre Javier e sua avó era necessária para que a conexão fosse feita.

Essa ligação – essa energia, que eu encontraria em outros casos – indicava que a consciência sobrevive ao corpo físico, que a energia pode ser direcionada e focada para transmitir informações e mensagens de outros domínios.

A TRANSFORMAÇÃO DE JAVIER

Antes de sua experiência, Javier dizia ser um narcisista num emprego burocrático e sem futuro. Depois da sua EQM, a vida de Javier se transformou. Agora ele demonstra preocupação pelos seus colegas de trabalho, sua família e seus pais, e se empenha para que seus pais tenham tudo de que precisam em sua maturidade. Ele os leva de carro para Costco e faz festas de aniversário para suas sobrinhas e sobrinhos. Javier optou por uma nova carreira, em que escreve roteiros de programas de rádio, e agora conseguiu uma promoção e ocupa um cargo de gerência.

Javier se tornou outra pessoa depois da sua experiência. Sua transformação incluiu uma mudança de comportamento e o que é mais surpreendente: uma mudança física. Ele se tornou um atleta! Antes da sua experiência, nunca praticava esportes, nunca fizera questão de participar de nenhum tipo de jogo. Nunca se dedicara a nenhum esporte competitivo até fazer 37 anos, quatro anos depois da sua experiência. Em seus dias de folga, antes de sua experiência, Javier ficava sentado no sofá de casa, assistindo a documentários. Agora ele joga *softball* e se exercita como se estivesse treinando para uma maratona. De certo modo, ele é... sua própria maratona para uma nova vida.

Eis o que Javier conseguiu realizar em seu primeiro ano praticando esportes:

Ele joga numa liga nacional e bem organizada de beisebol, que tem um esquema formal de pontuação para avaliar todos os jogadores. Nessa classificação, Javier passou de 6 para 10 (numa escala de 11 pontos). Ele foi a princípio considerado um jogador inexperiente e pouco talentoso, e era sempre relegado à posição secundária de apanhador. Mas depois foi transferido para a posição mais decisiva e desafiadora.

As pessoas sempre dizem que ele é um "talento nato" e que devia ter começado a jogar quando era bem mais jovem. Seu time ficou chocado ao saber que ele só tinha começado a jogar aos 37 anos de idade.

A agilidade de Javier aumentou exponencialmente. Ele não era capaz de pegar nenhum tipo de bola (nem as altas nem as baixas), mas passou a bater muitos *grand slams*, que é o máximo que se pode conseguir com uma só tacada.

Javier recebeu o troféu de melhor jogador da defesa.

"Eu nunca sonhei que um dia conseguiria conquistar algum reconhecimento nos esportes", ele contou.

Os esportes nunca tinham chamado a atenção de Javier. Simplesmente não era algo que ele quisesse praticar. Agora, eles são uma parte importante da sua vida, e para a qual ele sempre arranja tempo, não importa o quanto esteja cansado.

Javier me enviou, por e-mail, uma foto dele na adolescência. Ele era um menino de óculos fundo de garrafa, cabelos escuros e desgrenhados, e uma expressão tranquila – alguém muito diferente do esportista que é hoje.

Para o trabalho que tem pela frente, para o esforço extra que a vida agora exige dele, Javier precisa de muita força de vontade e força física. Seu trabalho e seus compromissos exigem que ele seja fisicamente mais forte. Javier agora trabalha sem parar, ajudando os pais e os parentes, cuida da sua carreira e se empenha para ajudar as pessoas.

Ele não consegue entender por que se tornou esportista, visto que era um rapaz introvertido, cuja vida toda ele passara no sedentarismo, assistindo a documentários no sofá de casa. Ao analisar sua nova missão e sua nova prioridade de ajudar os outros, ele entendeu que seu recém-descoberto preparo físico era uma maneira de ele se manter em forma e desenvolver resistência para o trabalho que tinha à frente.

Javier explicou o tipo de pessoa que costumava ser:

"Eu tinha muito pouca energia. Tinha gás para ir trabalhar. Para ir à escola. Mas não para conhecer alguém e tomar um café com essa pessoa. Eu era muito quieto e gostava muito de ficar em casa."

"E agora?", perguntei.

"Agora encontro pessoas para almoçar. Vou a lugares depois do trabalho. Nos fins de semana jogo *softball*. Meus irmãos estão todos em estado de choque. Eles não me reconhecem", disse Javier. "Eu não me reconheço."

Eu assenti.

"Isso deve ser confuso", acrescentei, considerando sua vida mais ativa.

"É engraçado, porque, cada vez que me sinto sobrecarregado, recebo esta mensagem: *Há muito mais à sua espera. Continue em frente.*"

E ele de fato continuou. Javier precisa manter o corpo em forma para poder dar conta da vida que tem agora, muito mais ativa e motivada pela sua missão.

"O que a sua família pensa da sua transformação?", perguntei, para saber como ele encarava aqueles que poderiam se mostrar céticos com relação à sua mudança.

"Quando meus amigos ou parentes me perguntam se só estou tentando ser um bom filho, eu digo, 'Não. Não tem nada a ver com isso. Não entendam desse modo'. Eu digo que não estou tentando ser um bom filho. É simplesmente que eu sou assim agora." Javier compara sua vida a um episódio da série de TV clássica "Além da Imaginação", sobre temas paranormais.

Analisei a vida de Javier agora. Eis o que eu descobri:

Javier recebeu a missão de ser um mensageiro de luz espiritual. Seu corpo está sendo usado para realizar seu trabalho aqui na terra. Havia um propósito para a experiência de Javier, um propósito que abrange todos nós. Javier tem um trabalho a fazer como um ponto de luz para o universo, revelou o plano espiritual.

E ele precisa ser fisicamente mais forte para cumprir sua missão. O velho Javier não daria conta. Agora ele está competindo, tornando-se fisicamente mais preparado e certificando-se de que sua equipe está ganhando. Isso traz recompensas a Javier, mas para as outras pessoas também.

"Sim, é assim que me sinto, fisicamente. Como se eu estivesse dando a todos uma pequena dose da minha energia", explicou Javier.

Queríamos saber, o que causou essa mudança?

O plano energético que Javier vivenciou tem instrumentos exclusivos em sua composição. Instrumentos energéticos como a luz, a velocidade e efeitos poderosos. Esses não são instrumentos que reconhecemos na Terra. São instrumentos metafísicos constituídos de formas de energia condensadas e supercarregadas. São fenômenos que servem para atrair nossa atenção e ficar impressos para sempre em nossa consciência.

Javier voltou da sua experiência literalmente transformado. Ele não parece o mesmo, não age nem pensa da mesma maneira que antes.

Ele se inclinou para frente e olhou para mim.

"Só recentemente aceitei isso. Não é mais assustador."

PRECISANDO DE TEMPO PARA MUDAR E ACEITAR

Javier mudou de um modo profundo desde a sua experiência, mas só há pouco tempo atrás ele conseguiu processar sua EQM e aceitá-la do ponto de vista filosófico e emocional. Mas não podemos descartar que ele levou sete anos para vencer seus desafios emocionais e psicológicos.

Apesar dos elementos positivos, no entanto, a experiência de Javier não foi repleta de momentos de amor, alegria ou felicidade. Partes dela foram angustiantes e chocantes, como na vez em que lhe mostraram um mosaico de imagens aterrorizantes e ele teve a sensação de ser picado por milhares de agulhas afiadas.

"Não faz muito tempo que aceitei que, se essa fosse uma experiência positiva, eu não seria a pessoa que sou hoje" – explicou Javier, remexendo-se na cadeira.

Perguntamos: Javier encontrou um plano espiritual superior em sua experiência?

Javier entrou num reino celestial por um segundo apenas, tempo suficiente para que ele desse uma espiada e visse que não estava destinado a ficar ali. Foi quase como se tivesse entrado na sala errada. E então lhe dissessem para sair.

"Sim. É exatamente assim que me senti: 'Espere aí! Devo estar no lugar errado'" – contou Javier.

Agora que ele está de volta, nem sempre tem certeza do lugar onde deveria estar. Apesar de estar se adaptando a essa experiência transformadora, grande parte dele ainda está "mais lá do que aqui". Ele se pergunta: será que esses dois reinos um dia vão se fundir?

Javier e eu concluímos a consulta. Ele parecia calmo e em paz. Confirmou que a consulta tinha esclarecido algumas de suas dúvidas.

A continuação da história de Javier

Mais tarde, ouvi um zumbido e olhei para o meu celular. Era uma mensagem de texto de Javier:

"Olha que coincidência estranha. Encontrei esta imagem na internet depois que o seu e-mail 'me instigou' a procurá-la".

Era uma foto do Homem Vitruviano. A legenda abaixo dizia: "Homem Vitruviano dentro do túnel".

Por que o Homem Vitruviano estaria dentro de um túnel?, eu me perguntei. *Seria o túnel da EQM? Será que o próprio Da Vinci pesquisava a intersecção entre a ciência e o Cosmos?*

Como outros gênios (Galileu, Michelangelo, Newton e outros), Da Vinci tinha talentos e conhecimentos para os quais não temos explicação – dons que estavam décadas à frente do tempo deles. Dons que produziram avanços miraculosos nas artes e na ciência, e um incrível progresso ao mesclar os dois. Nós não sabemos com certeza, mas podemos especular que talvez esses artistas e cientistas brilhantes tenham passado por algum tipo de experiência espiritual que lhes permitiu ter um vislumbre do plano espiritual também.

Javier pensou que esse era o último capítulo do seu livro, mas ele estava errado. A porta tinha sido aberta para ele e não iria se fechar tão cedo. Ele continuará com sua vida, mas de uma maneira diferente – uma nova maneira em que trará luz para todos nós. Sua força intensificada lhe dará a capacidade de seguir em frente com o seu trabalho. E, de vez em quando, ele receberá uma lembrança de que foi transformado para sempre.

3

Barbara Whitfield e sua Transformação Fisiológica: Interferência na Eletricidade

> "Será fato – ou terei sonhado – que por meio da eletricidade, o mundo da matéria se transformou num grande nervo, vibrando a milhares de milhas num ponto suspenso do tempo?"
> – Nathaniel Hawthorne

Eu estava descobrindo que a filosofia da Nova Era era quase uma tradição na Califórnia. Havia muitas pessoas interessadas em examinar suas experiências espirituais. Quando elas me perguntavam o que eu estava fazendo em Santa Monica e eu respondia que estava pesquisando EQMs, elas diziam: "Ah, já tive oito delas", ou algo parecido, mesmo que não tivessem passado por nenhuma.

Quando Barbara Whitfield, uma mulher que já morou em Baltimore, entrou em contato comigo para participar dessa pesquisa, logo tomei providências para entrevistá-la. Ela mencionou que tinha permanecido em Baltimore só por tempo suficiente para "pegar" o seu primeiro furacão e se mudar para Atlanta. Ela estava ansiosa para participar da pesquisa e responder rapidamente ao questionário. Barbara estava no mundo das EQMs havia trinta anos e trabalhara com outras pessoas nesse mundo pequeno de pesquisadores, como assistente de Kenneth Ring e Bruce Greyson, fundadores da International Association for Near-Death Experiencers (IANDS).

Dei uma última olhada nas minhas anotações, antes de iniciar a consulta de Barbara aquela tarde. Com base na nossa troca de e-mails, imaginei como seria a aparência dela. Vivaz, cabelos castanhos, cheia de vida, um sorriso largo e uma personalidade otimista.

Reli a explicação dela a respeito do que lhe acontecera, enquanto revisava as minhas anotações. Ela tinha escrito:

Fiquei suspensa numa cama circular depois de uma cirurgia na coluna, em 1975, aos 32 anos. Para facilitar a minha respiração, eu ficava ligada a um aparelho de ventilação mecânica por vinte minutos, durante os tratamentos, mas o aparelho parou de funcionar direito. O ar continuou a fluir para os meus pulmões, mas a peça que ficava na minha boca "emperrou", e eu não conseguia expelir o ar. Foi quando deixei meu corpo e me vi no corredor, do lado de fora do meu quarto.

Imaginei o espírito de Barbara pairando no corredor do hospital, enquanto o corpo dela permanecia inerte na cama do hospital.

Quando deixou o corpo em sua EQM, Barbara entrou num túnel, que ela descreveu como um "plano fora deste mundo". Lá ela encontrou a avó, que tinha morrido catorze anos antes. Juntas, as duas reviram a vida de Barbara.

Um dos aspectos mais interessantes da EQM de Barbara foi a conversa que ela ouviu entre as enfermeiras quando estava fora do corpo. Coloquei uma observação no seu questionário para me lembrar de incluir uma pergunta sobre isso em sua consulta: como ela tinha conseguido ouvir uma conversa entre as enfermeiras se estava fisicamente em outro cômodo?

A seção de Barbara: uma lição sobre interferência na eletricidade

Consultei o relógio: quatro horas da tarde. A consulta de Barbara já ia começar. Antes disso, ela estava incumbida de tomar conta da neta. Coloquei o meu notebook numa cadeira e chamei Barbara pelo Skype. Ela respondeu ao primeiro toque. A sua energia jovial e seus cabelos escuros a faziam parecer, na tela do computador, pelo menos dez anos mais jovem do que seus 60 e tantos anos.

Conversávamos sobre o tempo e sobre as perguntas que eu faria quando Barbara me alertou.

"Costumo interferir na eletricidade. Descarreguei a bateria do meu carro e fiquei explodindo coisas a semana toda", ela disse. "Só estou avisando."

Essa interferência na energia elétrica era um dos efeitos secundários da EQM que eu estava interessada em estudar. Eu tinha ouvido falar de luzes que piscavam e desligavam quando pessoas que passaram por EQMs entravam numa sala, computadores e eletrônicos que funcionavam mal, lâmpadas que explodiam, baterias de relógios que descarregavam. Isso parece acontecer com maior frequência quando uma situação com uma alta dose de ansiedade estava ocorrendo, quando a pessoa que tinha passado pela EQM estava emocionalmente estimulada, eufórica ou aborrecida.

Respirei fundo algumas vezes quando Barbara e eu começamos a consulta. Eu iria me concentrar nos eventos específicos que aconteceram com ela, assim como fiz na consulta de Javier (ver Capítulo 2). Liguei o meu gravador, enquanto Barbara observava a tela do laptop. Eu estava pronta para começar.

Explorando a consciência na EQM

Barbara começou perguntando sobre a revisão da sua vida:

"Eu tinha a impressão de que podia sentir todas as emoções ao longo de toda a minha vida durante essa revisão. Como isso foi possível?" Barbara lembrava da experiência vividamente até esse dia, trinta anos depois.

O plano espiritual tinha o seguinte a dizer: *Nossa consciência absorve tudo durante a nossa vida. No entanto, a consciência ocupa um domínio onde não existe tempo nem espaço. Não há passado, presente ou futuro no que diz respeito à consciência. Quando estamos em nosso corpo físico, não conseguimos entender isso, pois nosso corpo físico vive os acontecimentos de modo sequencial, linear, através dos nossos sentidos físicos. Isso cria nossa realidade. No entanto, quando estamos livres do nosso corpo físico, vivenciamos a percepção hiper-real e ultraclara. Nossa consciência é capaz de registrar tudo o que está acontecendo no universo com total clareza, liberta da nossa fisicalidade.*

"Isso faz sentido", disse Barbara, "mas qual foi a energia que encontrei e com que me fundi durante a minha EFC?"

Aqui está o que o plano espiritual me mostrou: cada um de nós tem sua própria consciência individual. Pense nisso como um *chip* que existe dentro de nós. É nossa essência quando estamos no plano terreno. Essa consciência que se separa quando deixamos o corpo ainda continua a existir, independentemente dele. Quando nossa consciência deixa o corpo, ela se funde com a consciência coletiva. A consciência de Barbara se conectou com a consciência coletiva durante a EQM. Essa conexão permitiu seu saber instantâneo, uma conexão com tudo e com todos, em todo o tempo e em todo o espaço. *Nossa consciência tem a capacidade de existir, absorver, gravar e processar nessa outra realidade, nesse plano alternativo de existência,* explicou o plano espiritual.

Quando olhei para Barbara, ela estava concordando com a cabeça.

Parei um instante para refletir sobre essa informação de que a consciência sobrevive fora do corpo. Essa foi a primeira vez que me foi mostrada (numa consulta relacionada a uma EQM) a capacidade da nossa alma, de "saber coisas" fora do corpo físico. O plano espiritual estava se comunicando diretamente para transmitir esse conceito de sobrevivência da consciência fora do corpo e tomei nota disso.

O plano espiritual continuou: *A consciência é a menor fração de tudo. O espaço não existe na consciência. No entanto, a consciência absorve tudo, em toda parte. É tão longe e tão vasta quanto podemos imaginar. E vai ainda além disso.*

Barbara me olhou através da tela do computador e eu lhe mostrei o polegar, num sinal de positivo. Conversamos por mais alguns minutos e concordamos em passar para a pergunta seguinte, que dizia respeito à infância dela.

Eu já sabia, pelas conversas com Barbara e pelas suas respostas ao questionário, que ela tinha sofrido abusos e um trauma emocional no passado. A biologia subjacente de Barbara desencadeou alguma coisa que levou à EQM? Era uma pergunta importante, e sua resposta poderia proporcionar uma ideia mais exata do tipo de pessoa que era mais propensa a esse tipo de experiência.

"Vamos perguntar se foi a sua biologia subjacente ou os traumas da sua infância o que desencadeou sua EQM", sugeri.

Eis o que nos foi dito:

As pessoas que passaram por um trauma emocional são mais vulneráveis, como se tivessem um "interruptor" à espera de ser ativado. Alguma parte de Barbara já tinha ficado mais vulnerável antes da EQM. Isso a deixou mais aberta e preparada, de alguma maneira mais conectada à experiência. Num certo sentido, Barbara estava como que esperando para ser acionada. O abuso que sofreu na infância, sua fragilidade emocional, preparou-a para esse evento. Isso fez dela uma candidata, uma participante disposta a sair desse plano e vivenciar outra realidade mais bonita e mais completa.

"Bem, então é isso", disse Barbara. "Nós temos um interruptor. Essa opção é mais fácil [para aqueles com um passado como o meu, Barbara acrescentou] e também temos a capacidade de nos desapegar do passado. O gatilho estava dentro de mim."

Eu limpei a garganta e peguei um copo d'água. Estava começando a anoitecer e o cômodo estava mais escuro. Acendi o abajur ao lado da mesa.

"Será que podemos manter a frequência de uma EQM no plano terreno?", Barbara perguntou.

"Por que você pergunta?"

"Eu queria ficar nessa frequência", disse ela. "Tentei replicar a experiência aqui, mas não consegui."

Como mais tarde descobri, outras pessoas que passaram pela da EQM expressam o mesmo desejo e preocupação. É algo que desejam, mas não conseguem.

O plano espiritual esclareceu: *Nossos corpos terrestres são muito densos para entrar em outro plano. Nossa consciência precisa estar completamente separada do corpo físico para vivenciarmos essa frequência. Quando nossa consciência está conectada com o corpo, ficamos densos demais para vivenciar o Todo Universal.*

Em outras palavras, a resposta à pergunta dela é não.

Onde fica o plano da EQM?

Quando Barbara deixou o corpo durante a EQM, ela foi para outro plano. Onde fica esse plano? É o paraíso? É a vida após a morte?

Era o plano de toda existência. De todo o tempo e espaço, ainda que sem tempo e sem espaço. Um plano de todos os seres. Ele contém todas as respostas que não temos e todos os pensamentos sobre a nossa existência. Não somos capazes de desenvolver o vocabulário correto para acessar esse plano, me esclareceu o plano espiritual.

Para a essência de Bárbara sair do corpo, sua consciência precisava ser catapultada com uma força considerável mediante uma confluência de eventos físicos, emocionais e espirituais. A ocasião tinha de ser propícia. No momento da sua EQM, a vida de Barbara estava em crise, seu casamento não estava indo bem e seu corpo físico estava traumatizado pela cirurgia. A combinação desses eventos e a capacidade de aceitar e adentrar uma realidade alternativa convergiu nesse momento em particular e o plano espiritual parece ter intercedido.

Como não vivenciou todos os elementos da EQM, Barbara tinha algumas preocupações persistentes. Ela não tinha visto uma luz branca, por exemplo, então se perguntou por que tinha sido privada dessa visão. Certos elementos da EQM receberam tanta atenção e ficaram tão associados à EQM que, se a pessoa não experimenta todos eles, ou pelo menos um deles, acredita que sua experiência não foi válida. A pergunta de Barbara foi pertinente, porque ela também se perguntou se a falta de um elemento indica que, de algum modo, sua experiência não foi completa.

Eu respirei fundo outra vez. Isto é o que descobrimos:

A luz branca não precisava fazer parte da experiência de Barbara. Como em outros casos, foi mostrado a Barbara o que ela precisava saber. Barbara passou por uma revisão da vida e uma experiência fora do corpo. Ela encontrou a avó. A EQM a deixou profundamente tocada e transformada. Nem todos vivenciam cada elemento, mas cada indivíduo vivencia aquilo de que precisa, da maneira mais efetiva para que o evento e seu resultado sejam maximizados.

Parece que, nos bastidores, o plano espiritual sabe o que está fazendo.

Uma campainha tocou na casa de Barbara. Eu parei de falar e olhei para a tela.

"Ignore isso", disse ela. "É meu marido que está chegando."

Pronta para continuar, baixei a cabeça e respirei fundo.

"Que bola de luz é essa que as outras pessoas veem?", perguntou Barbara.

Quando atravessamos a porta para o infinito, a bola de luz é nossa essência coletiva, a entrada para a consciência universal. Ela está lá para nos dar as boas-vindas. A luz são nossos parentes coletivos, nossas almas, nossos antepassados, todos os que vieram antes de nós. Tudo que existe e vive no infinito, e continua a existir, esse poderoso e emblemático símbolo do Espírito eterno.

"Sim", disse Barbara. Então ela murmurou algo para alguém em sua casa antes de se voltar para mim.

Quando pessoas como Barbara enfrentam interrupções em suas consultas, isso me desconcentra momentaneamente, mas não interrompe minha conexão. É quase como tirar um rádio de sintonia ou assistir a um comercial durante um programa. Não tenho dificuldade para voltar do ponto em que paramos. Continuamos enquanto Barbara segue para a próxima pergunta.

"Por que encontrei minha avó durante a revisão da minha vida?", Barbara pergunta. "Ela tinha falecido catorze anos antes, mas estava lá na minha EQM."

A revisão da vida de Barbara deveria ser um espelho para a sua consciência, revelou o plano espiritual. *Tudo era refletido nele e a partir dele, continuamente, como um gigantesco globo de espelhos, que gira e reflete luz em muitas direções ao mesmo tempo. Como o globo de espelhos, a consciência de Barbara consiste em milhões de facetas, cada uma com uma superfície espelhada coletando informações, processando-as e enviando-as de volta. A consciência não só é capaz de absorver o que está acontecendo em qualquer momento em particular, como é capaz de absorver uma vida inteira continuamente, refratando, refletindo e absorvendo todos os acontecimentos. Todos os acontecimentos, passados, presentes e futuros ocorrem ao mesmo tempo na consciência superior.*

Barbara não teve de processar as informações por meio dos seus sentidos cognitivos, por isso que elas foram recebidas e reconhecidas de maneira tão apurada. Descobri que essas informações também surgiriam em outras consultas de EQM.

E a avó de Barbara? Por que ela fez a revisão da vida da neta?

A avó de Barbara era a pessoa com maior probabilidade de influenciar Barbara em sua vida, por isso ela foi a pessoa que ajudou Barbara a fazer a revisão da sua vida. Sua presença seria muito significativa e a que tinha mais chance de fazer com que a EQM deixasse uma impressão forte em Barbara.

"O que eu tinha de aprender com a minha EQM?", perguntou Barbara.

A maioria das pessoas que vivenciam uma EQM queria esclarecer essa questão, sempre muito premente. Isto foi o que nos foi dito:

Como outras pessoas, Barbara foi convidada a propagar a luz, a entrar em sintonia com a energia do plano espiritual e espalhar essa energia pelo planeta, como um catalisador dessa luz.

Barbara foi escolhida para ter uma EQM?

Como a própria Barbara, fiquei curiosa para saber se ela foi escolhida para ter essa EQM. Ela era, de algum modo, uma candidata a essa experiência extraordinária?

O plano espiritual nos disse que Barbara tinha certas qualidades que poderiam fazer dela uma missionária na terra. A compaixão e a capacidade de empatia fizeram dela uma candidata adequada, no momento em que determinados acontecimentos da sua linha de tempo terrestre se alinharam. O fato de ter passado por um trauma tanto físico quanto emocional, fez com que Barbara ansiasse por uma existência alternativa no nível da alma.

O trauma parece ser um dos pré-requisitos dos candidatos a uma EQM, pessoas que chegaram a um ponto da vida que se sentiam em meio à escuridão, mas que, no entanto, tinham a capacidade e o desejo, consciente ou não, de entrar na luz. E, para muitos, isso é exatamente o que acontece depois da EQM.

Barbara observou que seu trabalho atual como terapeuta e tanatologista (alguém que estuda a morte e o processo de morrer) não teria acontecido se ela não tivesse vivido uma EQM. Como Javier, Barbara atribui sua vida atual à EQM. Seu cotidiano mudou completamente e, desde a experiência, ela foi transformada em outra pessoa, alguém irreconhecível com relação ao seu antigo eu.

"A lembrança da minha EQM é o acontecimento mais vívido e claro da minha vida" – conta Barbara. "Por que, depois de todos esses anos, a experiência ainda é tão vívida e marcante?"

A EQM de Barbara foi o acontecimento mais profundo da existência dela, do ponto de vista da consciência. A única vez em que ela encontrou a consciência universal. A única vez em que sua consciência foi completamente separada do corpo, se não contarmos a morte. A única vez em que ela foi capaz de sentir uma lucidez absoluta, não diluída pela fisicalidade ou pela interferência terrena. O evento permanece permanentemente impresso em sua consciência e volta à lembrança com tanta clareza hoje como se tivesse acontecido cinco minutos atrás.

A consciência não envelhece. Ela tem a mesma idade quando você tem 1 ano de vida e quando tem 90. Tem sempre a mesma idade. Quando você morre, a consciência continua viva, absorve informações e interage, mas com um plano superior de existência, esclareceu o plano espiritual.

Também queríamos saber o que provocou o fim da EQM de Barbara. Perguntamos por que ela terminou naquele momento, em particular?

A experiência de Barbara estava completa. Tudo o que precisava ser feito já estava concluído. Barbara estava novamente em seu corpo quando a experiência terminou. O processo de se reunir outra vez ao corpo não foi muito suave porque a fusão da consciência com o corpo físico é difícil. Embora a consciência não seja uma coisa física (é sutil e rarefeita como o ar), ela tem um peso, em termos da sua existência. Colocar aquele enorme ser vivo de volta no corpo terrestre produz um solavanco significativo.

Todas as pessoas entrevistadas que passaram pela EQM sentiram esse "solavanco", o impacto na hora da conclusão da EQM, quando voltam a entrar no corpo.

Perguntei a Barbara em que aspectos sua vida mudou desde a EQM.

"Minha vida é totalmente diferente agora", disse ela, referindo-se ao fato de que se divorciou do marido. "Eu tentei por nove anos conseguir que meu marido [seu primeiro namorado] aceitasse minhas mudanças, mas ele não conseguiu."

Como acontece com muitas mulheres que se divorciaram, o ex-marido de Barbara disse:

"Querida, se você continuasse a ser como era, tudo estaria bem."

Mas a pessoa que passa por uma EQM não pode permanecer a mesma que tinha sido antes. É impossível. Barbara acabou se casando novamente e vivendo uma relação saudável. Hoje, ela e o segundo marido escrevem livros e dão aulas juntos. Barbara também voltou a estudar para se tornar terapeuta.

Ali estava o que eu sempre encontrava nas consultas sobre EQM: a mudança no estilo de vida, na profissão, nas circunstâncias pessoais, e a necessidade de aprender a lidar com os efeitos colaterais da EQM e da nova realidade da vida na terra.

No final da nossa consulta, agradeci a Barbara. Ela tinha ficado muito atenta a mim durante toda a consulta, me motivando e sinalizando com a cabeça que estava entendendo. Compartilhou seus pensamentos sobre o mundo da EQM e sobre a oportunidade que teria, no ano seguinte, de contar sua história em Findhorn, uma grande comunidade intencional na Escócia. A consulta fez muito sentido para ela e a levou a mencionar o livro de Gary Zukav, *The Dancing Wu Li Masters*, uma interpretação mística da física quântica que a impressionara anos antes. Ela sugeriu que eu o lesse.

Quando Barbara terminou de falar, olhei para o meu gravador. Ele tinha desligado nos primeiros minutos da consulta, em resultado da interferência provocada por Barbara na eletricidade.

"O gravador desligou", eu disse, enquanto olhava para o aparelho. Parecia que tinha desligado assim que entramos nas partes mais intensas da consulta.

"Eu avisei", disse ela.

Sim, ela tinha avisado. Barbara e eu nos despedimos e prometi que nos falaríamos em breve.

Interferência na eletricidade

Embora uma pessoa não precise ter uma EQM para interferir na eletricidade, esse tipo de capacidade é comum entre aquelas que vivenciam uma EQM. Essa sensibilidade não se limita à proximidade física. A consulta de Barbara era de longa distância e, mesmo assim, a energia dela invadiu nosso espaço e o alterou. A energia não é local; é por isso que as consultas podem ser realizadas a distância, e isso também explica por que a nossa energia continua a existir depois que o nosso corpo físico morre, por que as pessoas que passaram por EQMs vivenciam eventos no mundo espiritual mesmo estando deitadas em leitos hospitalares ou numa maca, enquanto sofrem uma cirurgia, ou mesmo debaixo d'água.

No Capítulo 13, vou analisar a interferência na eletricidade, que eu chamei de "sensibilidade elétrica". Nesse capítulo, também vou apresentar Mark Jacoby, "o homem que fala com as máquinas" e examinar as nossas capacidades energéticas centrais, que parecem se aprimorar por meio das EQMs.

Desliguei meu computador e consultei o relógio. Barbara e eu tínhamos conversado durante duas horas. Comecei a recapitular a entrevista e as anotações.

Uma hora depois, uma caminhada pareceu uma boa ideia. Andei pela Montana Avenue, olhando as vitrines. Depois da consulta e da experiência de ir para outro plano, fiquei feliz por sair de casa e me ver em meio à agitação das pessoas na rua. No entanto, continuei a pensar na consulta, sobre o que eu estava aprendendo com as EQMs e o que mais esperava aprender.

A informação que recebi ia além do escopo da sensibilidade elétrica de Barbara, um efeito colateral que me interessava. Quando ela mencionou, no início da consulta, que interferia na energia elétrica, eu não sabia o que fazer com essa informação. Mas aprendi uma lição: nas próximas consultas seriam necessários um segundo gravador e a verificação constante para ver se a gravação não tinha sido interrompida. Contar a alguém sobre os efeitos colaterais de uma EQM é uma coisa. Experimentá-los na própria pele, como aconteceu comigo na consulta de Barbara, é uma prova de que a vida precisa ser adaptada para que se possa lidar com os novos poderes que a EQM proporciona.

Como na consulta de Javier, a consulta de Barbara foi uma mensagem clara sobre a consciência, respaldada por evidências experimentais. Eu guardaria comigo essas informações e as expandiria em futuras consultas. Mas, primeiro, decidi que me aprofundaria nas pesquisas sobre a consciência. O que a ciência dizia a respeito da pesquisa sobre a consciência, e o que eu precisava saber sobre isso? Como ela se encaixava no que eu estava aprendendo sobre as EQMs?

Principais teorias científicas sobre a consciência

Comecei analisando as teorias sobre a consciência em relação às quais havia um certo consenso na ciência tradicional.

A maioria dos cientistas mais convencionais acredita que o cérebro produz nossa experiência consciente. Esse ponto de vista é chamado de perspectiva *materialista*. Do ponto de vista da ciência materialista, a realidade é definida em termos de matéria e tudo que existe é criado por objetos materiais. Essa perspectiva não reconhece, por exemplo, a percepção extrassensorial.

No entanto, há um novo movimento em voga, segundo o qual a consciência precisa ser interpretada a partir de uma realidade mais ampla, uma realidade chamada de *ciência pós-materialista*.

De acordo com o pós-materialismo, informações adicionais sustentam a ideia de que a consciência sobrevive à morte física e a fonte da consciência não é material, o que de fato mostraram as consultas de Javier e Barbara.

Os cientistas que apoiaram essa visão, dr. Gary Schwartz, dr. Mario Beauregard, dr. Rupert Sheldrake e outros, afirmam que a ciência não conseguiu provar que o cérebro é o criador da consciência. Esses cientistas também acreditam que os indivíduos que vivenciam a morte física – as experiências de quase morte – podem fornecer pistas decisivas sobre a fonte e a essência da consciência. Ao ler isso, eu soube que as minhas consultas com pessoas que passaram por experiências de quase morte eram um passo na direção certa, pois exploravam uma ligação importante com o mundo não material.

A ciência material pode desconsiderar o pós-materialismo, considerando-o algo impossível. No entanto, eu estava me dando conta de que a consciência está viva e existe em todos os lugares. E eu estava descobrindo, independentemente desse ponto de vista, que a consciência de fato está viva e é um fator-chave numa EQM.

Ao considerar o que ainda estava por vir nesse trabalho com as EQMs, pensei: *Esse processo é como escalar uma montanha de olhos vendados.* Seria bom ter algo seguro em que me segurar, mesmo que isso não seja possível.

Como sou uma ex-pesquisadora do mundo material, gosto de lidar com fatos. Gosto de conhecimento e afirmação. No entanto, também entendo que nem sempre podemos saber tudo com certeza absoluta. Isso é especialmente verdadeiro no reino das EQMs. Por mais improvável que possa parecer, minha experiência de pesquisa anterior foi uma boa preparação para esse novo rumo que a minha vida tomou. No meu trabalho anterior, não se podia afirmar nada com certeza absoluta. As peças tinham de se encaixar; os padrões e as tendências tinham de ser cuidadosamente analisados, interpretados e considerados, para que se chegasse a uma conclusão. Eu refleti sobre esse processo enquanto pensava no enigma da EQM, da consciência e da vida após a morte.

4

Lewis Brown Griggs e a sua Transformação Fisiológica: Proteção do Corpo

"Não é você que é mortal, apenas seu corpo é que é. Esse homem que sua forma externa revela não é você; o espírito é o seu eu verdadeiro."
– Cícero

Meu celular tocou e eu saí do bistrô em Westwood Village para atendê-lo, ainda com a xícara de chá na mão. Era um número que não reconheci, da Califórnia. Toquei o botão verde e segurei o telefone contra a orelha enquanto jovens mães passavam empurrando carrinhos de bebê.

A pessoa do outro lado da linha era um homem que me pediu para atender a uma das pessoas presentes na conferência da IANDS, em Crystal City, o mesmo homem que me levou a investigar as experiências de quase morte. Ele prometeu que entraria em contato comigo se soubesse de outros membros que quisessem compartilhar suas histórias. Enquanto isso, eu continuaria fazendo contato com outras pessoas que tinham passado por EQMs, encontrando-as, ouvindo sobre suas jornadas e sabendo mais sobre seus efeitos colaterais.

Eu me sentei no banco da rua arborizada quando ele me perguntou se eu tinha gostado da reunião, referindo-se ao encontro da IANDS no Condado de Orange, semanas antes.

"Foi bem intrigante", falei, pensando novamente no fascínio que sentia pelos mundos interconectados que encontrei.

"É um grupinho e tanto", disse ele. "Nós temos ouvido a história de muitas pessoas ao longo dos anos...". Ele fez uma pausa e seu tom mudou. "Há outra pessoa que quer falar com você. Ela está esperando sua ligação."

Ele então mencionou Jessica Haynes, que mora perto de Monterey, na Califórnia. Jessica estava interessada em me contar sobre sua EQM, ocorrida após um acidente quase fatal em Carmel. Agradeci e prometi ligar para ela. Pessoas novas estavam sendo colocadas no meu caminho e era hora de mergulhar em águas mais profundas.

Apresentação a uma pessoa do Norte da Califórnia com efeitos colaterais extraordinários

Jessica e eu nos falamos por telefone na quinta-feira seguinte, à noite. Embora a experiência dela tivesse acontecido havia mais de trinta anos, nunca lhe saíra da memória, pois era tão real então quanto fora muitos anos atrás. Atualmente, Jessica é casada com um piloto comercial, mora em Salinas, Califórnia, e ainda mantém contato com o mundo das EQMs graças à IANDS e seu site. Quando conversamos, perguntei se ela conhecia outras pessoas que poderiam estar dispostas a compartilhar suas histórias.

"Você precisa falar com Lewis Brown Griggs", disse ela. "Eu o vi no último fim de semana e sei que ele está interessado." Ela me deu o número do telefone dele, mas, minutos depois, Lewis me enviou um e-mail e eu soube da sua história toda.

Em março de 1977, a vida como Lewis Brown Griggs a conhecia mudou para sempre. Lewis estava dirigindo o carro da sua namorada em Berkeley, Califórnia, quando um caminhão furou o farol vermelho e colidiu com seu carro. Lewis bateu a cabeça no para-brisa e o carro ficou destruído. Depois do impacto, ele achou que estava morto. Sua consciência deixou seu corpo e entrou num túnel inundado de luz branca.

"Foi tudo muito pacífico", contou ele no e-mail. "A aceitação era total. Minha única tristeza era não ter como avisar a minha família e a minha namorada de que eu estava bem. Eu avançava muito rápido por um túnel de luz branca, que irradiava energia, amor e paz."

"Eu diria que só havia ali luz e amor. Tanto ao meu redor quanto dentro de mim. Não havia fronteiras, como se eu conservasse a minha individualidade e ao mesmo tempo tivesse me fundido com a luz."

Então, Lewis ouviu uma voz, que ele descreveu como masculina e profunda. Ele acreditava que estivesse ouvindo a voz de Deus.

"Lewis", disse a voz. "Você foi chamado aqui para ter essa conversa e ser enviado de volta, porque não está fazendo o seu trabalho."

"Tudo bem", disse ele. "Eu me rendo. Leve-me. Sou seu. Vou fazer o seu trabalho."

Lewis sempre foi um indivíduo obediente, que fazia o que lhe pediam. Mas ele descobriria que dessa vez era diferente.

"Não, Lewis", disse a voz. "Não é para fazer o meu trabalho que você foi chamado. É para fazer o seu."

"Bem, qual é o meu trabalho, então?", perguntou Lewis.

Na época, Lewis estava se empenhando para encontrar seu caminho na vida. O modo como fora criado não o ajudara a descobrir o seu verdadeiro propósito, uma vida cheia de significado e profundidade.

"Lewis, o que o impede de ser tudo o que você é capaz de ser?"

Nesse ponto, Lewis ficou confuso. Sua vida parecia estar nos trilhos, embora ele às vezes se perguntasse se "deveria" estar fazendo algo diferente. Ele não sabia o que a voz estava querendo dizer. Será que havia outra coisa que Lewis deveria estar fazendo?

Isso deve ter algo a ver com o fato de que eu nunca ter conseguido descobrir como superar a diferença entre mim e as pessoas com outras trajetórias de vida, pensou ele.

"Eis aqui, Lewis", disse a voz. "Esse é o seu trabalho."

Imediatamente, Lewis se viu girando de volta pelo túnel e para dentro do seu corpo.

"Foi como colocar luvas de borracha apertadas", contou ele. Num instante, ele estava de volta ao corpo. A ambulância já tinha chegado. "Eu estava consciente, num automóvel totalmente destruído, mas sem nem um arranhão", ele disse. Lewis foi andando até a ambulância e disse:

"Ei, eu não preciso de ambulância!"

Transformação depois de um acidente quase fatal

Apesar do grave acidente, Lewis não teve nenhum ferimento. Algum tempo depois, no entanto, ele começou a notar que sua vida estava mudando. Começou a olhar para as pessoas de outra maneira, além das diferenças culturais e socioeconômicas. Em breve, Lewis decidiu começar um novo negócio que apresentava a diversidade cultural como uma vantagem para o mundo empresarial. Lewis tornou-se um dos primeiros treinadores no campo da formação em diversidade – um campo que teria sido muito mais desafiador antes da sua experiência transformadora.

"Depois da minha experiência, descobri que o que sou vai muito além do ego, da mente ou do corpo", contou Lewis. "A essência de todos nós é a nossa alma. Meu objetivo agora na Terra é fazer com que as pessoas saibam que somos todos Um e únicos ao mesmo tempo."

Como outras pessoas, Lewis sentiu que, depois da sua experiência, ele tinha uma missão a cumprir. Seu propósito era ser mais amoroso e gentil, estar a serviço dos outros. O trabalho dele era compartilhar seu conhecimento numa escala maior – no caso dele, para um mundo que ele entendia. Era um trabalho considerável, mas, de grão em grão, Lewis deveria criar outro pilar de luz na Terra.

Nem todos que passam por experiências de quase morte têm uma experiência tão direta nem são incumbidos de uma missão. Alguns sabem que receberam uma missão, mas não conseguem se lembrar de qual é. Outros não se lembram de terem recebido alguma missão. Por que Lewis recebeu essa missão em particular? Por que Lewis?

Milhões de pessoas já admitiram ter passado por uma EQM. De acordo com a Universidade de Liège, na Bélgica, estima-se que aproximadamente 5 por cento da população em geral relatem experiências de quase morte, mas apenas alguns conseguem viver plenamente com um poder superior depois disso. É possível ver que muitos têm de romper os hábitos da vida anterior para serem bem-sucedidos. No caso de Lewis, ele acabou criando um plano e executando-o. Uma parede da sua casa flutuante foi decorada com artigos sobre sua empresa e suas obras, publicados no *Today* e no *CBS Morning News*. Lewis conseguiu seguir o seu propósito.

Além da sua missão, o efeito colateral de Lewis, o fato de ter saído ileso de um acidente quase fatal, era intrigante, e eu queria saber mais a respeito. Afinal de contas, a chance de uma pessoa sobreviver a um acidente do tipo em que ele se envolveu é bem pequena. Uma colisão desse tipo geralmente é fatal.

Jessica sugeriu que eu conhecesse Lewis, alguém que ela descreveu como um homem do mundo do luxo e dos privilégios. Lewis também estava interessado numa consulta e queria saber mais sobre sua experiência de quase morte.

Jessica, Lewis e eu trocamos mensagens por alguns dias e combinamos de nos conhecer pessoalmente um dia após o Dia de Ação de Graças, na casa de Jessica, em Salinas. Jessica estava entusiasmada e decidiu organizar uma pequena festa. A lista de convidados incluía um pesquisador que trabalhara com Russell Targ na pesquisa da visualização remota, uma enfermeira que tinha trabalhado com pessoas em luto ou à beira da morte, um escritor e palestrante, um apresentador de programas de rádio e um médium famoso.

Comemorei o Dia de Ação de Graças em Hollywood Hills com minha família, na Califórnia. Nós comemos sementes de abóbora assadas e o aroma de festa – peru assado com molho de oxicoco – perfumava a cozinha. Levei presentes para todos. Foi uma noite tranquila e cheia de amor, e eu saí de lá cedo, cansada e satisfeita.

Dirigi de volta até Santa Monica e fui dormir. Duas horas depois, acordei encharcada de suor.

Liguei para Jessica na manhã seguinte. A viagem foi cancelada. Eu mal podia sair da cama. Lewis já estava a caminho de Sausalito, mas o nosso encontro teve de ser adiado.

Eu me sentia horrível, decepcionada. Então recebi essa mensagem de Jessica:

> Adivinha? O mesmo aconteceu comigo na noite passada. Os convidados trouxeram comida para a festa e também acabei ficando doente. Então sei o que está sentindo. A festa foi ótima. Pena que nós duas estamos mal.
>
> Jessica

Marcamos novamente de nos encontrar em duas semanas. Eu iria de carro para Sausalito, encontrar-me com Lewis, e conheceria Jessica no caminho de volta para Los Angeles.

Uma viagem pela costa da Califórnia

Em Sausalito, as casas vitorianas têm vista para o mar. Uma coleção de lojas ecléticas, estúdios de ioga e galerias de arte se enfileiram nas ruas estreitas. A casa flutuante de Lewis fica perto da cidade, na Marina Kappas. Nós marcamos de nos encontrar no estacionamento da marina, para que pudéssemos caminhar juntos até a sua casa flutuante.

Eu virei a esquina, vindo da cidade, entrei num grande estacionamento e fui recebida por um homem alto, de cabelos loiros quase brancos, usando viseira verde. Ele balançava os braços, acenando para mim: Lewis. As buzinas do porto e as gaivotas circulando sobre a minha cabeça assinalavam a minha chegada.

Como constatei em outras pessoas que passaram por EQMs, Lewis parecia muito mais jovem do que seus 60 anos, como se fosse uma pessoa sem idade, congelada no tempo. Uma característica que notei em todos que sofreram EQMs.

Enquanto caminhávamos pelas docas até sua casa, com Lewis carregando a minha mala, conversamos sobre minha viagem, Jessica e seus planos para a minha estadia. Paramos na frente de uma casa flutuante encantadora, com persianas, e subimos vários degraus para entrar pela parte de trás do barco.

A casa flutuante de Lewis, com seu piso de madeira branqueado, tapetes e sofás brancos confortáveis, era o cenário de um filme hollywoodiano. Exceto se olhássemos para fora e víssemos que estávamos cercados de água, poderíamos achar que estávamos em Beverly Hills. Lewis me mostrou o quarto dele e eu reparei na cama *queen* e nos livros sobre espiritualidade no criado-mudo de madeira escura. Tentei não pensar no quanto seria bom me deitar ali e tirar uma soneca, pois tínhamos a consulta e a reunião da IANDs para ir ainda aquela noite. Lewis tinha me recebido calorosamente. Para mim, era como se essa experiência na Califórnia estivesse acontecendo em outro país, um país mais amistoso e receptivo.

"Você vai ouvir a líder do grupo falar sobre a EQM dela esta noite, quando era professora-assistente em Berkeley, nos anos 60", disse Lewis, quando voltei ao andar de baixo e entrei na sala de estar. "A experiência dela foi muito diferente da minha. "Sente-se", ele disse e gesticulou para os sofás da sala de estar. Eu me sentei no amplo sofá e Lewis sentou-se na minha frente e acendeu uma vela. O cheiro fresco de pinho encheu o cômodo.

Lewis esticou as longas pernas e cruzou os dedos atrás da cabeça, enquanto me contava sobre seus tempos de universidade, quando fazia pós-graduação em Stanford. Em outra sincronicidade, descobrimos que outros alunos da classe dele, na graduação, eram pessoas que eu tinha conhecido enquanto trabalhava no setor de investimentos. Comparamos nossas opiniões sobre as pessoas que conhecíamos e conversamos por alguns minutos antes de começarmos a consulta.

Espalhei pelo cômodo alguns cristais e expliquei como seria a consulta. Lewis tinha feito consultas semelhantes no passado e me disse que uma médium tinha até mesmo previsto o fim do seu casamento. (Ela estava certa.) Ele mal via a hora de começar a consulta.

Eu mencionei, como sempre fazia, que ele também poderia fazer perguntas durante a consulta. Lewis tinha muitas perguntas sobre o que tinha acontecido e sobre sua vida desde então, por isso a consulta seria longa.

Eu disse a Lewis que estava pronta e começamos.

A CONSULTA DE LEWIS

Quando me concentrei, Lewis revisou sua lista e a minha, e decidiu que perguntas queria fazer primeiro. Ele estava ansioso, e depois que começamos a consulta, descobrimos um mundo de informações.

Respirei fundo algumas vezes. Percebi um ruído agudo e senti uma onda de energia e calor me envolvendo, enquanto eu tentava acessar as vibrações mais elevadas. Eu estava acostumada com o som que ouvia nessas consultas, porque estava entrando num espaço vibratório mais elevado. Isso causava um "zumbido" audível.

A consulta de uma pessoa que já passou por uma EQM é diferente das outras. Sejam jovens ou idosos, homens ou mulheres, profissionais, estudantes ou aposentados, as pessoas que *não* passaram por EQMs têm dúvida sobre relacionamentos, dinheiro, família, saúde e vida profissional. Quando eu consulto pessoas que viveram uma EQM, é uma experiência completamente diferente. Eu entro num outro plano. O tempo é simultâneo e vívido. Eu revivo a experiência de quase morte com a pessoa. Eu entro nesse universo. A consulta de Lewis não foi nenhuma exceção. Assenti com a cabeça, indicando que estava pronta, e Lewis fez a sua primeira pergunta.

Lewis tinha visto a luz branca em sua experiência.

"O que era essa luz?", ele perguntou. Ele queria saber se essa luz tinha exercido alguma influência sobre a sua notável transformação.

Novamente, quando ficamos em silêncio, o mundo espiritual respondeu:

A luz era a consciência de Lewis encontrando-se com a consciência universal. Imagine bilhões de consciências individuais unidas numa só. A consciência de Lewis saiu do corpo para se conectar com a fonte absoluta, onde não existe nem em cima nem embaixo, nem largura nem profundidade. Esse espaço não é nada e, no entanto, é tudo. São as estrelas e o universo, um poço profundo e o ar que respiramos. E, quando a consciência de Lewis encontrou esse espaço, ele reconheceu isso como uma luz brilhante, porque não há outra maneira de a fonte transmitir isso para nós. Não existem palavras no nosso vocabulário, mas visualmente é uma luz.

Eu pensei nisso por um minuto. A luz é, evidentemente, mencionada na literatura, na religião e na espiritualidade, e está estreitamente relacionada com o terceiro olho nas obras metafísicas. Na realidade, parece que ela consiste em todas as almas, todos os seres, todas as fontes, transpostas em energia e unidas numa só.

Quando as pessoas que vivenciam a EQM veem essa luz branca, podem chamá-la por nomes diferentes, mas muitas a encontram quando entram nesse outro plano. É sua essência que levam com elas quando deixam o corpo físico. Alguns a chamam de Deus; outros reconhecem essa luz como sua família espiritual. A maioria a descreve como um amor abrangente. Ou o Todo Universal. Ela está lá para nos cumprimentar. É o que resta, o bom, o verdadeiro e o puro, depois que deixamos o nosso corpo terrestre.

Olhei para Lewis pelo canto do olho. Ele estava sentado na beira do sofá, ansioso para continuar. Ouvi algumas gaivotas gritando ao fundo e respirei outra vez.

A EQM de Lewis teve um efeito colateral notável. Ele foi poupado de uma fatalidade. Não só recebeu essa dádiva surpreendente no momento do acidente, como foi transformado de um jeito que nenhuma experiência terrena, nenhuma atividade material, jamais teria sido capaz de fazer.

A experiência de Lewis no túnel e em sua EQM reforçaram seu propósito e corrigiram seu preconceito cultural. Ele voltou reformado e remodelado. Transmiti as palavras vindas do mundo espiritual:

À medida que nossa alma começa a se separar do corpo, sua intenção fica muito mais focada, do ponto de vista metafísico. Em vez de se concentrar nas atividades terrenas, ela começa a procurar um significado verdadeiro. E isso ela encontra de imediato nesse outro plano.

A trajetória de alguém que passou pela EQM

Eu queria saber sobre o passado de Lewis. Não que ele era descendente de dois governadores e fundadores de grandes empresas dos Estados Unidos, que tinha se formado numa grande universidade, trabalhado com políticos republicanos e conseguido um trabalho numa emissora de TV do governo. Eu queria saber sobre a vida dele na infância. O que tinha realmente acontecido com Lewis quando ele era criança? Perguntei ao plano espiritual se havia algo na sua infância ou na sua criação que pudesse estar relacionado à sua EQM. Voltei minha percepção para o que acontecia dentro de mim enquanto me concentrava. Eu queria saber se conseguia encontrar uma resposta que fizesse sentido com essa questão da infância dele, pois a porta já tinha sido aberta na consulta de Barbara (ver Capítulo 3).

O plano espiritual respondeu.

Lewis era como um deus que crescia. Um ídolo para sua família, amado pela sua herança genética, suas qualidades exteriores, sua boa aparência. Cresceu sem ter contato com o seu poder. Apesar da beleza, da educação e dos antecedentes, ele fracassou. Esses atributos não foram a resposta para Lewis.

Aprendi muito sobre Lewis naquele dia, com o plano espiritual. Como outras pessoas que passaram por uma EQM, Lewis examinou os sinais ao longo do caminho enquanto tentava estabelecer sua identidade como indivíduo. Como outros, antes da sua EQM, Lewis passou por um trauma emocional enquanto tentava abrir caminho num mundo em que questionava seu papel. Sua missão não era mais fácil e estava ficando pior. Ele se encontrava numa encruzilhada, na dúvida entre dar uma guinada ou ficar simplesmente estagnado. Repetidamente voltou da sua tentativa de mãos vazias, em sua luta para definir quem ele era, independentemente da herança familiar. As questões pessoais não foram resolvidas.

Um padrão surgiu e os problemas se multiplicaram, da sua infância à idade adulta. A vida tornou-se mais estável quando Lewis ficou mais velho.

Mas o plano espiritual está sempre avaliando essa vulnerabilidade. Para pessoas como Lewis, a consciência é suscetível e está pronta para ser desencadeada. Esse gatilho não parece ser um evento totalmente aleatório. Não é nenhuma coincidência que essas pessoas se deparem com um impasse e, sob as circunstâncias certas, isso resulte numa EQM. Esses indivíduos passam mais tempo contemplando o plano espiritual e estão menos ligados ao seu corpo físico. A experiência fora do corpo parece mais natural para eles e pode ser uma parte da sua trajetória, enquanto buscam algo verdadeiro, real e bom. E o plano espiritual parece desempenhar um papel nisso tudo, determinando o momento certo.

Lewis foi escolhido para viver a sua experiência? Ele estava numa tela de radar que identificava pessoas emocionalmente vulneráveis para um propósito novo e renovado? Como outras pessoas, é quase como se Lewis tivesse passado por uma avaliação e os resultados – a busca, a vulnerabilidade, o tempo –, fossem bons o bastante para que ele fosse selecionado para viver a experiência.

Lewis saiu do seu carro totalmente ileso. Alguma força invisível o protegeu enquanto ele estava fora do corpo? Como Lewis conseguiu sair da experiência sem nenhum trauma? Como ele saiu andando de um veículo que sofreu perda total? Essas foram as pergutas que fizemos em seguida.

Lewis, como todos nós, é muito mais do que o seu corpo físico. O seu corpo físico e o acidente foram apenas instrumentos para facilitar sua transformação. Depois que Lewis aceitou sua missão e foi infundido e alterado pela luz, a negatividade física do acidente foi absolvida. Lewis saiu dele inteiro.

A consciência mais elevada é uma cura para as questões terrenas? Os adeptos na Nova Era, os místicos e as religiões do mundo alegam isso o tempo todo. Muitos afirmam que o contato com nosso eu superior pode melhorar nossa saúde e nosso estado geral. A EQM parece ser uma cura para traumas fatais. Devemos considerar a consciência superior como uma dádiva?

A discussão sobre as possibilidades terapêuticas das experiências místicas ainda está dando seus primeiros passos, mas parece que estar relacionado com os efeitos secundários benéficos das experiências de quase morte. Experimentos clínicos estão sendo feitos em várias universidades, incluindo a Universidade de Nova York, e, de acordo com um pesquisador[1], mostram que "os indivíduos transcendem sua identificação primária com seus corpos e vivenciam estados livres do ego (...), voltando da experiência com uma nova perspectiva e uma profunda aceitação". Casos de EQM estudados nessa pesquisa sugerem até que os efeitos da EQM vão além disso e incluem a cura.

O acidente de Lewis, milagrosamente, não só resolveu seus problemas pessoais como também lhe proporcionou uma proteção sobre-humana. O que ocorreu durante a EQM que transformou Lewis? Houve uma interferência misteriosa do plano espiritual? Ou ele simplesmente teve sorte?

A EQM tem a propensão de curar. A literatura sobre o tema está repleta de histórias de cura espontânea, e no Capítulo 5 você conhecerá outra pessoa que passou por uma EQM, Rajiv Parti, e apresentou uma cura notável. A consciência teria a capacidade de se sobrepor à realidade física? E se a resposta é sim, quais são as suas implicações para a medicina moderna?

A autoridade maior de Lewis

Por que a autoridade maior para Lewis não era simplesmente Deus, mas um deus branco e do sexo masculino? Por que Lewis não foi recebido por Buda? Ou pelo avô dele? Por que um deus branco e do sexo masculino?

O plano espiritual respondeu: *as EQMs são provocadas por uma figura de autoridade coerente com o vernáculo da pessoa que passa pela experiência. Uma figura que ele possa reconhecer e respeitar. Para um homem branco, pertencente a uma elite, quem seria essa figura de autoridade senão um deus masculino, banco e episcopal? Alguém do mundo de Lewis. O gatilho na consciência de Lewis parece estar ligado à fonte certa, assim como acontece com todos que passam por uma EQM. Lewis foi instruído por uma voz que ele poderia entender e respeitar, e portanto em quem prestaria atenção. Tinha de ser uma voz que fosse crível e que deixasse uma impressão nele. Afinal, sua EQM era uma experiência de aprendizado.*

Parei e olhei para Lewis.

"Quanto tempo ainda temos?", perguntei, respirando fundo.

"Ainda temos bastante", disse Lewis, consultando o relógio. "Continue."

Quando Lewis voltou ao seu corpo físico, no momento do acidente, ocorreu uma pressão dolorosa, quase um trauma, assim como aconteceu com Barbara. Por que seria doloroso para a nossa consciência, um elemento mais leve do que o ar, voltar a entrar no corpo físico? Por que ela não voltou suavemente? Afinal, a consciência é leve como uma pluma.

"Como a consciência deveria voltar ao corpo?", perguntei-me, enquanto esperava que o plano espiritual me desse uma resposta.

Quando a nossa consciência volta a entrar no corpo, isso é como uma queda. Esse evento não acontece na terra. Quando ele ocorre como parte de uma EQM, é como uma operação que não foi aperfeiçoada. Nós existimos na Terra como um ser completo, unificado – o corpo físico e a consciência estão entrelaçados. Eles não devem ser separados. Nascemos com os dois entrelaçados, mas se a consciência fica separada do corpo por muito tempo, num plano mais elevado, a volta para o corpo físico é mais pesada e difícil.

Lewis consultou o relógio: cinco horas da tarde. Teríamos de terminar a consulta. Ele fez mais algumas perguntas sobre sua vida e seu trabalho, e então chegou a hora de terminarmos nossa consulta e nos prepararmos para a reunião da IANDS.

Demorou vários segundos para que meus olhos readquirissem o foco. O sol tinha se posto e o cômodo estava iluminado apenas pelo brilho das velas. Lewis voltou a acender as luzes. Ficamos sentados por um minuto em silêncio.

A Experiência de Lewis e meus pensamentos sobre as EQMs

Pensei no que eu tinha descoberto na consulta de Lewis. Era como se cada EQM fosse personalizada para se adequar à personalidade, às crenças e à cultura da pessoa em questão. No entanto, havia uma universalidade na experiência, pois ela era uma experiência de todos nós. Uma experiência sobre a vida. Sobre esperança. Sobre o mundo espiritual. Sobre a morte. Sobre tudo isso.

Para onde tudo isso levava? Na minha opinião, eu pessoalmente estava sendo levada a ver as coisas de um ponto de vista que se aproximava da fronteira entre ciência e espiritualidade – à ideia de que todos nós fazemos parte da mesma energia. De que tudo o que estava acontecendo tinha uma mensagem espiritual para nos ensinar, uma mensagem subjacente à nossa vida. Aprendi que talvez não reconhecêssemos de imediato a fonte ou a mensagem, mas ela estava lá, mesmo que escondida abaixo da superfície. O trabalho com EQM me mostrava que as sincronicidades não eram realmente coincidências, mas algo mais intencional. Que o plano espiritual e seu impacto são muito maiores do que podemos perceber. Que a nossa conexão com ele é profunda.

Eu pensei na pessoa que serviu como canal para essa jornada – o homem cuja EQM fizera com que adquirisse dons artísticos. Ele ganhara um imenso talento. Uma dádiva. No entanto, teve dificuldade para seguir sua missão, para aceitá-la. Outros que conheci concordaram em cumprir a missão a eles designada.

Cada um foi enviado de volta à terra para cumprir o seu trabalho. Alguns conseguiram. Outros tropeçaram no caminho. Tudo isso também parecia ser parte de um grande plano.

5

Ragiv Parti e a sua Transformação Fisiológica: Cura Espontânea

*"O que drena o seu espírito drena o seu corpo.
O que alimenta o seu espírito alimenta o seu corpo."*
– Caroline Myss

A Califórnia era uma mina de ouro. Todos queriam falar sobre as EQMs, mesmo que nunca tivessem passado por uma.

Eu continuava falando com pessoas que a tinham vivenciado e, uma manhã, quando verificava meus e-mails sob o guarda-sol verde de um Starbucks na Montana Avenue, um e-mail de alguém que tinha passado por uma EQM na infância apareceu na minha caixa de entrada. O QI desse homem tinha aumentado vinte pontos desde a sua EQM. Eu cliquei no e-mail seguinte, este de um artista da Disney, também alguém que tinha passado por uma EQM na infância. Como não havia como mensurar os efeitos colaterais dessas EQMs ocorridas na infância, descartei esses casos. Verifiquei outros e-mails, inclusive o de uma mulher que tinha ficado muito mais espiritualizada desde a sua EQM. Havia e-mails de várias pessoas que tinham se tornado médiuns. Deixei esses de lado, também.

Examinei um e-mail de um homem cujo efeito colateral da EQM foi um dom para fazer poesia e outro de uma mulher que vivenciou a cura espontânea. Analisei um e-mail de um advogado cujos processos mentais aceleraram. Falei com uma mulher que passou a tocar flauta e outra que improvisava músicas. Fiz anotações sobre todas essas experiências.

Criei um site e várias pessoas postaram sobre suas experiências. Logo a notícia se espalhou. Várias estavam muito ansiosas para falar sobre as suas EQMs. Uma dessas pessoas foi o dr. Rajiv Parti.

Quando estava sentada do lado de fora da cafeteria na Montana Avenue, o céu azul e translúcido em todas as direções, pensava em como eu sentiria falta desse clima – dias quentes, sem uma única nuvem no céu – quando voltasse para a Costa Leste.

O telefone tocou. Era o dr. Parti. Pousei na mesa o meu copo de chá gelado e ouvi a história dele. Eu tinha um milhão de perguntas, mas esperei enquanto ele me contava tudo.

A EQM do dr. Parti

A experiência do dr. Parti ocorreu no Natal de 2010.

O dia típico do dr. Parti, chefe do departamento de anestesiologia cardíaca do Hospital do Coração de Bakersfield, geralmente começava às seis horas da manhã. Ele corria para o trabalho, enquanto falava com uma enfermeira ou com seu corretor. Ele podia estar dirigindo seu Mercedes esportivo ou sua BMW. Talvez fosse o Hummer. Se alguém o cortasse na estrada, ele ia atrás do motorista.

A cada dois ou três anos, o dr. Parti e sua família se mudavam. A certa altura, a casa deles era tão grande que o dr. Parti e a esposa precisavam usar o celular para encontrar os filhos. Sua hipoteca era de 15 mil dólares por mês.

Um dia, ele recebeu um telefonema do seu médico.

"Tenho boas notícias e más notícias", disse ele. Tudo o que o dr. Parti ouviu foram as más notícias: câncer de próstata.

Ele tomou um avião para a Flórida, com a intenção de fazer uma cirurgia. A cirurgia foi bem-sucedida, mas logo ele se tornou incontinente e passou a sentir dor na região pélvica. Depois de mais sete cirurgias, uma das quais provocou infecções abdominais, o dr. Parti ficou deprimido e lhe prescreveram três antidepressivos. Depois de três anos, a infecção estava pior e ele estava viciado em analgésicos.

Por fim, em 2010, um médico da UCLA decidiu que seria preciso outra cirurgia. O dr. Parti estava com uma dor excruciante e com uma febre de 40 graus quando foi de ambulância para o UCLA Medical Center. Sua infecção tinha se espalhado e se tornado generalizada.

Enquanto estava na mesa de cirurgia, ele teve uma EQM.

A consulta do dr. Parti

Eu me organizei para encontrar o dr. Parti em Los Angeles, uma semana depois da nossa conversa. A filha dele estudava na mesma universidade que o meu filho, e o dr. Parti visitava a cidade com frequência, então nos encontraríamos pessoalmente muito em breve.

Às duas horas da tarde, na quinta-feira seguinte, ouvi uma batida na minha porta. O dr. Parti estava vestido casualmente, com uma camisa de colarinho aberto e calças cáqui, um médico no seu dia de folga. Fiz sinal para que ele entrasse. Começamos a conversar enquanto nos acomodávamos nas cadeiras de uma pequena mesa de vidro e metal que eu tinha colocado no meio da sala para a nossa consulta.

O dr. Parti tinha me enviado vários e-mails antes da nossa reunião. Quando ela finalmente aconteceu, ele já havia preenchido o questionário e já tínhamos nos falado por telefone. Eu tinha feito anotações sobre seu site e as conversas que havíamos travado. Eu tinha uma longa lista de perguntas com base em nossa conversa, nas suas respostas para o questionário, nas suas palestras e no seu site, e estava ansiosa para analisar a experiência dele.

Começamos a consulta. Fechei os olhos para me concentrar. Logo de início, senti a presença de mentores espirituais e me vi no início da EQM do dr. Parti.

A experiência dele começou com uma sensação de constrição, como se ele não conseguisse respirar, como se sua alma estivesse partindo e tentando ir para outro plano. Eu disse ao dr. Parti que via o pai dele e percebi uma sensação de medo quando o vi.

O dr. Parti franziu a testa, perdido em pensamentos.

"Eu tinha medo do meu pai. Ele costumava me bater", disse ele. Quando criança, o dr. Parti tinha sido espancado pelo pai com tamanha violência que ficou três semanas sem poder ir à escola.

O dr. Parti passou pela revisão da sua vida com seu pai, a principal figura de autoridade da sua vida, mesmo que ele tivesse morrido vinte anos antes. O pai do dr. Parti era também a figura mais respeitada a quem ele iria ouvir.

Após a análise da sua vida, o dr. Parti perdoou seu pai pelas surras e juntos, pai e filho, de mãos dadas, entraram no túnel.

A consulta continuou.

O dr. Parti encontrou uma luz branca, destinada a limpá-lo e purificá-lo – para iniciá-lo em sua nova jornada através da escuridão.

Do outro lado do túnel, ele foi saudado por duas entidades que disseram que eram os anjos da força e da cura, símbolos significativos para um médico. Quando sua esposa mais tarde perguntou onde estavam os milhares de deuses e deusas indianas, o dr. Parti não soube responder.

A consulta continuou no seu próprio ritmo. A trilha sonora era um constante zumbido de comunicação que eu ouvia e apresentava. Eu era a médium, o canal e transmissão da informação, o intercâmbio entre dois mundos da informação que era enviada através de mim.

Durante a EQM, o dr. Parti conheceu suas vidas passadas. Ele flutuou sobre um prado cheio de rosas e um riacho encachoeirado de águas cristalinas. Ele viu cores, como num caleidoscópio.

"Eu podia ouvir um sino a distância que soava como um 'om'", disse ele. Paz. O mantra mais sagrado da terra e o símbolo da frequência primordial da existência.

A experiência do dr. Parti foi como um caleidoscópio de possibilidades infinitas, ocorrendo simultaneamente. Do prado, a luz falou ao dr. Parti, e ele foi informado de que não era um bom médico para os seus pacientes. Soube também que ele voltaria. Que teria uma vida mais espiritual e cumpriria seu contrato anímico.

O dr. Parti passou por outra ocorrência incomum durante a EQM: uma experiência verídica, que foi comprovada por outras pessoas em seu retorno.

Enquanto o dr. Parti estava na mesa de operação, ele se lembrou de ouvir piadas do anestesista. Sentiu sua consciência viajar para a Índia, onde ele viu a irmã, usando jeans e uma camisa vermelha, e a mãe, vestindo um sari verde e tomando chá. Quando falou com a mãe dois dias depois, ela confirmou que, no momento da sua EQM, as duas estavam tomando chá, vestidas com as roupas que ele tinha descrito.

Quando o dr. Parti acordou da cirurgia, ele contou aos médicos que tinha ouvido suas piadas durante o procedimento. Eles responderam que ele devia estar saindo da anestesia.

Mas haveria outra explicação? A consciência do dr. Parti aconteceu em todo o espaço e tempo? Sua mente superior simplesmente visitou a mãe e a irmã como parte de sua experiência?

A TRANSFORMAÇÃO DO DR. PARTI

Setenta e duas horas depois da sua EQM, a febre do dr. Parti estava mais baixa. Seu vício em analgésicos tinha desaparecido, sua depressão estava curada e sua doença crônica havia evaporado. Ele foi curado de um câncer na próstata e de uma infecção generalizada.

O dr. Parti vivenciou um milagre? Ou haveria uma explicação mais simples?

Três semanas depois da sua EQM, o dr. Parti mudou de estilo de vida. Ele renunciou ao seu posto no hospital e se tornou vegetariano. Vendeu seus carros luxuosos e comprou um híbrido. Um cirurgião plástico comprou sua casa, e o dr. Parti e sua família se mudaram para uma casa com a metade do tamanho da primeira. Ele começou a meditar em vez de beber para relaxar.

Depois da sua EQM, ele deixou para trás tudo que tinha pertencido à sua vida anterior. Depois da sua experiência transformadora, não poderia mais ficar preso a eventos mundanos.

Hoje, o dr. Parti vive entre dois mundos: na terra e no plano espiritual. Como a maioria das pessoas que tiveram EQM, ele vive numa corda bamba, e há tensão nesse espaço que habita. É como se ele fosse duas pessoas diferentes agora, e trava uma batalha todo dia para conciliar as duas. Ele tem dificuldade para lidar com o plano terreno depois de viver a perfeição completa e o amor total no plano espiritual.

Para todos os que vivenciaram uma EQM, o dia a dia é uma luta, uma jornada sem bússola. Pegar alguns desvios de tempos em tempos também parece fazer parte do processo. O dr. Parti ainda está se adaptando ao seu novo mundo, esse mundo no qual ele caiu de paraquedas depois da EQM.

Quando perguntamos, em sua consulta, se o dr. Parti era um candidato a esse tipo de experiência, isto foi o que nos foi dito:

Como outros, o dr. Parti tinha qualidades particulares. A capacidade de ficar desperto, ainda que em meio à dor. Ele poderia ser transformado numa luz viva após a experiência, se fosse capaz de servir.

Olhei para o dr. Parti. Ele estava inclinado para a frente, ouvindo atentamente.

"Você está bem?", perguntei.

Ele assentiu.

"O que foi que causou a minha transformação?", ele perguntou.

Os efeitos colaterais fisiológicos do dr. Parti incluíam a cura espontânea de uma doença fatal, assim como de um vício e da depressão. Isso não é pouco. De acordo com o que sabemos com base em estudos científicos, ser curado de um câncer, uma doença fatal, juntamente com o vício em analgésicos e da sépsis, com a qual o risco de morte é alto, é não apenas notável, mas inexplicável.

O plano espiritual esclareceu: *a vibração mais elevada que o dr. Parti vivenciou na sua EQM parece que acabou com suas doenças terrenas. As aflições do corpo físico simplesmente não existem num plano superior de energia pura e alta frequência. Como Lewis, o dr. Parti é mais do que seu corpo físico.*

No caso do dr. Parti, uma mudança ocorreu no nível da alma. O estado não físico. A cura que acompanhou essa mudança criou uma carga poderosa e o dr. Parti ficou literalmente cercado de luz. A luz tem a capacidade de transformar, inclusive provocando a cura física, graças às suas propriedades energéticas elevadas.

Durante a EQM do dr. Parti, ele encontrou uma energia pacífica e poderosa – tão absoluta que sentiu, quase que pela primeira vez na vida, que estava completo. O dr. Parti tentou trazer de volta com ele, para o plano terreno, esse estado elevado. Como outras pessoas que vivenciaram a EQM, ele ansiava por esse tempo de elevação, para mergulhar nesse reino. Esse estado elevado não durou muito e ele voltou para o corpo com um baque. Foi um choque para o dr. Parti descobrir que este nosso mundo é estático, mas ele busca com determinação encontrar esse estado novamente. E, mesmo tendo viajado para esse reino distante uma vez, não conseguiu visitá-lo novamente. Não estava ao alcance dele na terra.

Essa é uma informação importante, porque as pessoas que vivenciaram EQMs, como nós, meros mortais, querem alcançar esse estado mais elevado da EQM quando retornam à terra, mas não conseguem.

Você não pode de fato voltar de uma EQM. Você retorna porque seu corpo retorna. Mas você – a sua essência – na verdade não volta. Sua essência é transformada para sempre. Funde-se com o universo. Nada ainda é familiar embora você continue como se nada tivesse sido alterado.

Comunicação de outro plano

Durante a nossa consulta, perguntei com quem estava falando e fui informada do seguinte:

Você não nos conhece, mas no fundo conhece e nos encontrará. Encontre-nos. Nós estamos aqui para praticar boas ações e estamos ao seu redor. Você não pode nos ver. Somos pessoas belas, mas não pessoas. Seres belos. O que vocês chamam de seres.

Isso já era demais para eu compreender. Precisava parar por um momento. Peguei um copo d'água e fiz uma pausa, depois assenti com a cabeça para o dr. Parti, avisando que poderíamos continuar.

"O que preciso saber?", perguntei. Eu achava que, se "eles" estavam lá para responder às nossas perguntas, eu deveria fazer outra pergunta.

Você está fazendo perguntas demais, disseram. Você só precisa aceitar. As pessoas que aceitam dominaram isso. Elas incorporaram com sucesso a experiência e puderam avançar. Muitas não conseguem juntar as peças. Precisam ser deixadas pelo caminho, mas isso faz parte do processo.

Essa consulta foi diferente porque o plano espiritual comunicou-se diretamente comigo, dizendo-me que a aceitação é a chave para entender – esse foi um conselho para mim, mas serve para todos nós. Disse-me que o meu jeito prático e mundano de abordar as coisas, buscando respostas, pode não ser o melhor caminho.

Eu olhei para frente e me mexi no meu assento. Tinha de continuar a consulta, então continuamos. Em seguida, perguntei ao dr. Parti sobre os antecedentes da sua EQM.

Houve momentos de alegria e felicidade em sua experiência, mas também muitos momentos de dor. Por que o dr. Parti vivenciou extremos de alegria e dor em sua EQM? Ele precisava que lhe mostrassem algo mais? Algo mais extremo, para que pudessem tirá-lo do caminho atual?

O que foi mostrado ao dr. Parti serviu para moldar e modelar sua consciência, para que ele pudesse avançar e se expandir, de modo que tocasse cada vez mais pessoas em sua jornada, quando voltasse.

Então perguntamos: o que o dr. Parti precisava aprender com sua experiência?

Que existe paz, tranquilidade, conforto e contentamento eterno ao alcance dele. O dr. Parti deveria saber disso, mas, mais importante, deveria fazer com que essa certeza ficasse impregnada nele.

Antes da sua experiência, o dr. Parti nunca se interessara por nada que fosse espiritual. Então, tudo mudou. Qual foi o gatilho? Foi o auxílio do plano espiritual? Como eles diriam, esse sujeito precisa ver algo que tenha um propósito maior? Porque funcionou. Como outras pessoas que passaram pela experiência de quase morte, o dr. Parti agora carregará para sempre a mensagem de transformação dentro dele.

Quando ele retornou, não estava mais interessado em sua antiga carreira e começou a procurar o significado da vida. A EQM o lançou numa jornada.

A experiência dele / a minha experiência

A experiência do dr. Parti foi real. Eu estava lá com ele, e foi vívida e intensa. Eu a toquei e provei. Vi o que ele viu e senti o que ele sentiu – assim como vi e vivenciei a EQM de Javier, de Barbara e de Lewis. Minhas experiências nessas consultas foram as mesmas pelas quais passaram essas pessoas, e tentar descrever esse reino e seus mistérios era tão difícil para mim quanto para eles. Como William James, conhecido psicólogo e professor da Harvard, disse, quando definiu as experiências noéticas em 1902, há uma "inefabilidade" nessas experiências, a incapacidade de expressá-las ou descrevê-las com palavras.

Cura espontânea: um fenômeno raro, mas real

Como ocorreu a cura do dr. Parti? Como seus males desapareceram? Num piscar e olhos, como se ele nunca tivesse sofrido de nenhum vício? Nunca tivesse ficado deprimido? Nunca tivesse se tratado de um câncer?

Pense nos efeitos colaterais de uma EQM como o ato de reiniciar um computador. Exceto pelo fato de que, no caso da EQM, sua vida não é mais a versão 2.0. Agora é a versão 20.0. Você e sua vida são transformadas depois desse "reboot" cósmico. Esse é um conceito aparentemente simples, mas vamos separá-lo em partes e examinar seu verdadeiro significado.

Imagine isso por si mesmo. Você tem a mesma aparência externa de quando deixou seu corpo físico. Mas os componentes internos foram atualizados – reiniciados. Com novas instruções de operação da Fonte, e uma dose de energia pura e imaculada, diferente de qualquer outra que possamos obter na Terra. Sem o nosso corpo físico, a potência dessa energia é intensificada. É pura essência. Pura luz. Pura consciência. Ela retorna conosco para o plano terreno, melhorando-nos por meio de um sistema operacional atualizado pelo plano espiritual.

Essa essência adicional é a dádiva da EQM, que devemos usar na nossa nova jornada. Na terra, nosso corpo físico cria desequilíbrios e doenças – tanto físicas quanto emocionais –, estresse e sofrimento. Quando essas pessoas retornam de sua EQM, possuem uma dose de energia que não só eleva a vibração do corpo, como é capaz de eliminar doenças. No caso do dr. Parti, essa energia poderosa fez uma "varredura" em seu corpo físico e propiciou uma cura que mudou sua essência.

O dr. Parti absorveu essa energia perfeita e total quando ela foi descarregada nele. Ele deixou de ser apenas o seu corpo físico. Passou a ser mais do que seu corpo físico quando essa fusão com a luz eliminou do seu corpo tudo que o corrompia.

Quando reinicia seu computador, você passa a ser uma lousa vazia. Como no caso do computador, a experiência de quase morte é uma solução extrema para redefinir o sistema. Essa experiência elimina as falhas e os arquivos corrompidos. Como a reinicialização, é o último recurso.

Desde a sua EQM, o dr. Parti foi "reinicializado". Ele é literalmente um novo homem. Largou mão de tudo o que era mundano e foi levado para o seu núcleo elemental e metafísico. A mudança que ele vivenciou aconteceu no nível da alma.

Não é fácil entender tudo isso. Só podemos tentar processar na medida em que o mundo espiritual nos permite.

E depois que vai para esse outro plano, você é transformado para sempre. Você volta para a terra porque o seu corpo volta. Mas "você", a sua essência, na verdade não volta. É alterada para sempre e é quase impossível conciliá-la com a sua vida na terra.

Quando a consulta terminou, perguntei ao dr. Parti sobre sua família. Como ela estava se ajustando à nova vida dele?

A esposa e a filha o apoiavam, disse ele, mas a reação dos outros nem sempre era tão boa. Percebi que ele procurava sentir qual era o seu caminho, e esse caminho era diferente daquele dos seus dias como médico. À medida que o tempo passava, reparei nas fotos em sua página do Facebook. Havia fotos de sua esposa e filha, uma carta de amor para a esposa no dia do aniversário de casamento, um agradecimento por fazer parte da vida dele. A jornada do dr. Parti, e a da família, continuava.

Dr. Parti e eu nos despedimos com um aperto de mãos e ele foi embora. Sua consulta tinha sido intensa e diferente. Quando consulto pessoas que passaram por uma EQM, eu sou o canal, não a pessoa que passou pela experiência. O meu trabalho é transmitir a informação e analisar como ela se encaixa no que eu já sei e no que ainda estou aprendendo. Mas minha resposta emocional é diferente da resposta dos consulentes.

Nessa consulta com o dr. Parti, algo peculiar aconteceu. "Eles" se comunicaram diretamente comigo, aconselhando-me a abordar o caso de maneira diferente. Parar de usar estratégias humanas. Aceitar. Eu refleti sobre isso. Fazia sentido, embora fosse para mim um desafio. Continuei com minhas estratégias humanas. Afinal, sou apenas humana.

Quando fechei a porta da frente e voltei para o meu apartamento, uma pergunta me ocorreu: qual era o fio condutor que ligava todas aquelas experiências? O que havia em comum em tudo que tinha sido mostrado nessas experiências? Eu não conseguia ver, mas sabia que existia esse fio que as conectava.

Acho que podemos examinar as evidências e encontrar respostas, mas às vezes, quanto mais examinamos, mais perguntas temos. Porém, alguma "força" me disse: *você vai encontrar respostas. Continue em frente.*

A volta para o Leste

Eu andava de um lado para o outro no apartamento encaixotando minhas coisas para a mudança que faria em dois dias. Minha estadia na Califórnia chegara ao fim. Minhas aulas tinham acabado. Meu contrato de aluguel também, e era hora de voltar para casa. As boas-vindas tinham sido calorosas e os californianos apoiavam meu trabalho. E eu tinha ido à Califórnia para prosseguir com ele, sabia disso agora.

Eu tinha mantido contato com muitas pessoas que haviam passado por EQMs, além de enfermeiros, acadêmicos, médicos, terapeutas e outros profissionais de saúde. No entanto, apesar de todo apoio que recebi, tinha trabalhado muito sozinha. Eu também estava empreendendo a minha própria jornada única, de um jeito muito parecido com as pessoas que tinham de fato passado pela EQM. *Isso é o que eu sou*, pensei enquanto olhava ao redor, para os últimos objetos que embalava para levar comigo para casa.

Eu me sentia bem na Califórnia, onde se aborda o mundo metafísico de uma maneira muito prática. Andando pela rua, no dia quente e ensolarado, pensei em como sentiria falta do sul da Califórnia. Mas, ao mesmo tempo, sabia que minha família, meus amigos e minhas conexões estavam todas no Leste. A oportunidade de viver em outro lugar tinha sido uma pequena dádiva, mas era hora de retomar a minha vida anterior.

A sala de repente me pareceu quente. Abri uma janela e inspirei profundamente enquanto o cômodo escurecia com o pôr do sol.

6

Dan Rhema e o dr. Robert Magrisso e sua Transformação Cognitiva: Talento para as Artes

> "Levar luz às profundezas do coração humano
> – eis a vocação do artista."
> – Robert Schumann

De volta a Baltimore, desci a North Avenue, na direção do Maryland Institute College of Art, passando por fileiras de casas e agências de câmbio, e pensei em Diane Willis. Diane, ela própria alguém que tinha passado por uma EQM, era diretora da filial de Chicago da IANDS. Ela tinha me contado que Bob Magrisso, um internista em Evanston, Illinois, havia passado por uma EQM e voltado com dons artísticos. Ela sugeriu que eu entrasse em contato com ele.

Quando liguei para Bob, não fiquei surpresa ao saber que ele e eu tínhamos algumas coisas em comum. (Descobri, com o tempo, que todas as pessoas que tinham vivenciado EQMs pareciam ter alguma ligação comigo.) Uma delas: ele tinha passado algum tempo em Baltimore, quando cursava a Universidade Johns Hopkins.

Robert Magrisso: um cientista influenciado pela vida após a morte

Bob Magrisso é professor da Escola de Medicina da Universidade Northwestern, tinha se formado na Escola de Medicina Albert Einstein e feito um mestrado em Engenharia Biomédica na Universidade Johns Hopkins. Também tinha formação em física. E é agora um internista praticante em Evanston, Illinois. Quando Bob e eu nos falamos pela primeira vez, ele me contou sobre sua experiência. Quando tinha 48 anos, ele sofreu um ataque cardíaco e ficou inconsciente na sala de emergência do Evanston enquanto seus colegas tentavam salvar sua vida:

"Segundos antes de desmaiar, ouvi um som muito alto, parecido com grilos. Eu me lembro de estar em outro mundo, como um céu noturno cheio de estrelas. Sentia uma paz extrema e uma sensação de liberdade. Havia um movimento na direção de três luzes – o que mais tarde imaginei que fossem seres. Eu tinha um sentimento de consciência pura. Não havia sentido em querer qualquer coisa", contou-me Bob.

Quando ele recuperou a consciência, o médico da sala de emergência encarregado da ressuscitação estava com lágrimas nos olhos.

"Nós o trouxemos de volta!", ele disse. "Você viu a luz branca?"

"Não, mas eu estava atravessando um túnel escuro", disse Bob.

"Não tenho certeza de onde essas palavras vieram", me contou Bob. "Mas elas descreveram a sensação do movimento em direção às três luzes. Eu logo deduzi que eram o meu pai, que morreu em agosto de 1993, o meu melhor amigo, Tomas, que morreu em agosto de 1991, e um amigo mais distante, Raphael, que morreu apenas uma semana antes dessa experiência. Eu não sei como eu 'sabia' que eram eles, mas eu sabia. Senti que eles estavam lá para me receber."

Bob descreveu sua experiência como "uma sensação de 'despertar' do que eu sabia. Talvez os sentimentos mais positivos que já tive".

Bob e eu fizemos planos para conversarmos pelo Skype na semana seguinte. Na quarta-feira seguinte, à noite, consultei o relógio: faltavam trinta minutos para eu chamar Bob.

Às 20 horas, arrastei minha cadeira para perto do computador e olhei através do monitor para um homem agradável, de rosto redondo e cabelos grisalhos e encaracolados. Liguei o gravador e passei a verificá-lo periodicamente para me certificar de que não perderíamos nossa conexão.

Fiz algumas perguntas a Bob sobre sua experiência e seus antecedentes. Também estava particularmente curiosa para saber como tinha sido o retorno dele para o corpo físico. Como tinha sido a decisão que tomou? Decidi simplesmente perguntar.

"Eu não tomei nenhuma decisão", ele disse. "Simplesmente aconteceu. Eu não queria morrer. Sentia que a minha vida era um completo fracasso antes dessa experiência. Fiquei muito triste ao pensar que não veria minha esposa e meus filhos novamente."

Essa sensação de fracasso é um tema frequente entre as pessoas com quem conversei sobre suas EQMs. Até pessoas tão realizadas quanto Bob sentiam como se a vida delas não fosse completa antes da experiência. Muitas expressavam extrema tristeza pelo fato de que não teriam mais a oportunidade de ver seus entes queridos outra vez, caso não voltassem da EQM.

Tanto Bob quanto eu queríamos investigar os efeitos colaterais da experiência. Bob, que era médico e cientista, voltou da EQM com a necessidade de produzir algum tipo de trabalho artístico. Seus quadros e suas obras, nos quais combinava vários tipos de meios de comunicação, sempre retratavam estrelas e símbolos místicos como metáforas. Como no caso de outros entrevistados para este livro, era possível perceber um aspecto incessante, repetitivo e compulsivo na atividade de Bob, depois da EQM. Ele já tinha se aventurado no mundo das artes antes da EQM, mas os temas espirituais só começaram a aparecer em suas obras depois dela: escadas para o espaço sideral, planetas, seres flutuando no espaço.

"Muitas vezes uso, como fundo, o céu noturno coalhado de estrelas, pois isso coloca tudo em perspectiva", ele explica. O trabalho de Bob inclui peças tridimensionais, colagens e esculturas em madeira. A linguagem dos seus trabalhos sempre foi extremamente simbólica, mas isso se intensificou depois da EQM.

Como outras pessoas que passaram pela EQM, Bob disse que sua experiência lhe mostrou que existe muito mais do que a realidade física que conhecemos ou compreendemos. Sua arte tenta expressar o mistério no cerne da realidade, e ele usa seu trabalho também para investigar sua própria espiritualidade. De acordo com a resenha de uma faculdade que pouco tempo atrás fez uma exposição de seus trabalhos, "A arte de Magrisso sugere uma jornada rumo à espiritualidade humana mais profunda, em busca da iluminação".

Bob concorda com a afirmação de que sua arte pós-EQM reflete uma espiritualidade mais profunda, um significado e propósitos maiores.

"É difícil para mim disfarçar isso", ele acrescenta. "É como se eu tivesse fazendo da arte uma maneira de me aproximar um pouco mais daquela mesma experiência. Por meio da arte, consigo, de algum modo, voltar a ela. Como se eu estivesse tentando voltar a algum tipo de percepção do plano espiritual."

Nas suas colagens, Bob às vezes usa a mandala, um padrão tradicional, como uma representação simbólica do cosmos. É a maneira que ele encontrou de conectar, numa linguagem artística, o atual com o antigo. Outras pessoas que entrevistei também usam símbolos universais extraídos de suas EQMs (como você verá quando conhecer Lynnclaire Dennis, no Capítulo 11).

"Quanto menos eu penso no que existe, melhor", diz Bob. "Morte, pesar, cura e totalidade são alguns dos temas em torno dos quais gravito – temas que encontro diariamente na minha vida profissional."

Esses são os temas que vem à baila nas experiências de quase morte. E o fato de não explorar esses temas conscientemente, mas deixá-los vir à tona no subconsciente, é um tema que eu ouvi várias vezes de outros entrevistados que conseguiram aceitar seu novo comportamento.

A consulta de Bob

Respirei fundo três vezes e senti meu corpo relaxando, enquanto me preparava para buscar respostas sobre os sons que Bob ouviu, as imagens que viu e o significado das suas obras de arte.

Foi difícil ancorar a energia de Bob. Como outras pessoas que tiveram uma EQM, Bob não estava centrado – suspeito que isso era causado pela sobrecarga que sentia na sua consciência. Quando comecei a ler a energia de Bob, notei que sua aura estava cheia de luz e, como outros entrevistados, ele parecia ter duas auras diferentes. Uma delas era completamente branca e diáfana, e envolvia o seu corpo. A outra, turva e escura, mostrava o trauma físico causado pelo ataque cardíaco. A presença de duas auras estava se tornando um indício de EQM.

"Por que a EQM de Bob influenciou seus trabalhos artísticos", perguntamos.

O plano espiritual me mostrou que o desdobramento mental de Bob, durante a EQM, foi intenso. A experiência lhe deu acesso permanente a uma mente superior, que Bob usa para transmitir suas imagens ao público, por meio de símbolos e sinais. Descobri que às vezes esses símbolos são tudo que ele tem para se comunicar. A linguagem desse outro plano era fugidia e não coincidia com a que conhecemos neste plano.

O som que ele ouviu – os grilos. O que era aquilo? (Outras pessoas também disseram que ouviram sons enquanto deixavam o corpo físico. É um dos dezesseis sinais clássicos da EQM. Ver o Apêndice A.)

Esse som é a vibração de uma frequência que está se elevando e é ouvido quando a nossa consciência deixa o corpo e deixa o plano físico. Interpretamos isso como um "som", embora ele possa ser outra propriedade.

Olhei para frente. Ouvi uma sirene, um carro de polícia passando na rua. Esperei o barulho diminuir, depois baixei a cabeça e continuei.

"As estrelas que Bob viu na EQM e que ele reproduz nos seus trabalhos artísticos são temas recorrentes na arte pós-EQM. O que essas estrelas significam no trabalho de Bob?"

Bob e eu estávamos curiosos para saber essa resposta. As estrelas se repetiam como metáforas nas EQMs e todas as pessoas com quem falei queriam saber o significado delas. Por que todas tinham visto estrelas em sua EQM? Por que não a Lua? Ou o Sol?

As estrelas de Bob são impressões duradouras do universo para o qual ele viajou, o universo com o qual ele está permanentemente conectado. Partes de Bob pertencem a esse reino, que é a sua origem. Quando Bob atravessou o túnel escuro, ele deixou o espaço denso e opressivo do trauma e entrou no reino mais vasto e cheio de estrelas da luz infinita; um espaço belo e cheio de paz.

"Bob interpretou as luzes que viu como sendo seus amigos. Isso está correto?", perguntamos. Olhei rapidamente para Bob e ele acenou com a cabeça para que eu continuasse.

A luz era a essência dos seus amigos, que estavam lá para encontrá-lo, assim como outras pessoas são recebidas pela luz, por amigos e familiares, disse o plano espiritual. Essa resposta coincidia com o que Bob pensava sobre essa questão e com o que eu tinha aprendido sobre a luz.

A luz também pode ser interpretada como a resposta do plano espiritual à nossa ignorância terrena. Na verdade, um dos trabalhos artísticos de Bob, "Guardiões da Luz", é um conjunto de imagens composta de mais de trinta indivíduos que Bob chamou de "guardiões da luz".

"Eu os vejo não como seres humanos apenas, mas como guardiões da luz na escuridão coletiva em que vivemos", disse Bob.

A missão de Bob

Bob também estava interessado em saber mais sobre a sua missão depois da EQM. Essa era uma das principais perguntas dele e, como outros entrevistados, ele usava o termo "missão", em vez de propósito de vida ou serviço ou caminho de vida. Ele, assim como outras pessoas, tinha uma espécie de senso de dever com relação ao que tinham vivido na EQM.

"Qual é, exatamente, a missão que tenho de cumprir?", Bob perguntou. Embora ele esteja produzindo trabalhos artísticos e servindo à sua comunidade, Bob queria saber se ele poderia fazer algo mais.

Seu trabalho é continuar acessando, ancorando e transmitindo a consciência mais elevada que você recebeu, por meio da cura e da arte. Quando as pessoas admiram a sua arte, mergulham nela e ela fica registrada no inconsciente delas. Sua consciência elevada é transmitida por meio do seu trabalho. Seu trabalho é continuar a acessar a luz, ancorá-la e transmiti-la.

"Isso faz sentido?", perguntei a Bob.

"Sim."

"Você acha que faz isso?", perguntei.

"Eu tento. Acho que isso acontece. Não sei se mencionei, mas seguia um caminho espiritual quarenta anos atrás." Bob tem agora 68 anos. "Essa é parte da intenção em todas as coisas que faço", disse ele.

E lá estava: a intenção que Bob tinha antes da sua experiência. Ele era alguém que buscava um caminho espiritual antes da sua EQM. Procurava o outro plano. De uma maneira muito intencional.

Como Bob chegou à sua EQM?

Como outros entrevistados, Bob há anos se preparava para a sua EQM. A experiência em si foi apenas o último passo. Ou talvez tenha sido o primeiro. No caso dele, essa preparação pareceu muito intencional. Ele estava procurando algo, pedindo para passar por algo assim. E foi atendido.

"Como era a vida de Bob antes da EQM?", perguntei. Ele mencionou que havia anos se dedicava a uma prática espiritual, mas o que dizer dos outros aspectos da vida de Bob, além de suas atividades espirituais? Bob e eu mencionamos isso na nossa pergunta seguinte.

Antes da EQM, a vida de Bob tinha um padrão. Ele seguia sempre a mesma rotina, mas não ultrapassava seus limites – limites estabelecidos pelas convenções e pelos outros. Mas essas convenções não o satisfaziam.

Foi nos dito que Bob não estava crescendo. Ele continuava vivenciando as mesmas coisas repetidas vezes. Sua vida tinha caído na rotina e era limitada – e isso não era suficiente. Num certo sentido, ele estava correndo sem sair do lugar.

"Eu estava meio em crise com o meu caminho espiritual", contou ele. "Na verdade, às vezes eu brincava, dizendo que estava passando por uma crise de meia-idade. Isso meio que resolvia a coisa. Realmente."

Nesse ponto, o que o plano espiritual disse:

Bob foi criado com certas expectativas quanto ao que ele queria atingir e a como cumpriria suas obrigações. Ele fazia o que esperavam dele, mesmo que parte do seu ser se rebelasse. Ele cumpria essas expectativas de qualquer maneira e, com a idade de 48 anos, entrou em crise. Ou talvez a crise tivesse começado antes. Bob sentia como se vivesse numa caixa, que continuava ficando cada vez menor, até que a EQM o libertou dessa caixa.

Isso se assemelhava à vida de Lewis antes da EQM (ver Capítulo 4): expectativas que deviam ser atendidas, mesmo que a alma ansiasse por algo mais.

"Por acaso alguma força considerou a situação de Bob e disse: 'Ele está pronto agora'?", perguntei.

Há um ponto em que pessoas em situações semelhantes a de Bob, com traumas emocionais do passado, mas ainda com capacidade para muito mais, anseiam por en-

contrar uma alternativa. Mas não sabem como fazer isso. Ou não conseguem. À certa altura, elas são retiradas do corpo físico para que possam voltar a despertar. E retornam para continuar, mas de uma maneira nova, diferente. Num caminho diferente.

Bob concordou.

"Era de fato como você disse: parecia que eu estava correndo sem sair do lugar." Em geral, Bob dizia que sua experiência o deixara com o "sentimento de que eu - todos nós - somos parte de algo maior", um sentimento compartilhado por outras pessoas que passaram pela EQM.

Dan Rhema: Um CEO que se tornou um artista xamânico

Vamos examinar o caso de Dan Rhema, outra pessoa cuja EQM o deixou com dons artísticos. A transformação de Dan foi semelhante à de Bob?

Na quarta-feira seguinte, pouco depois das seis da manhã, abri os olhos ao som de um zumbido baixo. Levei um segundo para perceber que o som era o alarme do meu iPhone. Nesse dia eu tinha uma consulta com Dan, ex-CEO de uma empresa sem fins lucrativos, que havia se transformado num artista xamânico.

Fui até a cozinha, fiz uma xícara de chá e levei-a para a varanda. O sol estava nascendo no horizonte. Eu podia ver a copa dos olmos, além dos apartamentos a oeste. Comecei a devanear, pensando no rumo que esse trabalho estava tomando e como eu tinha entrado em contato com Dan.

Fazer esse trabalho na Califórnia era fácil. Ele era aceito na Costa Oeste, e muitas pessoas compartilhavam suas experiências de quase morte. Porém, depois que voltei para a Costa Leste, as coisas ficaram diferentes. Nem todos viam esse trabalho da mesma maneira nessa região mais tradicional do Médio-Atlântico. Aparentemente, eu sabia que a minha habilidade – as coincidências – e a minha vontade estavam me apontando a direção certa, levando-me a percorrer esse caminho. Havia uma razão para eu estar fazendo esse trabalho e encontrando essas pessoas específicas, que entraram na minha vida. Eu também sabia que a minha capacidade de buscar respostas para essas pessoas não era coincidência. Eu pensei na minha trajetória ao estudar as EQMs. Nada tinha sido coincidência; eu estava convencida disso. Quando me sentei na varanda, tirei um cristal do bolso e olhei para ele. "Vá em frente", ele parecia me dizer.

Conheci Dan indiretamente. Primeiro ouvi falar da sua EQM num programa de rádio. Visitei seu site e observei que uma das abas se chamava, "Quando era um fantasma". Intrigada, entrei em contato com ele e ele respondeu rapidamente. Pensei na minha conversa com Dan enquanto bebia meu chá e acenava para o meu vizinho, que tinha saído para pegar o jornal e voltado a entrar, deixando-me mais uma vez com meus pensamentos.

A EQM de Dan tinha sido provocada por uma luta contra a dengue, a meningite e a encefalite, em 1991. Quando sua esposa, Susan, perguntou aos médicos qual era o prognóstico, eles disseram:

"Nós não sabemos. Não encontramos nenhum registro de alguém que tenha sobrevivido a isso."

Dan sobreviveu e tornou-se um artista, um giro de 180 graus, se considerarmos sua antiga profissão, como presidente de um centro internacional de treinamento no México.

Quando sua doença piorou, Dan foi levado para o Hospital CDC em Atlanta e internado. Quando deram a Dan uma injeção na coluna, ele "saltou" do corpo físico e foi jogado no canto da sala. Flutuou na mais completa escuridão, rumo a uma jornada inesperada para o Outro Lado. Durante a EQM de Dan, ele se viu na época em que ainda não existiam religiões. Na época do homem das cavernas.

"Eu acho que fui jogado naquela parte do subconsciente que era a pré-história. Primitiva. Xamânica", diz ele. "Não tenho a intenção de seguir nenhum tipo de religião agora. Sinto que fui para outro lugar. Além deste. Ou antes deste."

Durante sua EQM, Dan ouviu uma voz.

"Você entende que está morrendo agora?", disse a voz.

Nesse ponto, Dan sentiu que ele podia escolher entre morrer ou voltar. A esposa e as filhas dele ainda estavam do outro lado da fronteira. Dan entendeu que poderia morrer, mas também sabia que a esposa e as filhas não estariam lá para recebê-lo. Ele fez uma escolha. Dan retornou.

Inspirado pelo plano espiritual

No entanto, como tenho certeza de que você pode deduzir, Dan não voltou a ser a mesma pessoa. Depois de alguns meses, ele começou a ter visões intensas à noite. Assim que dormia, era arrebatado por uma consciência ampliada que lhe transmitia imagens do Outro Mundo: estrelas ardentes, terceiro olho, rostos xamânicos.

Esse foi o início da arte visionária de Dan. Hoje, ele passa seus dias transitando entre um espaço onírico e outro, no plano da consciência.

Seus ciclos de transmissão de imagens duram até seis meses e monopolizam completamente a sua vida, que só volta ao normal quando ele termina o ciclo de produção artística. Dan tem produzido arte compulsivamente nos últimos quize anos. Ele não a produz da mesma maneira que um artista tradicional. Pinta com os dedos e um pano. Suas cores são intensas, suas imagens primordiais e infantis. Logo ficou evidente para Dan que ele estava recriando algo, numa tentativa de explicar o que tinha acontecido durante a EQM.

"Eu continuo esperando essa compulsão, essa energia, esmorecer", ele diz. "Mas isso nunca acontece. Tudo continua vindo para mim e eu tenho de deixar."

Num comentário semelhante ao de Bob, Dan diz:

"Quanto menos penso nisso, melhor."

Dan vê a arte em seus sonhos.

"Os sonhos começam e depois a ansiedade começa a aumentar. Então fico produzindo arte por meses seguidos. Pinto cinco peças de cada vez, pois não consigo aguardar até que uma seque. Em meus sonhos, estou no meu porão, captando coisas e juntando-as. Coisas que cognitivamente, durante a vigília, eu provavelmente não faria. E no dia seguinte volto lá e começo a fazer isso de novo."

As pessoas levam sucata para Dan e ele armazena tudo no porão, para usar em sua arte. Seu processo é primitivo, seus materiais são primitivos e elementares. Seu trabalho inclui objetos, arquétipos e imagens que ele viu na sua EQM, a espiritualidade e o mundo natural.

Dan achava que estava "ficando louco", como ele diz, porque nunca tinha feito arte antes. Na verdade, ele é formado em Geologia.

"Eu faço o que faço por causa da minha EQM e simplesmente tento interferir o mínimo possível", diz ele.

"Sempre ficava preocupado, achando que, se eu pensasse no que estava fazendo, não conseguiria continuar."

Como Bob, Dan descobriu que ele é apenas um veículo para a expressão do plano espiritual. E, como Evelyn (ver o Prefácio) e Lewis, ele aprendeu a deixar sua intuição guiá-lo. *E não interferir.* Dan deixa que a informação venha a partir do Outro Lado. Mas de onde ela vem?

Como Dan vive em Louisville, combinamos de fazer uma consulta pelo Skype. Eu expliquei que poderíamos nos ver e interagir como se estivéssemos sentados um na frente do outro, porque a energia existe em todos os lugares e a distância não importava.

Até aquele momento, eu tinha feito umas dez consultas. Minha opinião sobre as EQMs estava mudando e minha busca para entender os efeitos colaterais cognitivos e fisiológicos estava começando a incluir áreas mais amplas. O plano espiritual estava me levando a outros reinos, mostrando-me coisas que eu não tinha considerado quando comecei o trabalho. Percebi, com um sobressalto, que eu também estava sendo transformada.

A consulta de Dan

Mais tarde naquele mesmo dia, disquei para Dan pelo Skype. Quando a consulta começou, eu olhei pela janela. Uma tempestade estava se formando; os galhos das árvores na minha varanda estavam balançando. Fechei as janelas e me sentei à mesa da cozinha. Apesar do tempo ameaçador, eu não estava preocupada com o efeito que a tempestade poderia causar na gravação da consulta de Dan. A tempestade poderia desligar a minha internet, os cabos, o ar condicionado ou as luzes. Mas uma tempestade cria um nível diferente de interferência em comparação com as pessoas que passaram por EQMs, que podem interromper a conexão com a internet, mas mantêm outras conexões intactas.

Depois de um bate-papo rápido, ancorei minha energia. Fechei os olhos e me concentrei na minha consciência superior. Depois de respirar fundo três vezes, comecei.

Primeiro, olhei a aura de Dan, que era *sólida da cabeça para baixo – como se seu corpo fosse forte, mas sua cabeça fosse pura consciência. A aura ao redor da cabeça era completamente aberta e repleta de luz branca. A luz branca do mundo espiritual.*

Nós seguimos em frente e perguntamos:

"Que tipo de pessoa Dan era antes da EQM? Sua criação, sua biologia ou suas experiências de vida exerceram alguma influência sobre a EQM?" O que descobrimos não foi tão surpreendente, visto que a experiência de Dan refletia a de outras pessoas. Antes da EQM, Dan vivia fora do mundo cotidiano. O plano espiritual explicou:

Antes da EQM, Dan e a esposa estavam sempre vivendo no limite, onde se sentiam mais confortáveis. Eles viajaram para a África, para a América do Sul e finalmente para o México, onde Dan e a família ficaram doentes. Eles eram exploradores, sempre se perguntando o que fariam em seguida para sair da rotina. Do comum. Quanto mais extrema a coisa, melhor.

Como Bob, Evelyn, Lewis e outros, Dan sentia que deveria haver algo mais, algo que transcendia a realidade terrena que vivenciamos. Sim, ele estava em busca de algo mais. Mas essa busca só terminou com a sua EQM.

Portanto, Dan era um candidato a uma EQM porque era um explorador? Porque essa era a exploração suprema – aquela que nunca terminaria em nenhum lugar do plano terreno. Dan estava preparado para isso? Ele estava, de alguma maneira, destinado à sua experiência?

Antes da EQM, Dan vivia dizendo: "Quero saber mais sobre essas coisas que ninguém entende, para as quais não temos respostas". Ele continuou buscando alternativas – no caso dele, novos destinos – fora da sua zona de conforto, até sua EQM, em 1991.

Pelo que observei e ouvi muitas vezes, pessoas como Dan parecem pensar: "Me mostrem algo que não pertença a este mundo. Estou pronto para isso".

Mas talvez uma EQM não seja exatamente o que elas pensavam que teriam.

E o que dizer da época, na vida de Dan, em que a EQM aconteceu? Esse é um fator relevante numa EQM? Quando fizemos essa pergunta, vi a consciência dele ser lançada para fora seu corpo exatamente no momento em que o plano espiritual determinou que ele estava pronto para incorporar essa nova experiência e sua vida. Quando seu caminho de vida se alinhou com a vontade do plano espiritual, Dan se desconectou, para ser recebido nas mãos do universo, num estado de total perfeição.

Como vimos, parece haver um ponto de virada, um momento em particular, quando as EQMs ocorrem. E esse momento parece ser aquele em que as pessoas em situações semelhantes às de Dan chegam a um certo ponto, um ponto determinado, no qual estão preparadas para que a sua consciência seja lançada para fora do corpo físico. Um ponto em que sua busca supera a sua realidade. Ao mesmo tempo, uma força física está muitas vezes presente, para abrir o caminho e tornar a EQM possível.

O plano espiritual muitas vezes repetiu: *Num certo ponto, eles são retirados do corpo físico para que despertem e voltem a viver no plano terreno. Tomando um rumo diferente. Um caminho com um propósito mais elevado.*

A experiência de Dan lhe conferiu um acesso a uma realidade diferente de qualquer coisa que ele já tivesse vivenciado em sua vida anterior. Essa mudança de paradigma, diz ele, foi, "mais real do que a própria realidade".

Por que isso? Outros, como Barbara (ver Capítulo 3), mencionaram que a realidade da experiência é uma característica especialmente marcante da EQM. Analisaremos isso mais a fundo em consultas posteriores.

Qual é o significado da arte de Dan?

Os dons artísticos de Dan têm servido de catalisador para todos nós. Muitas pessoas que contemplam sua arte são levadas às lágrimas ou a compartilhar suas próprias experiências com ele. Dan permite que elas façam as suas próprias interpretações e descubram o significado que seu trabalho tem para elas. A tarefa de Dan é entregar a mensagem e se afastar. Ele permanece nos bastidores, sendo um mero mecanismo para possibilitar a iluminação.

Como Dan explica sua experiência? O que a EQM significou para ele?

"Eu tive essa experiência que não entendo e que que me transformou completamente", diz ele. "Eu não sou mais a pessoa que eu era. Como se comunica isso às pessoas?"

O argumento é que Dan comunica isso por meio da sua arte. No entanto, mesmo como artista, Dan não é convencional, pois sua arte é mais como um desdobramento da sua consciência. É uma arte que ele produz com a finalidade de comunicar uma mensagem. É a maneira que ele tem para explicar o inexplicável e para evitar nos dizer qualquer coisa diretamente.

A missão de Dan é ser uma luz para a humanidade. Na verdade, ele foi enviado de volta para incutir sua consciência superior nos outros. Não é um pacto que ele mesmo tenha feito. Ao contrário de Lewis, Dan não recebeu uma missão óbvia. Ele não se lembra de ter dito que faria esse trabalho. Trata-se de uma compulsão que ele acredita que tenha de seguir.

Abrindo a porta para a consciência

O que aconteceu com a consciência de Dan durante a EQM? Como ela foi ativada? Essas foram perguntas que procuramos entender durante a consulta, enquanto eu tentava ir aonde Dan tinha ido como viajante cósmico.

Imagine a consciência de Dan como um balão preso ao corpo por um cordão fino. Durante sua EQM, esse cordão o levou para mais longe, mas sem nunca se desprender dele. Esse cordão (às vezes chamado de cordão de prata) é um tema recorrente na arte e na religião. É objeto de discussão dos místicos e visto como um fio que liga o eu superior ao corpo físico. Dan usa essa metáfora da flutuação e do cordão como parte integrante do seu trabalho artístico.

Precisamos que esse cordão de consciência esteja conectado ao nosso corpo. É isso que nos torna humanos. Se esse cordão se romper, não existimos mais, pelo menos não no plano físico da terra. A essência do nosso ser, a luz, o nosso corpo energético, existirá para sempre.

"E na minha arte eu represento esse 'ancoramento'", diz Dan. "Eu uso muito esse termo e represento esse 'ancoramento' como duas correntes presas ao chão, para me impedir de flutuar para longe."

E quanto à revisão de vida?

Muitas vezes presume-se que as EQMs incluem uma revisão de vida, mas Dan não vivenciou nada parecido. Nem viu uma luz ou teve a sensação de atravessar um túnel. Ele ficou apenas flutuando na escuridão e ouviu: "Você entende que está morrendo agora?".

Dan ficou intrigado com a falta da revisão de vida na sua EQM e com a escuridão que viu. Por que ele não viu a luz? Por que não havia um túnel? Pelo fato de não ter vivenciado esses elementos, ele ficou preocupado com a possibilidade da sua experiência não ter sido "válida". Até se perguntava se havia algo errado com ele.

De acordo com o plano espiritual, Dan vivenciou tudo de que precisava para captar o significado completo da experiência, para que ela tivesse os resultados e os efeitos secundários pretendidos. A mensagem foi efetivamente entregue e da maneira mais apropriada. *O universo sabe o que está fazendo.*

No caso de Dan, uma frase ("Você entende que está morrendo agora?"), combinada com o restante da experiência, foi suficiente para alterar a sua vida.

A maneira como Dan tomava decisões antes da EQM poderia ser chamada de "racional", como seria de se esperar de um cientista. Dan me disse que a esposa dele é que era a metafísica da família. No entanto, ele mudou radicalmente depois da EQM. O plano espiritual me mostrou que o lado metafísico de Dan sempre existiu, mas estava trancafiado dentro dele. A porta para esses espaços interiores estava fechada. Antes da sua EQM, Dan pensava: "Este sou eu e é isso o que faço", excluindo outras possibilidades.

Mas havia outra parte de Dan (uma parte que estava lá o tempo todo) que tinha a capacidade de interagir com muito mais. Quando Dan teve a EQM, sua experiência arrombou todas as portas que ele pensava que ficariam permanentemente fechadas. Após a EQM, ele já não tinha controle sobre abrir e fechar essas portas. Porque, depois que se tem uma EQM, você nunca mais tem nada sob controle.

A transferência do plano espiritual

Dan retornou da EQM com uma sobrecarga de energia, uma dose muito grande para ele suportar. E tinha de fazer alguma coisa para extravasá-la. E, quando faz isso, algo incomum acontece: essa energia se acumula novamente.

Eis o que o plano espiritual tinha a dizer sobre isso: *A consciência tem sua própria energia vital. Quase como se fosse alimentada por uma força universal. Quando o consciente de Dan se exaure, ele é reabastecido. À medida que Dan gasta energia, ela volta a se acumular. Dan produz arte e usa sua energia, mas ela nunca se esgota. Isso é poderoso. É o Divino. É a divindade. A sobrecarga de Dan existe porque a porta que ele abriu em sua EQM continua aberta. Dan recebe recargas automáticas, quer queira quer* não.

As pessoas que não passaram por uma EQM têm uma consciência latente, que não foi ativada como a de Dan. Perguntamos ao mundo espiritual por que a consciência é tão responsiva, particularmente depois da EQM.

Quanto mais você exercita a consciência, mais responsiva ela se torna. Quanto mais você a usa, mais ela responde, buscando por mais. A consciência é muito responsiva.

"É exatamente assim que me parece", diz Dan. "Você sabe, as pessoas dizem: 'Um dia você vai ficar sem inspiração?'. Mas isso não é possível, porque, assim que vou dormir, elas começam a brotar de novo. Tudo vem nos meus sonhos. Pode ser cansativo."

A consciência de Dan – a nossa consciência – sabe tudo. Faz parte do universo. Ela é onipresente. Onisciente. É todo o tempo e todo o espaço. É tudo e além. Então, quando você entra nesse espaço numa EQM, sua consciência acessa tudo que existe. Porque a consciência pode. Porque é assim que ela é.

Quando a consciência de Dan explora o plano espiritual, Dan está na linha de frente. Uma noite ele pode estar fazendo atividades xamânicas; na noite seguinte, pode estar sonhando com um lago sem fundo, e na noite seguinte pode estar vagando pelo universo. Porque a consciência pode fazer qualquer coisa e ser qualquer coisa e estar em qualquer lugar, tudo ao mesmo tempo. Ela está viva. É uma coisa viva e se expande mediante um ciclo de autonutrição.

"Quanto aos sonhos que tenho, demorou muito tempo até que eu conseguisse até mesmo me fazer perguntas. E cheguei à conclusão, durante a EQM, que a porta, o meu subconsciente, foi aberta e eu fui jogado dentro da minha consciência. E, quando voltei, essa porta ficou aberta e não se fechou. E isso foi muito difícil. As pessoas nunca vivem isso, então é difícil explicar como fica a sua vida", diz Dan.

Dan continuou explicando como foi a primeira vez em que fez uma obra de arte:

"Tão logo saí do hospital, fiz a minha primeira obra de arte. Uma espécie de tapeçaria. Eu não tinha acesso a materiais de arte, mas colecionava coisas do deserto. Objetos encontrados. Eu não tenho nenhuma explicação para isso. Falei a você sobre isso? Foi quando nos mudamos para Tucson".

Tucson. Lá estava ela outra vez. O que havia em Tucson? Essa não era a primeira vez que a cidade era mencionada no meu trabalho.

"De onde você é?", perguntei a Dan.

"Sou de Baltimore", disse ele.

Baltimore. Onde eu moro.

Arte Primordial: As EQMs e sua ligação com o homem primitivo

Passei muito tempo pensando sobre a arte de Dan e de Bob, e o significado do trabalho deles, incluindo suas técnicas. Com base em pesquisas históricas, descobri que o processo artístico do homem primitivo era surpreendentemente parecido com o dos dois.

A arte de Dan compartilha um espaço cultural com as pinturas rupestres. Como nas pinturas encontradas em cavernas de Lascaux, na França, Dan usa pigmentos primários: vermelho, amarelo, preto. Seu interesse pela cor e pela forma é semelhante ao modo como os homens de Neandertal se expressavam. Os pigmentos primários utilizados eram os óxidos de ferro para o vermelho e o manganês para preto, e o ocre criava uma variedade de tons amarelos. As cores de Dan refletem isso. Se você olhar as pinturas dele, vai ver os amarelos intensos, os vermelhos cádmios e as linhas pretas.

As sociedades paleolíticas interpretavam sua compreensão do universo por meio de desenhos que descreviam as viagens xamânicas para outros reinos. Estrelas, elementos simbólicos, imagens das galáxias. Tanto Dan quanto Bob fazem uso desses símbolos em seu trabalho. Na arte paleolítica, muitas das imagens do "mundo superior" são desenhadas em vermelho, cor associada à vida. As imagens do "mundo inferior" são pintadas de preto, cor associada à morte. As imagens de Dan refletem esses estilos também.

"Sinto que fui jogado naquela parte do subconsciente que está na pré-história, na pré-religião e antes ainda", diz Dan. "Homens das cavernas. Xamânicos."

Antes do início da civilização, o homem primitivo usava as matérias-primas para pintar superfícies brutas. As pinturas rabiscadas nas paredes das cavernas eram provavelmente feitas com uma mistura de detritos e minerais, como os que Dan e Bob usam em seu trabalho. O meio era o ambiente natural, assim como os elementos da pintura, que eram simplesmente aplicados com movimentos bruscos e rudimentares. Como os nossos primos paleolíticos, essas duas pessoas que passaram por EQMs usam marcas rudimentares, bordas ásperas e objetos sucateados. A linguagem do seu trabalho é simples, colorida e primitiva. O trabalho de Dan e Bob pode ser uma ponte para a criatividade mais antiga do ser humano? Ambos utilizam símbolos e materiais elementares e até cores e traços idênticos aos usados pelos nossos antepassados primitivos.

A arte de Dan e Bob empregam imagens arquetípicas e paletas elementais, que remontam à origem das espécies. Se colocarmos os trabalhos deles lado a lado com pinturas rupestres antigas, notamos uma semelhança estranha. Os dons desses dois homens seriam uma prova da genética do homem primitivo? O trabalho deles seria mesmo uma ponte entre a nossa sociedade moderna e a pré-história?

Os homens das cavernas faziam suas pinturas soprando através de um tubo ou diretamente na pedra. Também usavam pinceis feitos de pelos de animais ou materiais vegetais, assim como os dedos e pedras. Será que Dan sabia que eles usavam algumas das mesmas técnicas que ele usa?

O homem primitivo não era o único ser humano que expressava o Espírito por meio da arte. Em épocas posteriores, os xamãs entravam em contato com o mundo espiritual, por meio de estados alterados de consciência, sonhos e visões, para evocar imagens. Como os antigos xamãs, Bob e Dan recebem muitas imagens por meio dos sonhos e estados alterados de consciência.

Poderíamos certamente perguntar: Bob e Dan seriam xamãs da era moderna? Qual seria a ligação entre sua linguagem, sua técnica e as do homem primitivo? Essas ainda são perguntas sem respostas, mas a semelhança entre a arte que produzem e a arte pré-histórica é inegável.

"Se analisarmos meu trabalho artístico, veremos que ele tem tudo aquilo de que você está falando", comenta Dan. "Ele inclui um conceito xamânico de escada e o trabalho de cura xamânico, que resgata partes da pessoa para torná-la inteira."

O trabalho de Bob também inclui escadas, imagens de cura e símbolos do universo.

Precisamos lembrar que nem Bob nem Dan estudaram arte. Também não tinham prática como artistas. Ambos eram cientistas antes da EQM. No entanto, os dois agora sentem uma compulsão para produzir arte, e não qualquer tipo de arte. Uma arte transcendental. Xamânica. Será que Bob e Dan receberam uma memória permanente do homem antigo? Será que o trabalho artístico deles representa o desenvolvimento da consciência humana? Mas a que planos, e a quantos deles, Bob e Dan têm acesso? Que mensagem eles tentam transmitir para o restante da humanidade?

Quando Dan e eu terminamos a consulta, ele me disse:

"Se for possível, seria bom se você pudesse ir a Louisville ver os meus trabalhos. É diferente de vê-los no site."

"Eu adoraria", eu disse, já me perguntando quando poderia fazer essa viagem.

Mal sabia eu que, em duas semanas, eu estaria em Louisville pela primeira vez.

7

Lyla e sua Transformação Cognitiva: Compositora/Cantora

> "Depois do silêncio, o que mais se aproxima
> de expressar o inexprimível é a música."
> – Aldous Huxley

Enquanto eu andava por uma trilha em meio a um bosque no parque Robert E. Lee, pensava na minha conversa com a minha amiga Kitty. Na semana anterior, ela tinha sugerido que eu a acompanhasse numa apresentação a que assistiria no final do mês. Kitty explicou que se tratava de um grupo de amigos de mente aberta, que se reunia mensalmente para sair ou ter uma discussão instigante.

"Você tem de ser interessante, estar interessada e ser uma pessoa aberta para fazer parte do grupo", ela acrescentou.

"Estou interessada", eu disse. "Então, sobre o que vocês vão falar?"

"Alienígenas", disse ela, logo acrescentando: "Ah, eu mencionei que é em Louisville?"

Parei de andar. Claro que seria em Louisville.

Uma semana depois, Kitty e eu fizemos a viagem de dez horas para Louisville. Eu planejei uma visita ao estúdio de Dan (ver Capítulo 6), além de participar da reunião de amigos inteligentes e abertos.

Eu continuava com as minhas pesquisas. Outras pessoas que tinham vivenciado EQMs estavam se apresentando, inclusive vários músicos New Age, que me contataram por meio do site que eu tinha criado para permitir que as pessoas conhecessem o meu trabalho com EQMs.

Música New Age e EQMs

Eu gostava de música New Age, mas, ao estudá-la por meio das EQMs, fui levada numa jornada para descobrir que sentimentos ela evoca. Descobri que a música New Age é uma ótima maneira não só de relaxar, mas também de tocar outras pessoas. Além de proporcionar elevação, conforto ou esperança, o dom da música New Age é preencher a alma e provocar estados superiores de consciência.

A música New Age é basicamente de natureza instrumental e meditativa. Essa música geralmente se inspira no universo – no oceano, no espaço, na natureza ou em paisagens naturais. É de natureza não tradicional e pode ou não ter percussão, o que inclui flauta, sinos, *didgeridoo* e instrumentação não ocidental. Alguns compositores fabricam seus próprios instrumentos.

Você provavelmente já ouviu música New Age quando estava recebendo uma massagem ou fazia uma aula de yoga ou de meditação. Às vezes, ela é a música de fundo em casamentos ou videoclipes, e alguns músicos New Age que compõem esse tipo de música criam álbuns para a cura ou para aulas de Pilates.

Às vezes a música New Age apresenta melodia e, outras vezes, um ritmo forte e uma estrutura harmônica. Praticamente toda a música New Age emprega ritmos, padrões, sons repetitivos e qualidades que se destinam a transmitir ou causar uma experiência transformadora. Mesmo que não entendamos de música, a maioria de nós pode se relacionar com a *vibe* relaxante da música New Age. Como o compositor russo e maestro Igor Stravinsky disse uma vez: "Na minha vida, nunca entendi um compasso da música, mas a sentia".

Um músico New Age com quem falei me contou que ele começava a ouvir a música em sua mente (telepaticamente), antes de começar a compô-la. Ele não sabia de onde ela estava vindo, mas parecia maravilhosa e derretia seu coração.

"Eu sabia que seria espiritualmente edificante para muitas pessoas se eu pudesse externalizá-la e manifestá-la para que pudessem ouvi-la", disse ele.

Soube que uma musicista New Age que morava perto de Tucson tinha passado por uma experiência de quase morte, mas nunca falado sobre isso. Mais uma vez, não pude deixar de perceber o fato de que ela morava em Tucson e me perguntei novamente a causa dessa conexão.

Embora essa musicista, que eu chamo de Lyla, não falasse sobre a sua EQM, ela produzia música – compulsivamente –, noite e dia. Depois dos seus *shows*, Lyla ia diretamente para o estúdio trabalhar. Como outros "artistas EQM", sua compulsão é que a leva a compor, e ela nunca está sem inspiração.

Enviei um e-mail a Lyla, mas não obtive resposta. Não fiquei surpresa. Um mês depois, tentei novamente. Informei meu telefone e pedi que ela me ligasse se tivesse interesse em falar. Pouco depois, o telefone tocou e era Lyla. Enquanto eu providenciava um bloco de anotações para tomar notas, ela me contou sobre sua experiência e mencionou que falaria sobre sua EQM pela primeira vez em Tucson na semana seguinte. Ela me convidou para ir e ouvir o que ela tinha a dizer.

Uma semana depois, eu estava num avião com destino a Tucson. Embora alguns dias antes eu tivesse passado muito mal, por causa de uma gripe, decidi fazer a viagem de qualquer jeito. Parei alguns minutos no aeroporto, pensando seriamente se viajar seria uma boa ideia. Quando já estava no avião, revisei minhas anotações e ouvi a música de Lyla, o que me deu tranquilidade durante minha atribulada viagem.

No dia seguinte, acordei de um cochilo no meu quarto de hotel, ainda tonta. Eu não conseguia me lembrar onde estava. Então me lembrei: eu estava em Tucson para ouvir Lyla falar sobre sua EQM. Percebendo que já estava atrasada para a palestra, arrastei-me para fora da cama, corri para o saguão do hotel e entrei no carro. Dez minutos depois, estava na frente do centro comunitário onde seria a palestra. Dei a volta no quarteirão, passando pelos carros estacionados na rua, e encontrei uma vaga no canto mais distante do estacionamento. Mais tarde, descobri que mais de 150 pessoas participariam da conversa de Lyla naquele dia.

Quando entrei no centro comunitário, examinei o saguão. Meus olhos foram da mesa de registros para a banca de livros e dali para os cartazes em exibição. Cruzei as fileiras de cadeiras na direção do palco. Nenhum sinal de Lyla ainda.

Sentei-me numa cadeira e esperei, examinando a sala a cada poucos segundos. Quando estava a ponto de desistir, percebi que ela estava na extremidade da sala, manuseando seu equipamento. Tinha a aparência que eu havia imaginado, a compleição esguia no jeans e na camisa branca. Movia-se silenciosamente, ajustando o microfone que usaria na palestra. Diferentemente de outras pessoas que tinham passado por EQMs, ela não estava acostumada a contar a sua história. No entanto, tinha um certo ritmo na sua voz, uma linguagem bela, cheia de movimento e padrão, como sua música. A plateia ficou em silêncio enquanto ouvia sua música semelhante a um transe, que era capaz de nos transportar para um outro reino e nos fazer imaginar que estávamos atravessando um portal para outra realidade. Um dos ouvintes disse, "Ela está tão à frente do seu tempo... É atemporal".

A MÚSICA COMO EFEITO COLATERAL DA EQM

Embora Lyla não tenha vivenciado muitos elementos de uma EQM, ela causou efeitos secundários profundos e duradouros, que mudaram a vida dela e continuam ditando o seu comportamento até hoje.

Já no dia seguinte ao acidente que levou à EQM, foi mostrada a Lyla uma realidade alternativa que transformou sua vida para sempre. Sua trajetória foi rápida e acidentada. Embora não tivesse absolutamente nenhum histórico na área musical e nunca tivesse tocado nenhum tipo de instrumento, ela deu um salto gigante, para fazer uma música ambiente que ajudasse a elevar a consciência das pessoas.

Como outras pessoas, Lyla achou que não tinha nada a perder depois do acidente. Essa é uma característica comum: as pessoas que passam por EQMs simplesmente não têm medo de correr riscos.

"O que poderia me acontecer de pior?", uma delas me contou pouco tempo atrás. "Eu já morri!"

Fiquei intrigada com a experiência "sonora" de Lyla e me perguntei como a música que ela criava estava conectada à EQM. E o que havia na música New Age que fazia dela um caminho para a mente superior?

A música de Lyla se encaixa na categoria conhecida como "trance" ou música ambiente. Os ouvintes afirmam vivenciar uma consciência ampliada graças à sua atmosfera ampla. Como disse um músico New Age: "Desde o início, a intenção desse gênero musical era concentrar-se mais no efeito ou na sensação do que nos instrumentos utilizados". Compositores de música *trance* querem levar o ouvinte a um estado de espírito diferente. Curiosamente, a raiz da palavra *trance* nos dá uma pista do significado desse tipo de música: Nas línguas latinas "transe" significa passagem (da vida para a morte). O termo latino *transire* significa "atravessar", e a palavra escocesa *trance* indica "uma passagem".

Eu sempre soube que a música tinha a capacidade de nos transportar para outro reino. Minha mãe era pianista e tocava piano na sala de estar quando meu irmão e eu éramos pequenos. Parávamos o que quer que estivéssemos fazendo e íamos para a sala ouvi-la. Toco piano e percebo o mesmo efeito, incluindo a reação incomum dos meus gatos, que veem se sentar na frente do piano em silêncio. É como se algo invisível entrasse na sala – e talvez entre mesmo.

O PODER DA MÚSICA *TRANCE*

O uso de ritmos e sons repetitivos para induzir estados alterados é um fenômeno antigo. Formas naturais de percussão como bater palmas ou pedras, conchas, ossos, cabaças ou galhos, induzem a estados semelhantes ao transe nas antigas culturas tribais. E os sons de baixa frequência da bateria e dos chocalhos, sinos e gongos, eram usados pelos índios norte-americanos e tribos do Extremo Oriente em cerimônias que remontam a milhares de anos.

Esses sons e padrões repetitivos idênticos são encontrados hoje em dia na música New Age. Como os sons das culturas antigas, os New Age têm a capacidade de desativar as funções cognitivas. Os sons mais suaves da natureza, as melodias da música clássica e os vocais do *pop* não são capazes disso. A música New Age, com seus ritmos e sons repetitivos, permite que nossa mente descanse e nos guie para estados superiores. Esse tipo de música preenche um espaço em nossa mente que proporciona uma experiência de consciência.

Depois de examinar o papel do padrão e do som e sua conexão com estados alterados, fica claro por que as pessoas que, como Lyla, passaram por EQMs buscam a música New Age ou *trance* depois de suas EQMs. Simplificando, como a arte de Bob e Dan (ver o Capítulo 6), a música de Lyla é uma maneira de transmitir o que aconteceu a ela por meio de uma linguagem universal.

Vibração e som: as propriedades transformadoras do som

Vivemos num universo vibratório e o som é um caminho para a realidade que chamamos de consciência superior. O dom da música New Age é reproduzir esse som – aquele zumbido da consciência – para levar a estados meditativos ou relaxantes. Músicas como a de Lyla oferecem essa realidade transcendente aos seus ouvintes.

Nos próximos capítulos, examinaremos as propriedades do padrão, do som e do ritmo. Essas propriedades, tão comuns em nossa vida, fazem parte do tecido que compõe nosso mundo e também são ingredientes-chave da experiência de quase morte.

PARTE III

RETROSPECTIVA
VAMOS EXAMINAR A REALIDADE DA EQM

8

Por que Você Não Quer Passar por uma Experiência de Quase Morte

> "Quem é o homem mais sábio? É aquele que não sabe nem quer saber nada que não seja o que acontece."
> – Johann Wolfgang von Goethe

Quando as pessoas ouvem falar da pesquisa que estou fazendo sobre a EQM, costumam me perguntar: "Como faço para ter uma experiência como essa?" A EQM parece ser algo tão atraente!

Devo confessar que fico perplexa ao saber da vontade que as pessoas têm de passar por essa experiência. Depois de me encontrar com algumas que já passaram pela EQM, ouvir suas histórias e saber como a vida delas foi modificada, eu apenas balanço a cabeça, consternada, quando me fazem essa pergunta. Muitas vezes acho que talvez eu não saiba explicar muito bem esse fenômeno.

"Tenha cautela", sempre digo. "Ter uma EQM não é brincadeira."

A EQM não é apenas uma questão de ativar talentos latentes. Não é um passeio de montanha-russa e certamente não é um passeio no parque. A experiência implica uma viagem permanente e perigosa para outro domínio, e algo sem volta. Na maioria dos casos, significa quase morrer.

E isso não é o pior. Há problemas quando as pessoas voltam da EQM que não podem ser contornados. Uma EQM pode trazer efeitos colaterais desconcertantes, assustadores e até perigosos. Se você ouvir o relato de uma jornada pessoal, vai ouvir uma história, mas, se espiar atrás da cortina, vai ouvir outra.

Eu conversei com muitos homens e mulheres que passaram anos tentando se adaptar ao novo mundo para o qual foram conduzidos. De acordo com a pesquisa de P.M.H. Atwater, leva em média sete anos para que eles se acostumem às mudanças causadas por uma EQM.[1]

Uma após a outra, as pessoas que passaram por essa experiência relataram que depois dela abandonaram o emprego, deixaram o cônjuge, lutaram contra impulsos suicidas, combateram comportamentos autodestrutivos e questionaram a própria vida. O trauma físico, por mais assustador que seja, é apenas um aspecto da experiência. O fardo emocional e mental é ainda pior.

Neste livro, quando você lê sobre os casos, sem dúvida pensa: "Ora, esses sujeitos devem ser prodígios! O que eu não daria para passar por uma experiência como essa!" Mas deixe-me assegurar uma coisa: você só está olhando o lado bom dessas EQMs. Porém, elas têm um preço, e ele é muito alto. Eu explico por quê.

A maioria dessas pessoas retorna com uma sensação de isolamento. Elas passam por uma mudança profunda. E não é o tipo de mudança a que a se adaptem facilmente. A EQM basicamente as reprograma, e não há como voltar à mesma vida que tinham antes. Não há livros para consultar, uma pílula mágica que possam tomar.

Dan Rhema (do Capítulo 6) diz: "Depois da experiência, continuo a me sentir um estranho no ninho, como se estivesse observando minha vida de uma certa distância. Quando morávamos em Tucson, até perguntei à minha esposa se eu era um fantasma, porque tinha a sensação de que não vivia mais neste plano".

Muitos praticantes sentem esse isolamento. Você pode dizer para seus amigos ou familiares que você foi para o céu e conheceu Deus ou teve uma conversa com a sua falecida avó, mas, se mencionar que agora recebe mensagens espirituais e vê pessoas mortas, a conversa para.

Também há a questão do seu cônjuge. Você para de comer os tipos de comida que ele prepara. Você não quer mais assistir ao programa de TV favorito dele. Você não pode dizer a ele, quando está na fila do supermercado ou na loja de departamentos, que sabe o que todos na fila estão pensando. Você aprende a manter a boca fechada. Sua esposa pergunta o que está errado e lhe diz: "Se você simplesmente continuasse a ser como era, tudo bem". Mas você não consegue. É impossível. De acordo com um estudo da Universidade do Norte do Texas, 65 por cento das pessoas que passaram por EQMs acabam se divorciando.[2]

Mas espere, não é só isso.

Também é comum que as pessoas que você ama simplesmente se recusem a aceitar o que você está dizendo a elas.

E também há a questão da missão. Muitas pessoas sabem que a vida delas passou a ter um propósito depois da experiência, mas não se lembram qual é. Algumas poucas se recordam e, se tiverem sorte, será uma missão fácil de se cumprir na terra: música, arte, uma forma de cura. Mas muitos não têm ideia do que deveriam começar a fazer. Tudo o que sabem é que devem fazer algo, mas o difícil é conseguir descobrir o que é.

Muitos passam anos vagando sem rumo, lutando para tentar descobrir qual é o seu propósito na vida. Outros atravessam o país, buscando uma resposta insondável. Alguns buscam empregos estranhos. Ou não conseguem fazer trabalho nenhum. Muitos têm problemas financeiros. Acham que só a morte será solução para o seu profundo dilema. Muitos nunca encontram as respostas que procuram.

Existem também aqueles que vislumbraram o reino metafísico e acharam a experiência mais profunda e bonita que já tiveram. Aquela que ofereceu muito mais do que qualquer outra, terrena. Isso não é muito discutido, mas o suicídio é comum entre certos grupos de pessoas que passaram pela quase morte. Elas desejam voltar para o mundo que acharam tão bonito e perfeito. E acreditam que não pertencem mais a lugar algum aqui neste plano.

O "tempo" (viver de acordo com o seu tempo, ter noção de tempo, viver dentro da estrutura temporal deste mundo) – torna-se problemático para elas. "Depois da experiência, e até hoje, vivo desorientada no tempo e no espaço, como se a EQM tivesse acabado com a minha capacidade de lidar com o tempo na terra", disse Marissa, que viveu uma experiência de quase morte. (Ver o Capítulo 12 para saber mais sobre Marissa.)

Muitas pessoas relatam que não conseguem ser pontuais. Por experiência própria, sei da dificuldade que elas têm para chegar no horário quando marcam um compromisso. É preciso paciência para trabalhar com elas.

Elas também são extremamente sensíveis, em particular à energia das outras pessoas. Essa sensibilidade pode resultar na dificuldade para respeitar limites na relação com os amigos e os membros da família, e até com estranhos. Esse comportamento pode causar problemas de convivência, pois elas podem acabar dizendo coisas inconvenientes ou nos momentos mais impróprios.

No Capítulo 10, você vai conhecer Robert Bare, que viveu uma EQM e tem propriedades fisiológicas incomuns. Robert uma vez me disse:

"Eu contei a você sobre a senhora que pintou uma parede de vermelho dragão chinês?"

"Não", eu disse, balançando a cabeça.

"Eu estava no Wal-Mart, no caixa, e costumo tentar não deixar que ninguém me distraia", disse Robert. "Mas algo me disse para dizer a essa senhora na fila que ela tinha pintado uma parede de vermelho."

Ele me contou que a chamou e disse:

"Com licença, a senhora acabou de pintar uma parede de vermelho?"

"Sim", disse ela.

"Era um vermelho dragão chinês?"

"Quem é você?", perguntou ela.

Então uma voz disse a ele: "Diga a ela que sinto falta dela e a amo". Então ele fez isso. Disse exatamente essas palavras, enquanto estava atrás dela na fila. Elas simplesmente saíram da sua boca, sem que ele conseguisse detê-las. Em seguida ele saiu, dirigindo-se ao estacionamento, contou Robert, ainda tentando descobrir o que tinha acontecido.

O olfato das pessoas que vivenciam a EQM também pode ficar diferente depois dessa experiência. O médico delas pode explicar essa sensação nova e incomum de "experiência olfativa", algo de que eu nunca tinha ouvido falar antes.

Uma dessas pessoas descreveu sua frustração com a vida "real":

"Sinto-me muito frustrada quando tenho que ler um livro para saber alguma coisa, visto que eu já tive acesso a todas as informações do universo", ela me disse. Isso pode parecer incomum, mas essa mulher realmente acredita nisso e se sente assim.

Algo tão simples como uma conversa pode ser difícil para as pessoas que passaram por uma EQM, porque a maioria das conversas passou a parecer banal para elas. Muitas têm dificuldade para se comunicar, para traduzir os pensamentos em palavras. Pode ser um desafio manter uma conversa com essas pessoas, porque muitas são extremamente dispersas e não mantêm o foco. Outras dificilmente conseguem se concentrar. Pode ser muito difícil fazê-las manter o foco e a ler um livro, ou terminar uma tarefa – que não seja uma de suas compulsões. Afinal, parte delas está no plano espiritual agora. E não existe tempo nem espaço ali.

Muitas têm experiências que se recusam a contar, coisas que não conseguem explicar. Por exemplo, algumas causam pane nos aparelhos elétricos. Outras têm experiências mais sinistras sobre as quais não querem falar. Experiências como visitas de espíritos ameaçadores ou de serem levadas para outros reinos à noite, quando estão dormindo. Reinos obscuros que eles preferem não reconhecer ou mencionar.

Por que isso acontece? Mais precisamente, para que servem essas experiências?

Aqueles que estão ansiosos para viver uma EQM devem considerar que, na minha extensa pesquisa, *os efeitos colaterais dessa experiência* são permanentes. Não é possível revertê-los. Eles ficam com a pessoa para sempre, mesmo enquanto elas **dormem**. Não há como escapar.

O desejo de fazer acontecer

Suponho que seja natural que todos nós desejemos uma conexão maior. . Sim, o desejo de buscar um significado maior para a vida é perfeitamente compreensível. Mas vamos ser realistas: as EQMs não são a resposta e não são algo que possamos desencadear ao nosso bel-prazer, pelo menos não pelos meios tradicionais. Elas não são algo que se possa conseguir lendo um livro, assistindo a um DVD ou ouvindo um CD. Fazendo uma aula de yoga ou meditando.

Você não fará uma EQM tocando tambor ou entoando mantras. Isso não é possível. E o melhor que posso dizer é: é melhor não desejar passar por uma. Esses métodos podem ajudá-lo a alterar ou ampliar temporariamente a sua consciência, mas nunca provocam nenhum dos efeitos colaterais permanentes de uma EQM.

Tenha em mente que integrar uma EQM à sua vida é algo muito difícil, talvez até impossível. Pessoas que leem sobre os dons propiciados pela EQM não estão considerando as realidades da vida terrena e o quanto elas são essenciais para a nossa vida diária.

Todos nós vivemos neste universo e interagimos com a consciência universal a cada momento da nossa vida na Terra. Mas as pessoas que vivenciaram a EQM são únicas, porque se fundiram com essa consciência universal. Uma consciência extraterrena assumiu o controle da vida delas quando elas retornaram e elas se tornaram, num certo sentido, um mecanismo do plano espiritual. Uma pessoa disse:

"Tantas coisas mudaram! A vida parece mais complexa agora, porque estou consciente de outra realidade que inclui a minha vida diária. É como ter mais trabalho para fazer todos os dias."

Quer mais motivos? Vejamos outros fatos sobre as EQMs.

Algumas perguntas sobre as EQMs

Assim como as pessoas são diferentes, não há duas EQMs iguais. Algumas pessoas voltam de uma experiência limitada com efeitos colaterais importantes, e outras têm experiências riquíssimas, mas com poucos efeitos colaterais.

É POSSÍVEL TER UMA EQM MESMO SEM TER VIVENCIADO NENHUM DOS ELEMENTOS QUE A CARACTERIZAM?

Sim. Muitas pessoas que quase morreram e não se lembram muito bem da experiência, ou não se lembram de nada, retornam, mesmo assim, transformadas e com importantes efeitos colaterais. Soldados em combate são um exemplo disso. Muitos retornam profundamente mudados, mas não têm ideia do por que ou o que aconteceu com eles. Experiências de quase morte são praticamente ignoradas entre veteranos de guerra. Se um soldado tenta abordar o assunto, ele não recebe os benefícios do seguro social. Nos corredores dos hospitais de veteranos, apenas os casos classificados como distúrbios pós-traumáticos são cobertos pelo seguro.

VOCÊ PRECISA "MORRER" PARA VIVER UMA EQM?

Você não precisa passar pela morte física para ter uma EQM. Uma ruptura com a realidade é necessária, mas isso nem sempre exige a morte ou um trauma físico. Cada caso é diferente e não há um modelo universal. Não há uma explicação única para todos os casos de EQM.

AS EQMS SÃO RELATADAS EM OUTRAS PARTES DO MUNDO?

Sim. Em 2001, um estudo foi realizado na Alemanha pelo dr. Hubert Knoblauch, da Universidade de Zurique. Nesse estudo, descobriu-se que 4 por cento da população já passaram por uma EQM.[3] Um estudo de 2005 sobre a população australiana, que fazia parte do Levantamento Roy Morgan, concluiu que 8,9 por cento da população da Austrália já tinham vivenciado uma EQM.[4] Também há relatos de EQM no Japão, na Escandinávia, na América do Sul e em todo o mundo.

AS PESSOAS QUE VIVENCIAM UMA EQM SÃO MAIS RELIGIOSAS?

As pessoas que passam por uma EQM não são nem mais nem menos religiosas do que a população em geral. Esses indivíduos podem pertencer a qualquer raça e ter qualquer tipo de crença religiosa ou espiritual, havendo entre eles inclusive agnósticos e ateus.

AS CRIANÇAS VIVENCIAM EQMS?

A EQM ocorre em crianças e adultos. Hoje, há muitos relatos de EQM entre crianças pequenas. Suas experiências espelham aquelas dos adultos, incluindo visões da vida após a morte. Os animais aparecem mais nas EQMs de crianças e as revisões de vida parecem menos prováveis, visto que muitas crianças não viveram por tempo suficiente para se lembrar de muitos fatos. Como os adultos, as crianças se lembram de sua EQM mesmo muitos anos depois.

A maneira como você viveu sua vida antes da EQM influencia a qualidade da experiência?

Parece não haver correlação entre suas ações anteriores à EQM e a qualidade da experiência. Não há evidências que vinculem uma vida espiritualizada a uma EQM mais rica ou mais significativa. O mesmo vale para uma pessoa mais geniosa ou inconstante. Ela não terá necessariamente uma EQM mais angustiante por causa disso.

E quanto aos aspectos culturais das pessoas que passam por uma EQM? Por que algumas veem seus antepassados e outras veem um ícone religioso, particularmente um com o qual eles se identificam?

As EQMs são de natureza pessoal, mas também coletiva. As pessoas que passam por elas parecem filtrar suas experiências com base na sua cultura pessoal. Se esperam ver a vovó em sua EQM, eles veem a vovó. Se esperam ver Vishnu, elas veem Vishnu. Sim, se são muito religiosas, podem ver um ícone religioso coerente com sua religião ou cultura. Por quê?

Todos nós parecemos ter uma "história" em que acreditamos, e que é reproduzida em nossa experiência. A consciência parece desempenhar um papel nisso, porque os sistemas de crença são algo pessoal. É essa constância que permite a perpetuação da consciência. A capacidade que a nossa consciência tem de reter o que já é conhecido se manifesta quando um indivíduo entra neste estado alterado.

Mesmo quando a pessoa não faz todas as paradas ao longo do caminho (vivenciando todos os elementos), a EQM é válida?

Os elementos são a porta de entrada da EQM. Essas imagens visuais fornecem uma plataforma para a viagem, que não se resume a ver uma luz branca brilhante ou contemplar uma bela paisagem ou atravessar um túnel. Sim, isso faz parte da experiência de alguns. Mas há significado além das imagens visuais. Os elementos, as paradas ao longo do caminho, não são a essência da EQM. O ponto principal da EQM é o destino final – a transformação permanente.

Nenhum inventário de elementos pode criar o tipo de pessoa que o universo está buscando.

***

A EQM é um tipo de jornada do herói, mas uma em que a pessoa não tem querer, pois é carregada nos braços do divino, numa viagem para um destino não visível, e retorna impregnada pela luz do universo.

9

A Comunidade de Pessoas que Vivenciaram a EQM e se Apoiam Mutuamente

> "Parte do processo de cura de um trauma, como acontece na cura de um vício, consiste em desenvolver uma ligação com outras pessoas e receber apoio delas."
> – Stephanie S. Covington

Como as pessoas que passaram pela EQM se recuperam depois disso? Que tipo de apoio elas recebem em seu difícil período de ajuste? A quem podem recorrer para obter respostas para as suas perguntas e orientá-las numa fase às vezes angustiante, que pode se prolongar por anos?

Em comparação com vários anos atrás, quando elas ficavam à mercê da própria sorte, a situação melhorou. Novas organizações surgiram nos últimos anos, de modo que a IANDS (International Association of Near-Death Experiencers) não é o único recurso disponível.

Um dos primeiros obstáculos que essas pessoas enfrentam é descobrir o que aconteceu com elas. Muitas não sabem que tiveram uma EQM. A maioria não está familiarizada com a expressão "experiência de quase morte". Todas sabem que a vida mudou e elas devem encontrar um novo modo de vida. A maioria não sabe o que fazer então.

De acordo com a Near Death Experience Research Foundation, cerca de 13 milhões de americanos tiveram uma EQM.[1] Como muitos não falam sobre a sua experiência, esse número pode ser ainda maior.

"É arriscado falar sobre EQMs. Você precisa descobrir quem está pronto para ouvir essa informação", disse-me alguém uma vez.

Não sabemos quantas dessas experiências foram angustiantes, alegres ou edificantes, porque as informações relatadas sobre essas experiências são limitadas. O ramo da ciência que estuda e classifica a EQM é recente e, em muitos casos, a informação advinda desses casos só é relatada no âmbito dos seus elementos.

Muitas vezes, é só anos depois, quando essas pessoas se deparam "por acaso" com a definição de EQM, que elas descobrem o que aconteceu. Até lá, passam anos se perguntando por que nada mais faz sentido, por que as antigas peças da sua vida não se encaixam mais. Só depois elas percebem que passaram por uma experiência transformadora. No entanto, mesmo com essa informação, as respostas são muitas vezes evasivas.

Muitos não falam sobre isso. Eis o que disse uma das pessoas que vivenciaram uma EQM:

"Por muitos anos, eu não queria falar a respeito porque não sabia como. E não queria pensar em *como* falar sobre isso com palavras".

Também há muitos tabus sobre a EQM. Algumas pessoas são reticentes porque têm receio de que sejam consideradas clinicamente doentes. Esse receio está por trás da decisão de guardar a experiência para si mesmas. Algumas não falaram sobre a EQM com absolutamente ninguém, nem com um familiar próximo ou amigo e, certamente, com nenhum médico.

Dito isso, depois que elas falam sobre a experiência, a sensação de alívio é às vezes agradável, uma sensação de que um peso foi retirado. Falar sobre a experiência para um grupo de apoio que aceite a EQM como algo possível é muito útil. Falar com uma comunidade que possa dar uma explicação pode propiciar à pessoa uma maneira de controlar a experiência e colocá-la num contexto.

Ainda há muito espaço para crescimento no campo do cuidado pelas pessoas que passaram por essa experiência. Com as ressuscitações ocorrendo com cada vez mais frequência e um número de pessoas cada vez maior apresentando-se para contar suas histórias de EQMs, é necessário prestar maior atenção na necessidade que essas pessoas têm de receber apoio depois da EQM. A maioria descobre que até mesmo algo simples, como poder afirmar que a experiência realmente aconteceu, é muito benéfico. Reconhecer que outras pessoas passaram pela mesma experiência pode aliviar as dificuldades dessa nova fase.

A verdade é que muita dessas pessoas não conhecem as muitas organizações nas quais elas podem conhecer outras pessoas, compartilhar suas experiências sobre quase morte e conversar sobre as últimas pesquisas sobre o assunto, sobre a morte e a vida após a morte. Além disso, algumas dessas organizações são visitadas por curiosos, em busca de histórias "paranormais". Na verdade, de acordo com as autoridades da IANDS, apenas cerca de um terço dos membros de algumas organizações de fato vivenciaram essa experiência. Apesar das limitações, aqui estão algumas organizações:

A **NDERF** (Near Death Experience Research Foundation [Fundação de Investigação da Experiência de Quase morte], www.nderf.org*) tem um site que fornece um fórum para a comunidade da EQM. Essa fundação foi criada pelo médico Jeffrey Long e pela advogada Jody Long. A missão da NDERF é fornecer informações e apoio para quem já passou pela experiência de quase morte. Ela coleta dados, tem um painel de avisos, uma lista com mais de 3.700 membros, além de publicar pesquisas e artigos sobre o tema e ter uma livraria on-line.

A **IANDS** (Internacional Association for Near-Death Studies [Associação Internacional de Estudos da Quase Morte], www.iands.org) trata da experiência de quase morte numa rede de filiais em todo o mundo. Essa associação patrocina uma conferência anual e um boletim informativo trimestral. Seu site publica notícias, artigos, pesquisas e histórias sobre EQMs.

A **ACISTE** (American Center for Integration of Spiritually Transformative Experiences [Centro Americano de Integração de Experiências Espiritualmente Transformadoras]; aciste.org) oferece suporte por meio da pesquisa e da educação para aqueles que passaram pela quase morte ou experiências parecidas. A ACISTE foi fundada por um ex-presidente da IANDS. Um dos objetivos específico desse centro é dar apoio durante toda a fase de integração de experiências que causaram mudanças dramáticas. A ACISTE oferece grupos de apoio e discussão, conferências, treinamento e educação contínua para profissionais de saúde mental, *coaches* de vida e líderes espirituais. Além disso, esse centro conduz pesquisas e programas educacionais.

O QUE AS ASSOCIAÇÕES RELACIONADAS À EQM OFERECEM? COMO OS SEUS MEMBROS INTERAGEM?

O mundo da EQM é pequeno. A maioria das pessoas que já passaram por ela não se relaciona da mesma maneira com este plano terreno – um plano de atividades muitas vezes mundanas, empregos com expediente de oito horas e, às vezes, atividades não muito significativas. Elas têm um pé na terra e o outro no mundo espiritual. Sofrem com uma sobrecarga de consciência e não sabem o que fazer a respeito disso. Essa sobrecarga interfere no seu dia a dia e na sua capacidade de pensar e planejar.

Muitas sentem grande vergonha e constrangimento com relação à EQM, e a experiência pode ser avassaladora e incompreensível para muitas pessoas. Acrescente a isso o fato de que podem manter sua experiência em segredo,

---

* Em português: https://www.nderf.org/Portuguese/index.htm. (N.T.)

mesmo dentro do próprio círculo de relacionamentos. Manter segredos é exaustivo e aumenta a tensão causada pela EQM.

Muitos daqueles que vivenciaram a EQM acham que passam a ter pouco em comum com os amigos e parentes. O mundo em que viviam pode não parecer ser mais muito significativo. E quem mais entende essa nova questão que elas enfrentam? Outras pessoas que também passaram por EQM (suas almas gêmeas), companheiras de jornada. Essas pessoas se encontram e formam amizades duradouras com base em sua maneira única de ver mundo e interagir com ele.

Como eu mencionei, a Califórnia é um viveiro de experiências de quase morte. Há grupos regionais da IANDS em toda a Califórnia, em Santa Bárbara, no Condado de Orange, em Los Angeles, em São Diego, em San Francisco e no condado de Marin. As pessoas que passam pela EQM geralmente se encontram, formam relacionamentos, fazem amizade e até se casam entre si. Afinal, quem as entende tão bem quanto aqueles que passaram pela mesma experiência? Nesse sentido, essas associações são semelhantes a outros grupos de apoio e autoajuda (Alcoólicos Anônimos, por exemplo).

Em qualquer circunstância, é um conforto saber que você está com pessoas que pensam como você e cujas conversas podem se iniciar sem preliminares. Quando você está com almas semelhantes, sua experiência e sua jornada são aceitas e validadas, de modo que você compartilha um terreno comum. Nesse sentido, as pessoas que passaram por uma EQM são como todo mundo.

Eis o que uma dessas pessoas disse ao compartilhar sua história num grupo:

"Claro que quando você está contando histórias parecidas a pessoas com quem tem coisas em comum, uma nova conexão é criada. E depois, essa conexão continua ajudando no dia a dia".

No que diz respeito a receber apoio, outra pessoa disse:

"Muitos preconceitos ou antigas concepções que eu via ao meu redor a respeito dessa experiência foram transformados. Isso foi bom. Não vou ser mais criticada ou ridicularizada ou vista de um modo negativo".

A EQM é uma experiência de aprendizado para aquele que a viveu. Mas também pode ser uma experiência de aprendizado para o resto de nós. Podemos pensar nisso como uma outra lição da EQM.

PARTE IV

MAIS A FUNDO: EFEITOS COLATERAIS MAIS COMPLEXOS DA EQM

10

Ken Ebert e sua Transformação Fisiológica: Cura Acelerada; e Robert Bare e sua Transformação Fisiológica: Visão Mais Aguçada

> "Ver, ouvir, sentir são milagres."
> – Walt Whitman

Reclinei-me na minha cadeira no restaurante Obrycki's, olhei para a rua Pratt, na direção do movimentado porto de Baltimore. Rasguei uma página do meu diário e enfiei na bolsa, peguei as chaves do carro e caminhei na direção da garagem. Eu iria jantar com uma amiga naquela noite e precisava encontrá-la. Ela iria levar a prima, que era de New England.

Meu celular tocou. Quando atendi, era minha amiga. Ela disse que, quando a prima descobriu que eu era médium, cancelou o jantar. Fiquei consternada, mas não surpresa. Essa não era a primeira vez que cancelavam um encontro pelo fato de eu ser médium e pelo trabalho que estava fazendo. *Ela acha que vou lançar um feitiço nela ou algo parecido?*, pensei.

Eu tinha vivido uma falsa sensação de segurança na Costa Oeste. Na Califórnia, esse trabalho era mais aceito. Ser médium não era um desafio. As pessoas olhavam os médiuns com bons olhos. Na Costa Leste, era completamente diferente.

Aceitei que não podia mudar a maneira como as pessoas pensam. Sempre que estamos fazendo algo novo e diferente, corremos o risco de encontrar ceticismo. E esse trabalho como médium, com pessoas que tinham passado pela EQM, era certamente diferente e incomum para alguns. Eu só tinha de seguir em frente. Num certo sentido, estava me acostumando a ser uma pioneira, alguém que entrava em terrenos inexplorados. É algo que tenho feito há anos.

No entanto, de volta à Costa Leste, conheci ainda mais gente que havia passado pela EQM. Nesse ponto, as portas tinham sido abertas, e logo eu iria me conectar com pessoas de todo o mundo.

Ao navegar na internet, li sobre Penny Sartori, uma enfermeira do Reino Unido. Um de seus pacientes que estavam na UTI pediu a ela que o deixasse morrer em paz. Depois desse episódio, que a abalou profundamente, ela começou sua pesquisa sobre EQMs. Entrei em contato com ela e ela escreveu de volta: "Eu encontrei alguns casos com efeitos colaterais interessantes, incluindo a capacidade para ouvir conversas fora do alcance do ouvido. Há um homem interessante no Novo México, Ken Ebert, que, desde a EQM, é capaz de ouvir conversas a grandes distâncias".

Pesquisei Ken na internet e fiquei surpresa com o que descobri. Escrevi de volta para Penny: "O engraçado é que eu conheço Ken. Ele era caixa do supermercado de Taos".

Penny respondeu: "Sim, Ken trabalhou no supermercado de lá".

Outra coincidência?

Respondi ao e-mail de Penny depois que entrei em contato com Ken, e contei que eu estava em contato com ele e que ele se lembrava do meu rosto da época em que morei em Taos. Agradeci por ter me levado a ele.

Antes mesmo de nos falarmos, já sabia que Ken seria importante para eu descobrir a chave para a EQM. Ken e eu tomamos providências para nos encontrar. Ele respondeu ao questionário e me enviou um PDF do livro que tinha escrito sobre sua EQM. Eu estava restabelecendo minha ligação com Taos, meu antigo lar. Parecia inevitável que isso acabasse acontecendo.

Audição mais aguçada: um efeito colateral da EQM

A EQM de Ken Ebert provocou um efeito colateral no qual eu estava particularmente interessada. Ele podia ouvir conversas a longas distâncias. Lembrei-me de Ken como um homem de voz macia, que tinha um aspecto inefável, como se ele soubesse mais do que aparentava na superfície. Eu aguardava com expectativa o momento de conversar com ele.

Uma semana depois, eu me servi de um copo de limonada e me sentei à mesa da cozinha, que estava coberta por uma pilha de papéis, pastas e fichários. Digitei o número de Ken e pressione o botão do alto-falante. Queria ter as mãos livres para poder tomar notas. O celular tocou duas vezes, Ken atendeu e começou a me contar sua história. Apoiei na mesa o meu copo de limonada enquanto ouvia. Estas são as lembranças de Ken nas palavras dele:

"O acidente aconteceu em 1984. Eu tinha 18 anos e morava em Florida Keys com meus pais. Estava andando de bicicleta e empinei o guidão.

O mecanismo de liberação rápida da roda dianteira cedeu e fui atirado da bicicleta. Meu rosto bateu no guidão e na alavanca das marchas e caí no chão.

"Deixei meu corpo e olhei para mim mesmo deitado no asfalto."

"No começo, só vi escuridão. Então uma luz apareceu e comecei a atravessar um túnel até chegar a uma luz, que se tornou um portal para um amplo vale verdejante. O efeito era como uma sinestesia: cores eram sons e sons eram cores.

"Um ser de luz puro e poderoso, como um guia do sexo feminino que emitia uma luz intensa como parte da sua essência, recebeu-me no vale."

Nesse ponto, foi dada a Ken a opção de ficar ou retornar. Ele decidiu retornar.

Tomei um gole da minha limonada, enquanto esperava que Ken continuasse.

"Quando voltei a entrar no corpo, eu me senti pequeno demais para me manter lá, como se estivesse emaranhado entre lençóis. Houve uma pressão e imediatamente senti uma dor forte."

Ken foi levado para um hospital próximo, mas foi recusado por causa da gravidade dos seus ferimentos. Ele foi transportado para um hospital maior, a 100 quilômetros de distância.

Depois que se recuperou, Ken percebeu vários efeitos colaterais da EQM, e que continuam a exercer influência sobre ele. Mas até o momento a transformação mais surpreendente foi na audição.

As sensibilidades de Ken

Depois que Ken voltou para o corpo físico, os ferimentos provocados pelo acidente logo se curaram. Sua sensibilidade à luz e à eletricidade aumentou. As lâmpadas explodiam quando ele se aproximava para apagá-las ou piscavam quando ele passava.

"Eu conseguia sentir fisicamente a luz e o calor como uma pressão", contou ele.

Mas ainda mais surpreendente foi a transformação da audição de Ken. Esse sentido ficou mais aguçado, mas de um modo peculiar. Os sons não ficavam mais altos, mas, se alguém estivesse falando sobre ele à distância, ou mesmo sussurrando, ele podia ouvir, como se estivessem falando na sua orelha esquerda – sempre na esquerda. A audição se expandiu de tal modo que, numa multidão ruidosa, como um mercado cheia de gente, ele conseguia ouvir conversas travadas do outro lado do ambiente. Palavra por palavra.

Ken percebeu pela primeira vez essa mudança quando morava em Boston, alguns anos depois da sua EQM. Um dia, quando voltava do trabalho, ouviu um som agudo em seu apartamento. Ele andou pelo apartamento até conseguir detectar a fonte do barulho: o detector de movimento. No entanto, o sistema não tinha sido ativado.

Depois de falar com Ken, conversei com outras pessoas que tinham vivido EQMs com efeitos semelhantes. Um homem podia ouvir conversas nos apartamentos dos vizinhos em seu grande condomínio de apartamentos. Um homem e sua esposa, que tinham, ambos, passado por EQMs, comunicavam-se dessa maneira quando estavam distantes um do outro.

Todas essas pessoas só ouviam sons pelo ouvido esquerdo. Não está claro por quê, mas isso pode estar ligado ao fato de que, no mundo metafísico, o esquerdo é o nosso lado "receptivo".

Ken chama a si mesmo de "assassino serial" de relógios. Mas os relógios de Ken não apenas param de funcionar. Há uma correlação entre os horários em que param de funcionar.

Quando o primeiro relógio de Ken parou, ele o colocou no altar que tinha montado um pouco tempo antes, após sua EQM. Então ele saiu e comprou um novo relógio. Usou o relógio novo por vários meses e, quando o segundo relógio parou de funcionar, ele também o colocou em seu altar. Ao fazer isso, notou que o segundo relógio tinha parado de funcionar exatamente no mesmo horário que o primeiro – só que dessa vez o primeiro relógio estava funcionando de novo. Ken comprou um terceiro relógio. Com esse relógio aconteceu a mesma coisa. Ele parou no mesmo horário que o primeiro e o segundo. Ken parou de comprar relógios depois do terceiro relógio.

Ken e eu combinamos de fazer uma consulta pelo Skype na semana seguinte. Ken estava entusiasmado. Ele morava em Taos, estava familiarizado com consultas mediúnicas e todas as práticas metafísicas, e estava ansioso para passar por uma delas.

A CONSULTA DE KEN

Às seis horas da tarde de domingo, liguei para Ken pelo Skype. Ele já estava aguardando, pronto para começarmos.

Quando olhei para Ken na tela do meu laptop, não pude deixar de notar que ele tinha a energia de um homem muito mais jovem e, com o cabelo loiro claro e sua atitude interessada, poderia passar por alguém na casa dos

30 anos. (Mas Ken tinha 60!) Mais uma vez, eu constatava aquela juventude eterna que as pessoas que passaram por EQMS parecem ter.

Depois de explicar a ele como se daria a consulta, estávamos prontos para começar. Prendi meus cabelos e fechei os olhos para me concentrar.

Perguntamos primeiro sobre o efeito colateral de Ken, sua capacidade intensificada de ouvir sons. Eu me perguntava se ele teria alguma conexão com o domínio dos sons antes de sua EQM e fiz essa mesma pergunta a ele.

Ken fazia aulas de música desde que era adolescente. O som e a música sempre tinham sido uma constante na vida dele. Com base no que nos foi dito, parece que, no caso de Ken, a EQM intensificou uma característica que ele já tinha. De certo modo, ele trouxe para o plano terreno um estado mais elevado de percepção que já existia.

Como Ken reconhece a eletricidade às vezes, queríamos entender o que havia por trás da sua sensibilidade elétrica. Eis o que o plano espiritual nos revelou:

Ken tem de estar "ligado", ou seja, um pouco mais estimulado, eletrizado, num certo sentido, para que isso aconteça. E quando ele está mais agitado (sob estresse principalmente), a conexão elétrica em Ken reage, causando um aumento na sua energia. Os circuitos de Ken então são "ativados".

Com base no que foi revelado pelo plano espiritual, a reação de Ken parece se assemelhar a uma resposta ao estresse, aparentemente decorrente das glândulas adrenais. Uma das funções das adrenais é produzir epinefrina, dando ao corpo o impulso adicional necessário em situações de grande estresse. Ela intensifica a reação emocional e produz uma energia de alta tensão, que alimenta um estado já energizado e cria um sinal novo e mais elevado que interfere no funcionamento normal do corpo. Essa forma de eletricidade, que prevalece nas pessoas que já passaram pela EQM, tem propriedades que vão além da eletricidade como a conhecemos. É a energia no seu mais alto grau, na sua maior frequência e vibração.

Ken reconheceu que, quando essa interferência elétrica ocorria, era muitas vezes acompanhada de dor na parte inferior das costas, onde suas glândulas suprarrenais estão localizadas.

Além disso, em sua EQM, Ken primeiro se viu num lugar escuro e se perguntou para onde tinha sido transportado e se outras pessoas que tinham passado por EQMs também tinham se visto num lugar escuro. Nós fizemos essa pergunta em seguida.

Esse espaço escuro é o espaço entre o nosso corpo físico e o plano espiritual. Algumas pessoas se veem nesse lugar quando sua consciência sai do corpo, principal-

mente se passaram por algum trauma físico. A consciência delas ainda não deixou este mundo. Ele estava passando por um plano físico inferior, antes de alcançar a vibração mais elevada da luz.

Eu soltei um profundo suspiro e perguntei:

"O que é o zumbido que Ken escuta?"

O plano espiritual revelou:

Quando a consciência sai do corpo, sua entrada numa frequência maior cria o que interpretamos como um zumbido.

É um domínio diferente e não reconhecemos as propriedades desse reino. Não temos como traduzir em palavras esse processo, exceto descrevendo-o como um som. Trata-se de uma propriedade que está além de nós. Como outras propriedades do estado de EQM, recebemos um símbolo ou referência na nossa língua, mesmo que isso não reproduza precisamente o que acontece.

Senti uma gota de suor escorrer pelas minhas costas, enquanto continuava a consulta, e Ken passou a relatar suas experiências com os pássaros.

Quando ele chama os pássaros com seu apito, eles vão até ele. No começo eu não dei muita atenção a esse seu comentário. Então pensei em pássaros e cães e morcegos. Todos têm uma audição que vai além do alcance humano comum.

Por que esses animais respondem a Ken, como um radar? Eles reconhecem a frequência dele como parte da língua deles?

O alcance humano da audição é normalmente de 20 a 20.000 Hz. Possivelmente a audição de Ken agora é mais sensível em resultado da sua EQM e está mais sintonizada com a dos animais, cuja frequência é mais alta. A frequência de Ken parece ter sido elevada após a sua EQM.

Durante a EQM, Ken teve a oportunidade de escolher se queria ficar ou retornar. Tínhamos curiosidade de saber por que Ken e outros tiveram essa escolha.

Fazer essa escolha dá à pessoa a possibilidade de determinar o resultado da sua experiência, explicou o plano espiritual. *Depois que escolheu retornar, ela deve assumir a responsabilidade por sua vida dali para a frente e viver de acordo com o plano espiritual.*

Ken tinha perguntas pessoais sobre sua vida e seu trabalho, e conversamos um pouco mais. Mas logo percebi que estávamos exaustos. Afastei a lista de perguntas, agradeci a Ken e desliguei, enquanto dava alguns goles na minha limonada. Como de costume, eu tinha gasto muita energia na consulta. Comi uma barra de cereais enquanto pensava na consulta de Ken.

Ken foi um participante prestativo e ofereceu informações espontaneamente que me ajudaram a juntar as peças da experiência. Como no caso de outros, em alguns aspectos sua consulta não foi nenhuma surpresa para ele, que já suspeitava de muita coisa, mas ainda estava interessado em ouvir outra perspectiva.

E havia aspectos que continuavam a intrigá-lo, como a escuridão que encontrou e as reações elétricas extremas que ele causa. Eu lhe disse que ainda estava fazendo pesquisas com outras pessoas, por isso a resposta para algumas perguntas ainda poderiam surgir. A consulta de Ken fez com que eu me sentisse "em casa", pois Ken estava ligado a Taos, um lugar que fazia com que eu me sentisse bem. Também me fez bem conectar-me com Ken pelo fato de que sua consulta fez com que mais peças da minha pesquisa com EQMs se encaixassem.

Robert Bare: visão transformada

Logo depois de conhecer Ken, recebi um e-mail de Robert Bare, que tinha sido encaminhado a mim por Mark Jacoby, o "homem que fala com as máquinas" (ver o Capítulo 13).

Patrulheiro das rodovias da Califórnia por 22 anos, Robert Bare tinha trabalhado em regiões difíceis: leste de Los Angeles, Watts e Oakland, antros do crime na Califórnia. Robert dispersava manifestações, lançava gás lacrimogênio nas multidões e batia em manifestantes. Depois de se aposentar na polícia, Robert trabalhou como professor adjunto e administrador da cidade, e serviu em dois conselhos de administração estatais. Ele assumiu várias funções diferentes em sua vida profissional, mas, recentemente, sua vida pessoal deu uma guinada.

Em 2009, Robert passou por um problema de saúde que ele enfrentou muito bem. Pouco depois, decidiu visitar seu filho e netos por uma semana em Phoenix. Quando nos falamos pelo telefone pela primeira vez, ele lembrou: "Durante todo o tempo em que fiquei lá, estava extremamente quente, 40 graus. Eu não me sentia bem. 'Será que estou com alguma coisa? Será que é o clima?', eu pensava".

"Dei uma de John Wayne a semana toda. Meu filho me deixou no aeroporto no final da minha visita e eu me despedi dele. Disse o quanto eu tinha gostado da sua hospitalidade. No aeroporto, eu me sentia nauseado, mas consegui passar por todos os trâmites. Cheguei no avião e, enquanto estava colocando minha mala no compartimento superior, simplesmente caí morto."

Robert ficou morto por 45 minutos.

Dois membros da tripulação alertaram a equipe da cabine de que Robert tinha morrido de ataque cardíaco. Bombeiros treinados em reanimação cardiopulmonar e um médico estavam a bordo e, embora tentassem revivê-lo, Robert deixou o corpo duas vezes enquanto tentavam ressuscitá-lo. Ele lembrou:

"Acabei num túnel, onde gravitei na direção de uma bela luz branca. Eu não sei se havia alguém comigo, mas, quando entrei nessa luz, era simplesmente maravilhoso. Vi cores que nunca tinha visto antes na Terra. Perdi a noção do tempo, como se estivesse numa atmosfera onde nada importava. Foi uma das mais lindas experiências que já vivi".

"Eu me vi mais jovem. Havia uma presença lá, que estava no controle. Esse poder superior fez com que eu me sentisse humilde."

Robert comunicou-se com outra entidade, que lhe perguntou: "O que você fez de bom durante a vida?" Depois disso, ele vivenciou uma análise abrangente da sua vida, em que pôde se ver em todos os estágios dela; via outras pessoas também, e o que pensavam dele. Robert ficou sabendo o que diziam dele às suas costas e foi exposto a todas as situações.

Ele disse: "Não é algo agradável, especialmente se você teve cargos de poder em sua vida e fez algumas coisas não muito boas. Foi difícil voltar a viver, a ver as pessoas e interagir com elas; porém, você tem de seguir em frente e superar tudo isso".

"Foi a avaliação da minha vida. Você sente tudo; fica ali assistindo a tudo, mas também está dentro das situações. Uma coisa que percebi na revisão da vida é que ela é como um julgamento: você é julgado pelas suas ações e pelo que fez ou não fez."

Robert não lembra se teve a opção de voltar ou não.

Sobre sua EQM, ele diz: "Percebi que poderia ter agido melhor. Eu não queria mais julgar ou ferir ninguém. Isso mudou minha vida, totalmente". Por fim, ele acrescenta: "Eu só quero fazer o bem na minha vida. Falo sério. Não penso em fazer coisas que não sejam feitas com o coração ou de bom humor ou para o bem comum. Sempre fui uma pessoa de personalidade muito forte, mas não sou mais assim. Não que eu fosse uma pessoa cruel. Eu simplesmente não quero ser daquele jeito novamente. Não vivo um dia sem sentir gratidão ou sem pensar que ele pode ser o último".

Robert trabalha agora como redator para organizações sem fins lucrativos, escolas cooperativas e crianças desfavorecidas. Ele é treinador de *softball* e foi eleito Cidadão do Ano em sua comunidade no Oregon. "Eu reservo tempo para aproveitar bem as coisas e agora, para mim, os relacionamentos são importantes", diz ele.

Robert sobreviveu e passou por um árduo processo de recuperação, mas voltou com vários efeitos colaterais, o mais notável deles a melhora da sua visão. Em cinco ou seis meses, a visão de Robert melhorou de 20/90 para 20/10 – mais do que perfeita. Quatro anos depois, a melhora continuava.

*

Robert também teve outros efeitos colaterais. Ele dispara micro-ondas quando passa. A lareira elétrica liga e desliga quando ele está por perto. E o mais estranho, ele diz, é que: "Eu posso olhar para a frente e é como se eu estivesse na faixa do meio de uma rodovia. Vejo tudo o que está acontecendo comigo e também vejo coisas na pista rápida e na mais lenta. Tudo que está na periferia, pode estar no passado, pode estar no futuro". Em outras palavras, Robert vê o passado, o presente e o futuro simultaneamente. "Eu me lembro da primeira vez que isso aconteceu. Isso brotou em mim. Tive muita dificuldade para lidar com isso", disse ele.

O que Robert está vivenciando é uma conexão psíquica. Quando os médiuns recebem informação do passado, ela entra pela esquerda; no presente, direto em frente; e no futuro, pela direita. Robert está recebendo sua mensagem por meio de símbolos, como muitos médiuns. O símbolo que Robert recebeu foi uma estrada, o que se encaixa com a sua experiência de ex-patrulheiro rodoviário.

A vida de Robert antes da sua EQM era caótica e cheia de escuridão. Foi quase como se alguma força intercedesse para interrompê-la, para impedir que seu mundo continuasse a desmoronar. Como se quisesse levar Robert para a luz permanentemente. O momento em que essa experiência aconteceu foi tão oportuno que, se tivesse acontecido vinte anos antes, Robert provavelmente não teria maturidade para lidar com ela.

Perguntei a ele se, em seus primeiros anos, sentia que estava cada dia enveredando cada vez mais por caminhos sombrios e ele disse que sim. Às vezes, ele disse, quando estava diante de uma encruzilhada na estrada, ele escolhia o caminho mais sombrio. No entanto, Robert chegou ao fim da sua trajetória na tropa de choque da polícia e daqueles anos de espancamentos e brutalidade.

Hoje, a missão de Robert é fazer o bem. Ele se vê como parte de um todo interligado com todos os seres, numa vida de serviço ao próximo. Ele é outra pessoa e eu descobri, conversando com ele pelo telefone, por e-mail e pelo Skype, que Robert é uma pessoa amável, disposta a passar todo o seu tempo ajudando os outros, e tão sincero e cheio de boa vontade que foi difícil para mim imaginar quem ele era antes da EQM. Ainda assim, durante a sua consulta, eu o vi antes da EQM e percebi que de fato sua vida era bem diferente.

Robert não só sobreviveu às mudanças que ocorreram em sua vida, como também as aceitou e transcendeu. Sua nova mentalidade foi uma cutucada do plano espiritual, o que lhe permitiu reconhecer que estamos todos juntos nisso. Robert, à sua maneira, está contribuindo para a melhoria do nosso planeta, assim como outras pessoas que passaram por uma EQM.

Os efeitos colaterais na audição e na visão: ondas de som e luz

As habilidades de Ken estavam me levando ao centro do vórtice da EQM. Para compreender melhor as suas incríveis habilidades, passei a examinar o modo como funciona a audição.

Ouvir, como outras funções do corpo humano, é um processo complicado, mas vamos tentar descrevê-lo numa linguagem mais simples. Ouvir é a capacidade de perceber o som, convertendo ondas sonoras em vibrações detectadas pelo ouvido. Um canal se forma a partir de uma série de ossos e membranas, que transportam vibrações do nosso tímpano até o ouvido interno.

Nossos ouvidos transformam ondas sonoras em sinais elétricos. As ondas sonoras viajam mais devagar do que as ondas de luz, mas as suas frequências têm semelhanças – pontos importantes nos efeitos colaterais semelhantes de Ken e Robert. Em ambos os casos, os efeitos colaterais têm as propriedades da vibração e de ondas elétricas.

A capacidade de ouvir restringe-se principalmente aos vertebrados e insetos. Entre esses, os mamíferos e os pássaros têm a audição mais desenvolvida – as duas espécies com as quais a audição de Ken se sintoniza mais depois da EQM. Frequências que os ouvidos humanos são capazes de perceber são chamadas de sônicas. Frequências mais altas do que as sônicas são ultrassônicas. Os morcegos podem ouvir frequências ultrassônicas, assim como os cães (o princípio por trás dos apitos caninos).

Ken pode ouvir o ultrassom? E se pode, por quê? E por que ele precisa disso?

O som requer quatro componentes: vibração, um meio transmissor, um receptor e um sistema nervoso para interpretá-lo. Os receptores, não só para o som, mas para outros sentidos também, como a visão, parecem mais aperfeiçoados depois da EQM. Ken, por exemplo, é capaz de ouvir frequências mais altas. Para identificar com precisão a frequência com que Ken pode sintonizar, precisaríamos medir as vibrações do ouvido dele em reação a ondas sonoras e sinais elétricos. Por enquanto, temos apenas evidências informais das suas habilidades.

No entanto, mesmo sem esses testes, as pistas eram claras. Fiquei animada quando percebi a conexão entre todas essas experiências. Apesar de as vibrações energéticas não serem visíveis, elas ocorrem e produzem grande parte das nossas experiências na vida. Os impactos da vibração sonora, da frequência e das ondas foram fundamentais para a experiência de Ken. E essas propriedades energéticas pareciam estar ligadas às experiências de Robert também.

Efeito colateral de Robert: visão aguçada

Entender o que são ondas e vibrações é fundamental para a compreensão do nosso mundo físico. Muito do que vemos só é possível por causa das vibrações e das ondas. Nós vemos o mundo que nos rodeia por causa das ondas de luz. O mesmo vale para o que ouvimos. Ouvimos o mundo que nos rodeia por causa das ondas sonoras. Se entendermos as ondas, podemos entender o conceito da visão e da audição. Ambas as propriedades – a percepção mais aguçada da luz e a percepção mais aguçada do som – são efeitos colaterais da EQM.

Como outros efeitos colaterais da EQM, parece que o estado de equilíbrio de Robert – no caso dele, a vibração que lhe dá a capacidade de ver – foi perturbada por uma força gigantesca.

O olho humano é capaz de focar raios de luz de várias distâncias e convertê-los em impulsos. Quando a luz atinge porções da retina (milhões de células sensíveis à luz), ela é convertida num sinal elétrico que é transmitido para o cérebro através do nervo óptico. Podemos especular que a conversão desse sinal foi de alguma maneira intensificada em Robert, o que amplificou o sinal que ele recebe. Tal como acontece com outros efeitos colaterais das EQMs, podemos levantar a hipótese de que o que impulsionou a vibração energética de Robert também aguçou a visão dele.

Semelhante à mudança na audição de Ken, o equilíbrio de Robert foi perturbado, o que alterou sua visão. No caso de Ken, o processo de conversão do sinal, à medida que o ouvido transforma as ondas sonoras em sinais elétricos, é semelhante ao processo de Robert com a visão. Tanto os efeitos colaterais de Ken quanto os de Robert estão ligados a ondas de frequência, som e luz. O efeito colateral da EQM foi intensificado enquanto o palco para a EQM estava sendo montado.

11

Lynnclaire Dennis e sua Transformação Cognitiva: Geometria Sagrada

> "Há geometria no som das cordas.
> Há música no espaçamento das esferas."
> – Pitágoras

O inverno chegou em Baltimore: trinta centímetros de neve, temperaturas abaixo de zero e dias curtos que terminavam num anoitecer precoce e cinzento. À medida que o inverno se instalava, eu pensava na colônia de artistas na Costa Rica que tinha visitado alguns anos antes. A Costa Rica, com seus dias tropicais, palmeiras e paisagem verdejante, parecia um paraíso enquanto eu olhava para a pilha de quase um metro de neve no meu pátio. Liguei para a colônia e eles tinham vaga. Uma semana depois eu estava num avião para San Jose.

Na primeira semana, nadei na piscina gelada do retiro e dei uma volta pela cidade, comendo abacaxi e bebendo água mineral. Na minha *casita* simples, sentei-me no sofá de plástico com as cortinas fechadas e examinei a lista de nomes que eu tinha trazido comigo. Um deles chamou minha atenção: Lynnclaire Dennis.

Lynnclaire mora na Bélgica e recebeu conceitos de Geometria Sagrada em sua EQM. Quando lhe enviei um e-mail, ela pediu que a chamasse pelo Skype. Alguns minutos depois, servi-me um copo de chá gelado e disquei o número de Lynnclaire. Eis aqui uma parte do que ela me disse:

"Cresci acreditando que, quando você morre ou o seu corpo é cremado ou você vai para baixo de sete palmos de terra. Se viveu uma vida boa, você atravessa portões de pérola e, se viveu com retidão, deve ir para o céu. Não havia nenhuma informação sobre o paranormal".

A EQM de Lynnclaire

Quando passou pela EQM, a vida de Lynnclaire Dennis seguia num ritmo intenso. Ela tinha se divorciado aos 31 anos e era a filha do meio de um casal. Seu pai era pastor. Quando criança, Lynnclaire ia à igreja três vezes por semana e depois tornou-se missionária numa organização colegiada.

Ela recordou: "Não havia nada que me levasse a aceitar uma experiência de quase morte ou a acreditar que ela fosse possível. Nunca ouvi falar disso até eu mesma passar por uma, 27 anos atrás. Era algo bastante novo. Ninguém me deu uma explicação racional para o que aconteceu".

Em janeiro de 1987, durante a sua lua de mel, Lynnclaire Dennis morreu nos Alpes suíços. Ela perdeu a consciência a bordo de um balão de ar quente, quando o piloto levou o balão a um nível superior a 20 mil pés, sem oxigênio.

"Eu me vi fora do balão, olhando para o meu corpo, mais abaixo. A coisa seguinte de que me lembro é de colocar o pé no Monte Rainier, no estado de Washington", contou ela. "A maioria das pessoas fala sobre atravessar o túnel para chegar ao outro lado, mas essa não foi a minha experiência. De repente, eu não estava mais sobre os Alpes. Não era janeiro. Era julho. Os prados estavam em flor e minha avó veio me encontrar. Mas minha avó tinha morrido quando eu tinha 11 anos.

"Ainda é tão real... Passei por uma revisão da minha vida. Um homem se comunicou comigo telepaticamente e disse: 'Lynnclaire, você será um catalisador para a mudança', e então, essa pessoa se virou e foi embora. O palco se dissolveu e então meu pai apareceu."

Ela fez uma pausa e respirou fundo.

"Uma música me atraiu para um túnel de luz e percebi que eu estava olhando para mim mesma. E para o fio de uma tapeçaria tecendo toda a criação, uma estrutura luminosa e extremamente dinâmica. Lembro-me de pensar 'Vou para casa'. Então, de repente, a música parou e alguém me puxou para trás, através do túnel. Era o meu marido, que é médico, tentando me fazer voltar à vida. Enquanto eu estava partindo, olhei por cima do meu ombro direito e constatei que eu tinha de me lembrar dos detalhes do que tinha vivido."

Mais tarde, no hospital, Lynnclaire foi declarada morta.

"No tempo daqui, fiquei morta durante um bom tempo. Eles achavam que eu tinha perdido a consciência quando estávamos a 9 mil pés. Lembro-me de ouvir o diálogo entre meu marido e o piloto. E, nesse ínterim, eu estava passando por uma experiência vívida."

Mais tarde, Lynnclaire teve sonhos recorrentes sobre o que ela tinha visto durante a EQM. No entanto, demorou quatro anos para que se lembrasse dos ângulos geométricos que lhe mostraram. Ela ficou obcecada por decifrar sua experiência.

"Eu levava papel, lápis e lápis de cor comigo para todos os lugares e tentava reconstruir o padrão. É música. É luz. É como a matéria se move e é amor", disse ela. "Com o tempo, começamos a olhar mais de perto e descobrimos que esse padrão simples, que não é nada, é só um nó, é um padrão de luz, uma vibração. É sobre o tempo e uma conexão entre energia e matéria."

Lynnclaire e eu concluímos nossa conversa e ela concordou em enviar informações adicionais sobre sua EQM e o Padrão. Combinamos de conversar pelo Skype na semana seguinte. Alguns dias depois, eu estava olhando para as descrições complexas da teoria matemática que ela tinha enviado enquanto tentava juntar as peças da experiência dela. O que o Padrão significava? E por que Lynnclaire o tinha recebido?

O PADRÃO

Ao examinar a experiência de Lynnclaire, descobri que o Padrão se relaciona com a humanidade, a consciência e o tempo. Alguns pensam que o Padrão remonta às origens do universo ou se relaciona com propriedades que vão além do universo. Há também a suspeita de que o Padrão representa o plano da consciência – um modelo sobre como pensar sobre forma e padrão.

Lynnclaire nunca tinha estudado as teorias matemáticas ou a topologia matemática, uma matéria que engloba o DNA, o código genético e a química. Ela era filha de um pastor e tinha experiência em vendas. *Não havia como Lynnclaire saber sobre padrões cósmicos e os atributos do universo*, pensei. Apesar de ela não ter formação científica, a precisão matemática dos desenhos intuitivos de Lynnclaire já foi constatada por vários cientistas ao redor do mundo.

O Padrão acabou por chamar a atenção de físicos quânticos devido à sua compatibilidade com a física das supercordas, o "Santo Graal" de toda a física. Uma das pessoas fascinadas pelo Padrão é o dr. Louis Kaufman, que estudou a teoria dos nós e sua topologia nos últimos trinta anos.

Segundo o dr. Kaufman, "Na física e na matemática, buscamos padrões fundamentais. Fazemos perguntas sobre a natureza da forma, a natureza do padrão. Tudo que vemos tem um padrão. Tudo o que vemos no mundo é uma amálgama semelhante de forma e conteúdo".[1]

Numa entrevista de 1997, o dr. Kaufman divulgou a descoberta de que o nó do Padrão de Lynnclaire pode ser "representado pela frequência pura dois, pela frequência pura três e por uma mistura das frequências cinco e três. Esse padrão vibratório dá-nos uma boa aproximação da forma do nó do Padrão de Lynnclaire.

Lynnclaire trabalha com uma equipe de cientistas da Universidade de Illinois, em Chicago, para descrever matematicamente o Padrão, e ela trabalhou pouco tempo atrás com a NASA, para descobrir o significado do Padrão.

O dr. Louis Kaufman tem o seguinte a dizer sobre o princípio unificador por trás do Padrão: "Aqui está algo que, se você olhar para ele de um jeito, vai ver a Estrela de Davi. Se olhar de outro, vai ver o símbolo Yin-Yang. Se virar novamente, vai ver os crescentes sagrados no Islamismo e o símbolo do infinito. E todos eles são de fato semelhantes".[2]

Esse Padrão pode ser usado para orientar relacionamentos? Poderia ser uma chave para a cura? Poderia ser um símbolo arquetípico e a base a partir da qual tudo o que existe é criado?

Segundo alguns cientistas, a Geometria Sagrada nos permite contemplar a criação do cosmos. Não está relacionado apenas com o modo como nos relacionamos com o universo, mas como nos relacionamos com o tempo e como fomos criados. Que tipo de estranha alquimia reúne esses modelos de dimensão superior dentro da EQM? A Geometria Sagrada representa uma comunicação do Além?

A Geometria Sagrada e a EQM

Outras pessoas que passaram pela EQM também relataram visões, relacionadas com a Geometria Sagrada – todas as formas como uma coisa só. Uma dessas pessoas relatou ter tido uma visão surpreendente da Merkabá de cabeça para baixo – duas pirâmides de três lados que se interpenetram e representam a ligação da mente, do coração e do corpo. Essas merkabás dramáticas despertam, curam e transformam nos níveis físico, mental, espiritual e emocional, e também transportam o corpo de uma dimensão para outra. A aparência da Merkabá numa EQM faz sentido quando ela é avaliada com base no que sabemos sobre as jornadas transformadoras das EQMs: uma ponte de uma dimensão para outra.

Será que a própria EQM não é um tipo de Merkabá? Uma experiência multidimensional surpreendente ligando mente, corpo e espírito.

A consulta de Lynnclaire

Sentei-me na minha varanda com vista para a aldeia de Cuidad Colon. Era de manhã cedo, o ar estava quente e úmido, e o sol estava brilhante acima da cabeça. Eu fiz uma lista de perguntas para Lynnclaire e, quando terminei, eram dez horas da manhã. Quase na hora da consulta de Lynnclaire. Limpei o suor do pescoço e voltei a ler meus arquivos. Uma hora voou e, às onze da manhã, notei que já era hora de ligar para Lynnclaire.

"Você está pronta?", perguntei quando começamos. Ouvi o estalo da eletricidade e outras vozes na linha enquanto eu repetia, "Pronta?"

"Pronta quando você estiver", disse ela.

Esta não foi a primeira vez que ouvi outras vozes no Skype. Também já as ouvi no meu celular e ocasionalmente no rádio. De quem são? Será que eram outras pessoas usando o Skype ou alguém usando o celular, e nossas linhas se cruzaram? Ou eram vozes do Além?

O FVE (fenômeno das vozes eletrônicas) está no campo da possibilidade, dada a vibração elevada criada nessas sessões (embora nunca determinemos com certeza o que causou a interferência nessas conversas). No caso de Lynnclaire, perdemos a conexão por interferência onze vezes durante a consulta.

Respirei fundo três vezes, voltei-me para dentro de mim mesma e me acalmei enquanto me concentrava. Olhei para Lynnclaire, enquanto ela esperava para eu começar. Comecei observando seu chakra da Coroa. "Seu chakra da Coroa está totalmente aberto", eu disse.

O chakra da Coroa é o ponto por onde Lynnclaire e todas as pessoas que passaram pela EQM recebem informações. "Os seus outros chakras diminuíram de tamanho porque todo o seu campo elétrico está focado em seu chakra da Coroa. Esse é o chakra que comanda você."

Descobri que a maioria das pessoas que já tiveram EQMs tem o chakra da Coroa muito ativo. Esse chakra representa nossa conexão com a consciência, o ponto de encontro entre o corpo físico e o plano espiritual. O desafio dessas pessoas é manterem-se abertas ao plano espiritual e, ao mesmo tempo, enraizadas no plano terreno. Ter o chakra da Coroa totalmente aberto, esse é outro desafio que elas têm.

"A minha sensação sempre foi a de que eu não fui escolhida, mas que tive a oportunidade de escolher. Será por isso que você vê que fui escolhida para essa EQM?", perguntou Lynnclaire.

Como um sussurro sobre meu ombro, o plano espiritual me disse: *"Eles" sabiam que você assumiria o trabalho e ele se tornaria a sua vida. Essa foi a chave que a levou a ser escolhida. Cada pessoa retorna da EQM com um mapa da sua jornada e cada mapa é único, mas cada um de vocês cria um pilar de luz que se torna unificado.*

"O que é o Padrão?", perguntou Lynnclaire. "O que eu recebi?" Embora Lynnclaire já tivesse investigado o Padrão com a ajuda da ciência, ela ainda estava interessada na resposta do plano espiritual.

Eu expliquei lentamente, à medida que as informações fluíam:

O que você recebeu está além do universo – as propriedades nasceram antes da concepção do cosmos, propriedades que são eternas. Sua experiência é a prova de que é possível se comunicar com o eterno olhando além do mundano.

"Por que agora? Por que temos o Padrão?", Lynnclaire perguntou, enquanto eu fazia uma pausa para tomar um gole da minha garrafa de água e ouvia o ruído constante do ventilador no canto da sala.

Outros padrões foram mostrados ou surgiram em outras épocas e civilizações. Uma dessas civilizações foi avançada. Eles estavam me mostrando pirâmides no Egito ou no México. *Uma dessas civilizações construiu pirâmides ou sítios sagrados e teve um conhecimento muito profundo disso e chegou ao núcleo do Padrão.* "Eles estão me mostrando a Mesopotâmia", eu disse.

"Suméria", acrescentou Lynnclaire, enquanto eu me perguntava sobre essas conexões.

Lynnclaire assentiu e continuou. "O que é que não entendemos sobre o universo e a criação? Qual é a fonte de tudo?", Lynnclaire perguntou. "Vamos chegar mais perto de mistérios como o Padrão, mas nunca compreendê-los plenamente?" Eu me perguntava o que o plano espiritual diria em resposta à pergunta complexa de Lynnclaire.

Na minha mente, surgiram imagens de estrelas, planetas e galáxias. O caráter inefável do que me foi mostrado me fez parar. Não existem realmente palavras para descrever a experiência e o que me era mostrado às vezes nas consultas. Não pela primeira vez, eu me vi no lugar da pessoa que passou pela EQM, buscando uma maneira de expressar adequadamente os símbolos de conhecimento e espaço infinito, as cores e os símbolos. Símbolos que eu não conseguia descrever adequadamente.

Olhei para a tela. O Skype tinha desligado. Eu tinha perdido o contato com Lynnclaire. Voltei a chamá-la e Lynnclaire respondeu imediatamente. Comentamos sobre a conexão perdida e continuamos. "Qual é a missão das pessoas que passam pela experiência de quase morte?", perguntou Lynnclaire. Novamente, a questão de missão. Eu sabia que Lynnclaire perguntaria.

A missão e o caminho de vida dessas pessoas lhes são impostos pela Fonte. São automaticamente impostos, visto que a vida delas lhes foi tirada das mãos, explicou o plano espiritual.

Lynnclaire fez mais algumas perguntas sobre o seu próximo livro e sua vida na Bélgica, e conversamos um pouco mais sobre a família de Lynnclaire e sobre morar na Europa. Tentamos pensar numa maneira de nos encontrarmos nos Estados Unidos e ela prometeu manter contato. Terminamos a consulta, eu desliguei o laptop e apoiei a cabeça na mesa, usando o braço como apoio.

Depois fechei o computador e coloquei minhas anotações numa pasta, enquanto pensava na consulta de Lynnclaire. A interferência elétrica durante toda a consulta causou muitas interrupções. A consulta interrompida tantas vezes exigiu uma atenção redobrada da minha parte, para não ser pega de surpresa. Verifiquei várias vezes se o gravador estava funcionando e depois guardei a pasta com as minhas anotações no arquivo.

Geometria Sagrada

Durante muito tempo, tive certas expectativas sobre como essa pesquisa sobre as EQMs se desenvolveria. Presumi que as informações que eu obtivesse poderiam ser classificadas em categorias e que cada categoria seria explicável e muito bem definida. As habilidades de Lynnclaire, porém, não pertenciam a nenhuma categoria, pelo menos não à primeira vista.

Lynnclaire, como outras pessoas, retornou de sua EQM com talentos baseados em antigas disciplinas e novas faculdades estranhamente antigas e, no entanto, eternas.

Para resumir, o dom de Lynnclaire – a Geometria Sagrada – retrata as formas fundamentais de espaço e tempo. A Geometria Sagrada requer o reconhecimento de padrões e conecta matrizes universais usadas no projeto de tudo o que existe, incluindo a arquitetura e a arte. A Geometria Sagrada é uma verdade fundamental, um constituinte filosófico e real de todas as estruturas, as feitas pelo homem e as naturais, tanto nos níveis mais simples quanto nos mais complexos. Até a tecnologia de ponta emprega os padrões e a linguagem da Geometria Sagrada.

No século VI a.C., o matemático Pitágoras dirigiu uma escola de pensamento que combinava geometria, matemática e música (todas as três relacionadas à EQM e seus efeitos colaterais). Pitágoras acreditava que a geometria e a matemática continham as chaves de toda a vida. A noção básica por trás disso é que as fórmulas, harmonia e proporções da geometria e da matemática são encontradas na luz, na música e na criação – todas as três reveladas e interligadas nas EQMs e em seus efeitos colaterais.

Os povos antigos, incluindo os druidas, os maias e os sumérios, incluíam a Geometria Sagrada em suas escolas de mistérios. Mais recentemente, os fundamentos dessa doutrina foram transmitidos por meio da filosofia védica, do Feng Shui e dos princípios taoístas. Leonardo Da Vinci usou as proporções de Geometria Sagrada, a interseção entre e a ciência e a espiritualidade, em sua descrição do Homem Vitruviano, a imagem que vi na consulta de Javier (ver Capítulo 2). Os padrões que me foram mostrados nas consultas de outras pessoas que vivenciaram a EQM – música, matemática, formas e cores na arte – são todos utilizados na Geometria Sagrada. Esses padrões dão ao universo um poder específico.

*

Os padrões utilizados para medir nosso planeta, os princípios da Geometria Sagrada, surgiram na consulta de Lynnclaire. O que Lynnclaire recebeu demonstra que certos padrões fazem parte da tessitura da nossa vida. Reconhecer esse fato simples nos permite entender por que esses padrões se repetem em todos os efeitos colaterais. Padrões musicais, padrões sonoros e as ondas de luz, os padrões de forma e cor na arte e na matemática: todos eles são representações dos padrões repetitivos presentes nos efeitos colaterais das EQMs.

O efeito colateral de Lynnclaire, o Padrão – um molde energético – serve como uma espécie de chave para entender os efeitos colaterais da EQM. Uma maneira de entender não apenas o nosso caminho metafórico ao longo da vida, mas também ao longo da EQM.

Ao contrário de outras pessoas que receberam um dom que reconhecemos como um "talento", Lynnclaire recebeu a chave que une todos os efeitos colaterais e seus elementos que se repetem. Percebi que o efeito colateral de Lynnclaire foi uma explicação importante para outros efeitos colaterais.

Mas não é só isso. O Padrão de Lynnclaire é útil para entender o mapa da EQM, a chave cósmica para uma compreensão maior. O Padrão de Lynnclaire, delicado e sublime, cheio de nós e conexões, trabalho de anjos e de um poder superior, pode ser um exemplo dos padrões e linguagens antigos que foram recuperados do plano espiritual e incorporados em novos mensageiros. Mas, se assim for, será que conseguimos entender a mensagem e seu significado mais profundo?

12

Marissa e sua Transformação Cognitiva: Talento Musical

> "A música é um eco do mundo invisível."
> – Giuseppe Mazzin

Fiquei no meu escritório na maior parte da manhã. Só tinha entrado ali para procurar alguns papéis, mas o tempo passou depressa. Eram apenas oito da manhã, mas o sol de inverno tinha nascido às seis. Minha gata, Girly Girl, estava enrodilhada ao lado do meu laptop. Meu celular tocou e interrompeu o silêncio pacífico.

"Oi! É Marissa", disse uma voz suave.

Sentei-me ereta na cadeira. Eu não estava esperando a ligação dela tão cedo. Alguns meses antes, eu tinha falado com um homem que havia passado por uma EQM e era fascinado por música. Ele conhecia uma mulher que tinha passado também por uma EQM e voltado com um talento completamente novo. Ela nunca falara publicamente sobre sua experiência, mas ele me disse que ela agora tinha a missão de servir à humanidade. Como não queria que seu nome fosse divulgado, ela escolheu o pseudônimo de Marissa. "Eu vou saber quando ler 'Marissa', que se trata da minha história", disse ela.

Abri uma gaveta e tirei dali um bloco de anotações, enquanto ajeitava o celular na orelha.

Anotei as palavras de Marissa tão rápido quanto ela falava, concentrando-me em sua história, enquanto continuava escrevendo.

Marissa era ex-diretora e roteirista de documentários de TV. Nunca tinha tocado um instrumento antes da sua EQM, seis anos antes. "Nunca estudei música nem senti vontade de fazer isso", contou ela. A vida antes da EQM era típica de uma profissional solteira, na casa dos 30 anos. "Quando eu tinha 30 e poucos anos, tudo o que queria era constituir família, ter uma carreira, conseguir a aprovação dos outros e encontrar um bom marido", disse Marissa. Aos 31 anos, ela já era produtora de documentários e tinha sucesso profissional.

Durante uma viagem à Belgica para um trabalho, a eterna batalha de Marissa com a imagem corporal terminou e ela caiu inconsciente. Segundos depois, vivenciou uma EQM. Perguntas sobre o planeta Terra, equações matemáticas, tópicos científicos, astronomia, filosofia e física foram revelados a ela e lhe disseram que as respostas eram "simplicidade".

"Minha experiência fora do corpo aconteceu imediatamente. Minha consciência começou a se ampliar e eu fiquei milhares de vezes mais consciente do que sou agora. Não há palavras para descrever o sentimento de liberdade", Marissa disse.

"Continue", pedi.

"Eu deixei o corpo físico e me vi numa pequena capela, no ponto turístico em que eu estava. Deitei-me na capela. Havia muitos turistas lá e eu podia ver todos eles, como se tivesse uma visão periférica. Lembro-me de pensar, 'Não posso simplesmente me deitar na capela. Todo mundo vai me ver!' Mas estava sentindo tamanha paz que não me importei."

Eu esperei que ela continuasse.

"Voltei espontaneamente para o meu quarto. Quando me aproximei da minha cama, vi uma pessoa deitada de costas. Não reconheci quem era até chegar mais perto e ver que era meu corpo, mas não eu. Minha consciência estava completamente separada do meu corpo físico, como se eu estivesse olhando para uma cadeira ou outro objeto.

"Parecia que minha consciência estava conectada a um 'botão de volume'. Alguma força externa gradualmente aumentou o volume até a minha consciência chegar ao infinito. Logo após a EQM e durante várias semanas depois, eu me senti muito confusa, porque a realidade/consciência em que vivemos parece como um sonho. A realidade da EQM parece ser a realidade de fato. É como se, no mundo terreno, acessássemos uma parte muito pequena de uma realidade muito maior."

Outras pessoas que passaram pela EQM expressaram o mesmo sentimento. Para elas, a nossa realidade parece "sem profundidade", incompleta. Não parece nem ao menos real.

Marissa lembrou: "Em seguida, fui sugada, a uma velocidade indescritível, para um 'vácuo de amor'. Foi extremamente agradável, como se alguém estivesse cuidando de mim, para que eu fosse para um lugar seguro. Lembro-me de pensar, 'Não sei o que está acontecendo, mas não quero que termine'".

Ficamos ali sentadas em silêncio por alguns instantes e então ela continuou.

"Eu não tinha nenhuma sensação de tempo e espaço; na verdade, o tempo não existia. Até hoje me sinto desorientada – como se algo tivesse se apagado na minha capacidade de lidar com o tempo na terra. Organizar a minha agenda passou a ser um desafio e eu perco facilmente a noção do tempo."

Eu queria saber se Marissa tinha visto alguém ou encontrado outros seres durante sua EQM e perguntei isso a ela.

"Depois de ter ficado sozinha nesse lugar vazio, pequenas estrelas começaram a aparecer aos milhares. Eu me vi flutuando no espaço e me senti conectada ao universo", disse ela.

Outras pessoas com quem conversei também contaram experiências com estrelas: Dan e Bob reproduzem estrelas em seus trabalhos artísticos (ver Capítulo 6). Evelyn foi chamada para fora de casa para olhar as estrelas à noite (ver o Prefácio). Mark Jacoby fecha os olhos e vê estrelas (ver Capítulo 13). Qual é a conexão delas com as estrelas?

Marissa chegou a uma fronteira e teve de tomar uma decisão: "Se eu avançasse ainda mais neste lindo cosmos, nunca mais poderia retornar ao meu corpo físico. Fiquei observando o cosmos porque era muito bonito. Não sabia o que escolher e hesitava. Devia ir em frente ou não?"

Marissa voltou à Terra depois da sua EQM, onde encontrar simplicidade foi um desafio.

O ano todo, depois da sua EQM, foi difícil para Marissa. Nesse primeiro ano, ela não contou a ninguém sobre sua experiência. Ela mesma não sabia o que tinha acontecido, mas em seu coração sabia que algo tinha mudado. "O Outro Lado era tão pacífico e cheio de amor!", disse ela. "E a sensação de que tudo estava certo prevalecia. Ver-me de volta ao plano terreno foi um grande choque, porque eu sabia que uma grande parte de mim havia mudado para sempre."

Comportamento incontrolável após uma EQM

Depois da sua experiência, Marissa começou a ler sobre as EQMs e repensar sua carreira profissional. Percebeu que não tinha medo da morte e podia ficar perto das pessoas que estavam prestes a morrer sem se sentir mal. Ela se perguntou como poderia ajudar essas pessoas.

Pouco depois da EQM, Marissa foi visitar uma amiga. Havia uma harpa na casa dela e, embora Marissa nunca tivesse se interessado por harpas, enquanto a amiga trabalhava e ela estava sozinha na casa, começou a tocar a harpa. Ela não podia imaginar o quanto o som era poderoso e ficou imediatamente fascinada. Na verdade, ela teve de parar de tocar porque o som, a vibração, era poderoso demais.

Marissa ficou na casa da amiga por mais dois ou três dias. Quando a amiga ia trabalhar, Marissa passava um tempo cada vez maior tocando harpa.

"Eu sabia que, quando voltasse para casa, não haveria harpa", contou Marissa. "Eu decidi que, dentro de duas semanas, se eu ainda estivesse interessada na harpa e sentisse falta do som e da vibração, eu tomaria uma decisão."

Quando as duas semanas terminaram, Marissa percebeu que precisava daquela vibração. Era uma necessidade física real, ela explicou. "A harpa é um instrumento muito especial", explicou. "Embora seja um instrumento de corda, sua vibração é diferente da de um violão ou de violoncelo. O som da harpa é 'amoroso'."

Marissa me disse que reconheceu aquele som amoroso imediatamente – um som calmante para a alma, o som que ela ouviu em sua EQM. Marissa decidiu comprar uma harpa. Havia apenas um problema: ela não tinha dinheiro.

Conseguiu encontrar uma harpa de segunda mão à venda na internet por 2 mil dólares. Porém, Marissa não tinha essa quantia. Ela lembrou: "O mais estranho foi que, meses antes, eu tinha trabalhando na produção de um filme, escrevendo o roteiro. Pensei que o contrato tivesse acabado e eu já tivesse recebido todo o dinheiro que eu ganhara com esse contrato".

Ela falou com a mulher que estava vendendo a harpa e disse que ela sentia muito, mas não conseguiria comprar a harpa. No dia seguinte, Marissa recebeu um telefonema da empresa de produção.

"Você pegou o cheque?", perguntaram.

"Que cheque?", ela respondeu.

"Queira nos desculpar", disseram eles, "mas parece que nos atrasamos ao enviar o cheque. Ainda lhe devemos. É um cheque. De 2 mil dólares."

Foi quando Marissa soube que deveria tocar harpa. Ela disse, "O mais estranho era que eu não tinha nenhuma intenção ou pretensão com relação a esse instrumento. Era só que a vibração era forte demais".

Então Marissa comprou a harpa e colocou-a na sala de estar. Olhava fixamente para o instrumento todos os dias. Ela não tinha nenhuma técnica ou planos, nem metas nem pretensão com relação à harpa. Durante semanas ficava até tarde na frente do computador, pesquisando sobre harpas no Google. Uma noite, ela digitou "harpa" na barra da ferramenta de busca e o último título na tela era "tanatologia musical" – tocar harpa para pessoas à beira da morte.

Marissa leu a expressão três vezes para se certificar de que estava lendo as palavras corretas, e depois clicou na página da web. Ela foi levada para um artigo sobre uma terapia musical muito específica, que usa a harpa para confortar pacientes no final da vida. "Eu caí no choro e tudo passou a fazer sentido", contou ela.

*

Marissa não tinha dinheiro para passar meses aprendendo tanatologia com harpa, mas, sempre que precisava de dinheiro, o dinheiro aparecia. "Eu tive muita sorte", disse ela, "porque de algum modo recebi a restituição do imposto de renda". Ela não só recebeu um cheque, mas na quantia exata de que precisava para um curso intensivo de harpa.

Antes de Marissa fazer inscrição no curso de harpa para pessoas no leito de morte, ela telefonou para uma clínica que oferecia cuidados paliativos e perguntou se poderia ir lá uma vez por semana para tocar harpa. Ela gastou os últimos 25 dólares que tinha no banco para ir de carro até a clínica, dizendo a si mesma: "Isso é loucura. Não tenho dinheiro. Comprei um instrumento muito caro e nem tenho certeza de que posso fazer isso".

Mas, no momento em que ela entrou na clínica, sentiu o amor incondicional – o mesmo amor que sentiu durante a EQM.

"Foi como ir para casa", disse ela. "Como se alguém estivesse comigo para fazer aquele trabalho. Foi uma intuição muito forte, você sabe que não está sozinho. Eu sabia que era o início de uma missão, uma jornada muito importante. Eu sabia que iria fazer aquilo, mas que seria ajudada ao longo do caminho."

Quando Marissa começou a fazer aulas de harpa, a primeira coisa que sua professora disse na aula foi: "Este trabalho tem tudo a ver com simplicidade".

Quando ouviu isso, Marissa soube que estava no lugar certo, fazendo o certo, servindo à causa certa. "Tenho a sensação de que é uma das coisas mais importantes que já fiz na vida. É maior do que eu. É mais universal. É maior do que a harpa."

Marissa e eu fizemos planos para uma consulta na semana seguinte. Ela tinha muitas perguntas sobre sua experiência e sobre outras experiências, não de EQM, pelas quais passara desde que voltara da EQM, quando era tirada do corpo e lhe mostravam coisas que ela não entendia e a assustavam.

A consulta de Marissa

Eu me sentei à mesa do meu escritório, ajustei as persianas da sala e digitei o número de Marissa no Skype. Ela respondeu ao primeiro sinal, e um rosto jovem, com longos cabelos escuros, apareceu na tela.

Depois de alguns minutos acertando o volume, perguntei se ela estava pronta e ela acenou com a cabeça para indicar que sim.

Começamos pela aura de Marissa. Ela se parecia com a aura de outras pessoas que tinham passado pela EQM? Diáfana, fina e cheia de luz?

Quando observei a aura de Marissa, percebi que Marissa tinha viajado – tinha estado no plano espiritual. Por meu intermédio, veio a seguinte informação:

Sua aura é completamente una com o universo. Seu corpo físico foi substituído pela fonte universal do Todo. A EQM foi uma maneira de ser transportada do nosso mundo para esse mundo superior, de ascensão infinita.

Marissa assentiu e pediu mais informações. Eu a ouvi digitar no seu computador enquanto continuava.

Para você e para outras pessoas, a EQM é como ter uma conexão tênue com o plano espiritual e depois passar a ficar completamente conectado a todas as experiências que não conseguirmos ter no plano terreno. Claro que qualquer um gostaria de retornar para esse reino. Você viajou para um reino que não é terreno nem é a vida após a morte.

Marissa estava preocupada em saber se estava cumprindo sua missão. Ela foi direta em sua pergunta: "O que é esperado que eu faça no plano terreno?"

Durante a consulta de Marissa, assim como aconteceu durante a consulta de Lynnclaire (ver Capítulo 12), ouvi um som agudo e de alta intensidade vindo do computador. Eu olhava para a esquerda. Olhava para a direita. Tentava ignorá-lo e continuar. Estava descobrindo que a interferência elétrica era comum em todos os meus encontros com as pessoas que tinham passado pela EQM.

A missão de Marissa é irradiar amor e consciência universal a todos que ela encontra. Ela foi intuitivamente guiada para a harpa e, por meio dela, as respostas lhe foram reveladas. Todas as pessoas que passaram pela experiência de quase morte procuram a vibração da EQQ na terra, para voltar a encontrar o caminho para esse reino etéreo e se reconectar com ele. A harpa é a maneira de Marissa de se conectar com sua missão.

Marissa era comunicadora em sua vida como produtora/ diretora/roteirista. Agora, ela também está se comunicando, mas num nível superior, e esse é, para ela, um caminho muito mais significativo.

"Que amor é aquele que encontrei?", Marissa perguntou. "O que senti foi diferente de tudo que já experimentei."

Respirei fundo e ouvi.

Quando estamos livres do nosso corpo físico, existimos como energia perfeita. Aqui, no plano terreno, chamamos essa perfeição de amor. Ela existe em todos, é benevolente e não julga. É a forma mais pura do Todo. Embora possa se tratar de outra propriedade, chamamos isso de amor.

"Por que me disseram que a resposta era simplicidade?", perguntou Marissa. "Por que me transmitiram essa mensagem?"

Se há uma coisa que existe em todas as dimensões e no entanto – ao mesmo tempo – numa única dimensão, é o amor. Ele é a própria simplicidade. Contém tudo. É a única coisa que contém tudo. É disso que se trata a simplicidade.

Ela interrompeu essa explicação com uma pergunta. "Por que tenho a sensação de que a realidade da EQM era mais real do que a realidade do plano terreno?", ela perguntou.

Essa é uma pergunta que vem à tona repetidamente em todas as consultas com pessoas que passaram pela EQM.

A EQM é a porta de entrada para o plano espiritual e o infinito. No plano terreno não podemos compreender isso porque não temos um contexto para o infinito. Tendemos a ver a EQM do prisma do nosso mundo físico.

Olhei para Marissa. Ela estava sorrindo e balançando a cabeça. Continuei a ouvir e a retransmitir a informação.

A consciência é a única realidade verdadeira. Ela é pura e completa. Contém todos os universos e tudo o que já existiu e tem potencial para existir. Essa é a verdadeira realidade. Aqui na Terra definimos a realidade como o que podemos ver ou sentir ou tocar, através dos nossos sentidos. Mas os corpos físicos na terra são apenas uma dimensão, uma dimensão limitada. Se você comparar essa única dimensão com tudo o que já existiu, perceberá a diferença entre a nossa percepção do que é real e o que é realmente real.

Marissa concordou com a cabeça. "O que era aquele vácuo de amor que senti?, ela perguntou enquanto eu verificava se o gravador ainda estava gravando.

Ao deixar nosso corpo físico para trás, deixamos para trás também o trauma terrestre e os sentimentos ligados aos nossos sentidos terrenos. Somente quando deixamos para trás essas emoções estamos realmente livres para experimentar o que não nos pesa – a criação e o entendimento infinitos –, o que equivale ao êxtase.

"Por que eu não queria voltar para a Terra?", perguntou ela. "Aquela foi a experiência mais perfeita que já vivi e eu não queria ir embora!"

Assim que deixamos o corpo físico, estamos seguros nas mãos do universo. Somos totalmente envolvidos pelo Todo universal. Além do nosso corpo físico, esquecemos nosso trauma terrestre e sentimos paz perfeita e bem-aventurança.

"Isso é lindo!", exclamou Marissa, sorrindo.

Viagem para reinos desconhecidos

Como outras pessoas que vivenciaram a EQM, Marissa me contou sobre seus estranhos sonhos e conexões com outros seres numa realidade alternativa, que às vezes ela visita durante o sono. Algumas vezes as pessoas me contam, com vergonha e constrangimento, sobre momentos em que foram levadas para outros reinos, muito longínquos, para encontrar criaturas e seres assustadores e indecifráveis.

Foi assim que o plano espiritual nos explicou sobre isso:

Como outras pessoas que passaram pela EQM, Marissa voltou ao plano terreno com uma energia diferente impregnada em seu ser. Ela agora é como um rádio transistor, sintonizado simultaneamente em duas estações que não se comunicam entre si. Nesse caso, eles estão usando Marissa como uma conexão. Ela pediu minha ajuda com isso e com os reinos que lhe são mostrados e para onde ela é levada, mas eu disse que não sabia como ajudar. Eu disse a ela que outros que vivenciaram esse mesmo fenômeno angustiante podem se sentir desconfortáveis com relação a isso, mas reconhecem o que está acontecendo e isso parece aliviar a ansiedade.

A EQM é a porta de entrada para o infinito, uma conexão com todos e com tudo. A experiência é tão vasta que mexe com a nossa imaginação, mesmo a minha, embora eu já tenha me acostumado com os relatos, as experiências sobrenaturais, as mudanças chocantes. Esse era um domínio ao qual, por um lado, estava me tornando imune, mas que, ao mesmo tempo, me fazia reconhecer nossa ignorância infinita e, ao mesmo tempo, a conexão entre nós, as outras pessoas e o universo.

Tanto Marissa quanto eu gravamos a consulta. Nesse ponto da nossa conversa, ela fez outras perguntas sobre a família, sua saúde e sua adaptação à EQM. Como outros com quem conversei, Marissa me contou que ela tinha sofrido abuso quando criança. Embora estivesse aprendendo sobre o perdão por meio da EQM, ainda não tinha conseguido perdoar. Mas estava muito grata pela consulta e disse que a ajudara. Ela se sentia isolada e tinha muitas perguntas, e a consulta lhe dera algumas respostas. Por causa da sua profissão anterior na área de comunicação, ela sabia instintivamente quais informações poderiam ser importantes para mim e para a história dela. Essa habilidade ajudou em todo o processo.

Depois da consulta, desliguei meu laptop, apaguei as luzes, fechei a porta atrás de mim e fui caminhar, para integrar o que eu gostaria de aprender e me purificar das energias residuais da consulta.

O som e a vibração da harpa

A harpa, o instrumento que Marissa foi orientada a tocar, sempre foi tema de muitas lendas, talvez por causa de seu feito poderoso, capaz de transportar o ouvinte para um estado elevado de consciência. A música de orquestra atual emprega a harpa moderna para dar um tom celestial à peça musical. Não surpreende que, em todas as culturas, a harpa apareça como um símbolo proeminente da vida após a morte.

As harpas fazem parte da antiga família dos instrumentos de corda, em que o som é produzido a partir das vibrações das cordas. Esse instrumento contém elementos tanto de som quanto de vibração, e a vibração é decisiva para a produção do som da harpa, razão por que Marissa escolheu esse instrumento para iniciar sua missão.

A vibração gerada pela harpa pode atingir e aumentar a consciência de modo único entre os instrumentos musicais, mesmo entre aqueles que examinamos ao comentar sobre a música de Lyla (ver Capítulo 7) e outros instrumentos com cordas mais grossas, que vibram mais devagar e numa frequência menor.

Vamos examinar como funciona a harpa: a harpa de Marissa envia um sinal ao corpo para criar uma vibração suave mas poderosa, um estado de bem-aventurança. O timbre sereno da harpa pode produzir sons reverberantes que se conectam com o corpo através de nossos centros energéticos. O tamanho grande da harpa permite que ela produza uma vibração única. Ela é capaz de fornecer um som que nos une e conecta a todos.

Como outras pessoas que vivenciaram a EQM (Lynnclaire [ver Capítulo 11], Dan [ver Capítulo 6] e Bob [ver o Capítulo 6]), o dom de Marissa remete a tempos antigos. As primeiras harpas e liras remontam à Suméria de 3500 a.C. e se originaram na Mesopotâmia, assim como a Geometria Sagrada, a matemática e outras ciências antigas relacionadas às EQMs e seus efeitos colaterais. As origens das harpas, portanto, são antigas e remontam ao primeiro milênio.

A harpa foi descrita como um poderoso indutor de estados corporais, com a suposta capacidade de induzir o sono. De acordo com os druidas, esse instrumento é capaz de atravessar o limiar entre os mundos. Na verdade, ela é um poderoso símbolo do estado transcendente da EQM.

Vamos agora examinar outro efeito colateral estranho, que vai além do nosso mundo tridimensional. Estou me referindo a Mark Jacoby e a sua incomum capacidade elétrica.

13

Mark Jacoby e sua Transformação Fisiológica: Sensibilidade Eletromagnética

> "Se a presença da eletricidade pode ser visível em qualquer parte do circuito, não vejo por que a inteligência não possa ser transmitida instantaneamente pela eletricidade."
> – Samuel Morse

Eu estava no avião, contemplando os campos cultivados no solo abaixo, na minha terceira viagem daquele ano para Tucson. Dessa vez, estava indo para a conferência "Ciência da Consciência", na Universidade do Arizona.

Eu fazia uma retrospectiva das minhas visitas anteriores a Tucson. Houve o meu primeiro relator da EQM, o mergulhador que se afogou e contou sua história na reunião local da filial da IANDS, vários anos antes. Houve Lyla (ver Capítulo 7) e depois Dan Rhema (ver o Capítulo 6) e sua conexão com Tucson. A Universidade do Arizona e seu trabalho no campo da consciência.

Pensei no xamã em Santa Fé e me lembrei da cidade que vi na minha jornada com o xamã – a cidade que estava iluminada como uma maquete. De repente, percebi: era Tucson. Um lugar que visitei muitas vezes. Um lugar onde o círculo se abrira e agora começava a se fechar.

Na semana anterior, Mark Jacoby tinha entrado em contato comigo. Mark é conhecido como "o homem que fala com as máquinas". Sim, isso parece impossível, mas a história de Mark é verdadeira. Peguei uma pasta na minha bolsa, debaixo do meu assento, e verifiquei minhas anotações sobre Mark.

Mark havia me ligado uma noite para dizer que tinha sonhado comigo na noite anterior. Ele sabia que eu lhe telefonaria, disse, e ele queria fazer contato.

Mark Jacoby constrói, projeta e opera redes de armazenamento em disco de fibra ótica. Muito do que ele faz é confidencial. Ele começou sua carreira no serviço militar, em contramedidas de ataque eletrônico usadas na guerra. Trabalhou com grandes máquinas secretas que tornavam aviões invisíveis. Hoje, Mark trabalha na maior rede de armazenamento no mundo.

Depois de conversarmos sobre a experiência dele e a pesquisa que eu estava fazendo, Mark e eu combinamos de nos falar na terça-feira seguinte. Liguei para Mark no dia combinado e ele atendeu imediatamente. Eu o ouvi mexendo em papéis ao fundo. "Desculpe", disse. "Estou tentando ajudar meu filho com algo".

Tomei um gole de chá e esperei. Olhei para Mark na tela do meu computador, um homem de cabelos castanhos, na casa dos 40 anos, com um semblante preocupado. Logo, ele tirou o cabelo do rosto e começou a me contar sua história.

A EQM de Mark

"Não estou tentando convencer ninguém de nada. Estou simplesmente transmitindo uma experiência", ele explicou.

Mark tinha apenas 17 anos quando teve sua EQM, na qual fez uma viagem incrível pelos meandros do universo.

No dia 17 de dezembro de 1979, caiu muita neve em Lake Tahoe. Mark Jacoby era aluno do terceiro ano no ensino secundário quando ele e um amigo decidiram ouvir o último álbum de Pink Floyd na casa do lago de seu amigo. "Meu amigo tinha um Jeep novo e pneus de neve muitos bons, mas a nevasca estava intensa. As máquinas de remover neve não davam conta e as estradas rapidamente ficavam lisas e escorregadias", contou ele.

Mark e o amigo fizeram a viagem com segurança até o condomínio do amigo e passaram a hora do almoço conversando e ouvindo música. Enquanto isso, o clima piorou e, quando voltaram para a escola após o almoço, o amigo de Mark perdeu o controle do carro.

"O jipe acelerou e derrapou, saindo completamente do controle", disse Mark. "Nós fomos na direção de um poste telefônico. Mas eu estava achando que só iríamos ficar presos na neve e ter de cavar."

Mark fez uma pausa, depois continuou sua história: "Meu amigo foi atirado para fora do carro e caiu num banco de neve e eu fui lançado para o lado do motorista. Meu peito bateu no volante e dobrou-o ao meio. Minha última lembrança foi um som alto, acompanhado de um breve *flash* de luz".

Quando Mark acordou, todo o corpo dele estava formigando. Ele ouvia um assobio nos ouvidos e estava com dificuldade para respirar. Falar era mais difícil ainda. Ele desmaiou.

Ele voltou a si quando a polícia rodoviária chegou e começou a fazer perguntas. "A essa altura eu já não consegui mais respirar e só conseguia me comunicar por meio de sussurros. Eu me identifiquei e disse que tínhamos caído do jipe, mas ele não conseguiu me ouvir."

Mark foi levado para uma casa nas proximidades e cortaram sua camisa para examinar os ferimentos.

"Eu tentei olhar para o meu corpo machucado, mas comecei a sentir como se não estivesse olhando para o meu próprio corpo. O ar parecia difuso, como se eu pudesse ver as moléculas. Minha perspectiva mudou e eu passei a olhar de cima para os paramédicos.

"Continuei a me distanciar, como se tivesse sido sugado por algum tipo de vácuo. Voltei minha visão para o sofá e vi meu corpo deitado abaixo de mim."

Mark estava consciente de que algo estranho estava acontecendo. Os paramédicos sabiam que ele tinha parado de respirar.

"Eu não acho que soubesse que estava morrendo. Mas sabia que era grave. Quando percebi que não estava no meu corpo, senti um momento de pânico. Então percebi que estava sendo atraído, tornando-me parte de outra coisa. As pessoas na sala pareciam ter uma silhueta traçada com um lápis de luz. O ar adquiriu um matiz roxo, como se as moléculas fossem translúcidas. Eu podia sentir a neve caindo enquanto flutuava para cima.

"Eu conhecia aquele lugar. Era familiar. Parecia que eu estava em casa. Lembro-me de sentir como se um tremendo fardo tivesse sido retirado de mim. Eu me lembro bem de um sentimento de amor. Um amor mais profundo do que jamais experimentei. Que parecia emanar de todos os pontos e de mim também. E um senso de pertencer àquele lugar. Esse foi o momento mais tranquilo e pacífico da minha vida."

Fizemos uma breve pausa e perguntei, "Havia algum membro da sua família com você?

"Eu podia sentir a presença de outra pessoa. Aceitação e compreensão de todos os meus sentimentos eram compartilhados instantaneamente por esse ser, que me amava incondicionalmente. Então veio uma voz. Não posso dizer se foi Deus, meu guia espiritual, Jesus ou algum parente. Eu não estava preocupado com os rótulos e hoje vejo a verdade em muitos tópicos. Posso dizer que essa voz e eu estávamos juntos de uma maneira profunda."

"Você passou por uma revisão de vida?", perguntei.

"A voz me fez muitas perguntas ao mesmo tempo. 'Você quer pôr um fim à vida? Não quer terminar o trabalho que veio fazer? Quer que os seus entes queridos passem por essa dor?' Todas essas perguntas foram feitas num único instante. Eu podia sentir muitos pensamentos, mesmo de pessoas que não conhecia, pessoas que liam a notícia ou ouviam isso no rádio. De alguma maneira, eu podia sentir todas as repercussões da minha morte ao mesmo tempo. Lembro-me de pensar em minha mãe e em partes da minha vida, tudo num único *flash*. Minha lembrança é a de que a escolha era minha. Para cada versão da pergunta, sentia os sentimentos e repercussões da minha decisão."

Nesse ponto, Mark se desviou da narrativa. "Eu preciso falar sobre a minha criação", ele disse. "Fui adotado quando era bebê e me tornei uma criança problemática. Agredia as outras crianças, usava drogas e álcool, tirava notas ruins, praticava vandalismo. Todas essas ações eu revivi em poucos segundos, com os meus próprios sentimentos e os das pessoas envolvidas. Mas o sentimento mais profundo estava relacionado a como minha mãe se sentiria ao ouvir sobre a minha morte. Ela sentiria uma grande dor, mas misturada com o sentimento de quanto problema eu tinha causado. Tive a sensação de que seria uma tragédia terminar esta vida sem realmente ter feito nada de bom. Em algum lugar sob essa sensação de tristeza havia uma sensação de dever e de um trabalho que deveria ser feito."

Missão. Lá estava novamente – a sensação de um propósito. Esse tema tinha vindo à tona com Lewis (ver Capítulo 4), Bob (ver Capítulo 6), Dan (ver Capítulo 6), Lynnclaire (ver Capítulo 11), Marissa (ver Capítulo 12) e outros.

A Mark foi dada a oportunidade de escolher: ficar ou voltar?

Ele disse: "Minha resposta foi fazer uma pergunta: 'Se eu voltar, poderei voltar para cá depois? Será sempre assim?' A resposta foi imediata. O resultado, instantâneo. Havia uma máscara de oxigênio no meu rosto e eu estava lutando para acordar".

"Prognóstico médico? Eu tinha sido esmagado entre um jipe e um poste telefônico. Tinha um trauma considerável, costelas fraturadas, ossos quebrados e hemorragia interna, uma possível aorta lesionada e meu pulmão direito tinha sido perfurado."

Percebi que estava segurando o fôlego. Expirei e inspirei normalmente.

"O que aconteceu depois?", perguntei.

"A experiência me transformou profundamente. Durante anos, não falei sobre ela, por medo do ridículo, e porque era muito pessoal. Mas agora, não me importo se alguém acredita em mim."

Habilidades aperfeiçoadas

Mark retornou com vários efeitos colaterais fisiológicos, o mais pronunciado deles sua habilidade para se conectar eletronicamente com máquinas.

Mark disse que a relação entre ele e as máquinas começou no hospital, logo após o acidente: "Aconteceu imediatamente. Eu podia sentir e perceber os campos eletromagnéticos associados aos fios, ao controle remoto e aos aparelhos no quarto de hospital. Posso afetar a operação das máquinas, sentir os aparelhos eletrônicos e o fluxo de elétrons. No hospital após o acidente, parei as batidas do meu coração com a força do pensamento".

"Como você fez isso?", perguntei, imaginando luzes piscando e alarmes sendo acionados no seu quarto de hospital.

"Eu queria que você visse a cara da enfermeira!", disse Mark. "Foi quase como se eu tivesse visto o interior da máquina para saber como ela funcionava. O jeito foi desligar a máquina parando de mandar a ela o sinal. Então desliguei meu coração."

Fiz uma pausa. Então, Mark podia interromper o fluxo da corrente elétrica como um interruptor de circuito humano? Que estranha capacidade eletrônica é essa que Mark possuía?

"Eu posso olhar uma máquina e quase sentir se os componentes estão quebrados", diz ele. "É uma sensação física."

Ken também tem a sensação da luz e da eletricidade como uma pressão (ver Capítulo 10). Outras pessoas que passaram por EQMs também têm sensibilidade eletrônica, embora não como como Mark, que é um caso extremo.

Mark diz que sua sensibilidade a outros "fenômenos" definitivamente aumenta e diminui em ciclos; de influências cósmicas e flutuações magnéticas terra/sol, todo fenômeno que exerce uma atração na energia.

Perguntei se Mark podia "desativar" sua sensibilidade às máquinas segundo sua vontade.

"Agora, sim", disse ele, "mas demorou algum tempo antes de eu conseguir impedir que esse campo com o qual interajo interferisse no meu trabalho e na minha vida. É um pouco como lidar com uma criança. A mesma mão que alimenta e troca fraldas também pode deslocar ossos."

Eu queria analisar os efeitos posteriores de Mark mais de perto. Nós providenciamos para que pudéssemos conversar em alguns dias. O que a consulta de Mark nos informaria sobre as suas brilhantes capacidades?

A CONSULTA DE MARK

Uma semana depois, pouco depois das três da tarde, disquei para Mark pelo Skype. Eu me perguntava como seria a consulta, tendo em vista a profundidade da sua EQM.

Ouvi um ruído alto ao fundo quando Mark atendeu, e demorei um segundo para perceber que era o som de um trovão.

"Está pronto?", perguntei a Mark depois dos ajustes preliminares do som e do volume. Ele disse que sim. Quando o observei pela tela do computador, percebi que sua aura, como a de outras pessoas que passaram pela quase morte, era de um branco puríssimo. O plano espiritual o protegia. Eis o que veio a mim:

A sua aura é extremamente brilhante, repleta de luz branca, como se eu estivesse olhando para uma lâmpada de um milhão de watts. É a luz do plano espiritual.

Mark estava curioso para saber sobre seus efeitos colaterais, e perguntou: "O que causou esses efeitos colaterais na minha EQM?"

O que o plano espiritual me mostrou foi o seguinte:

A EQM de Mark e os efeitos colaterais se desenvolveram ao mesmo tempo, quando ele voltou. Eu vi símbolos do fluxo de elétrons e a intensificação de habilidades que se tornaram mais complexas e substanciais depois da EQM. Quando Mark "deu à luz" sua EQM no plano terreno, ela se tornou uma coisa viva.

Observei Mark pelo canto de olho e notei que ele estava ouvindo. "Está tudo bem?", perguntei, querendo saber o que ele estava achando da consulta.

"Sim", ele respondeu.

"Como explicamos o que aconteceu com Mark na sua EQM?", perguntamos.

Mark é como uma placa de circuito sofisticado ou uma antena programada para um canal único. Sua antena é capaz de sintonizar outras frequências e lhe conferir acesso a todos os aspectos do universo. Sua energia é universal e transcende nosso plano terrestre.

A astrofísica confirma que o nosso universo é cheio de energia. Descargas radiativas do espaço sideral são reportadas como raios de energia cósmica de alta intensidade que influenciam a atmosfera da Terra. Mark, em essência, é capaz de se comunicar com esses rádios de alta intensidade.

Mark vive num espaço difícil. Tenho calafrios quando penso em todas as pessoas que conheci que também ocuparam esse espaço. Na consulta de Mark, fui levada a esse reino distante. E, nessa consulta, fui além do que jamais tinha ido em outras consultas e transmiti essa informação a ele.

Mark cruzou o espaço e o universo. Ele é extremamente complexo, um corpo universal de energia multidimensional, que existe num reino elevado do tempo e espaço infinitos.

Mostraram-me um quadro do tempo e do universo, combinado com outros conceitos do universo que representavam os dons de Mark.

O que Mark tem a dizer sobre isso? Como é viver com essa capacidade?

Ele bebeu todo o copo de água antes de me responder. "Vivo muito isolado na maior parte do tempo", disse ele.

Eu me "desconectei" para lhe dizer que a maioria das pessoas que passaram pela EQM parece compartilhar essa sensação de isolamento. Então me concentrei novamente.

"Como Mark pode se comunicar com as máquinas?", perguntamos.

O corpo inteiro de Mark é um componente altamente desenvolvido e sensível, programado com uma frequência e calibrado com um canal não terrestre.

Mark é, na verdade, um sensitivo cibernético. Ele retornou da sua EQM com dons eletrônicos poderosos, dons com que o nosso organismo não está equipado para lidar. Enquanto o resto de nós tem de ativar manualmente um interruptor para que as lâmpadas de uma sala se acendam, Mark é como um *ciborg* humano. Não há sistema na terra que possa classificá-lo em sua existência dupla.

Como outras pessoas que vivenciaram a EQM, Mark estava lutando para se adaptar à sua nova realidade, então perguntei: "Por que Mark? Por que ele se tornou um candidato à EQM?"

Mostraram-me um carro que atravessava uma estrada cheia de buracos. Sem fazer nenhum progresso. Apenas entrava e saía dos buracos. Então, o plano espiritual disse:

Mark foi identificado como uma matéria-prima, se conseguíssemos simplesmente reconfigurá-lo. Ajustá-lo para outras opções e possibilidades, para que ele evoluísse.

Mark queria saber sobre o sentimento de amor que ele sentiu: o que ou quem emanou do Todo? "O que era aquilo?", ele perguntou.

Era o Todo que a tudo abrange. Todos os planetas, todas as constelações, todas as estrelas. Todos nós. Todos os universos e tudo o que vai além do infinito. Agora, duplique ou triplique isso.

Mark também perguntou sobre a presença do ser durante sua EQM. "Quem era aquele ser?"

Quando Mark conheceu o Outro – o Outro que ele sentiu que já conhecia –, essa informação já estava incorporada e existia dentro dele. Mark já tinha conhecido a todos, sabia tudo, antes desse momento. Mark tinha uma pequena parcela de tudo o que já existiu, que já tinha sido pensado, dentro da consciência. Antes daquele momento, Mark nunca tinha tido a oportunidade de ficar cara a cara com qualquer coisa que não fosse o seu receptáculo terrestre. No entanto, durante a sua EQM, Mark conseguiu acessar a consciência universal. Para Mark, foi como conhecer uma parte de si mesmo que estava lá o tempo todo.

Muitas pessoas que passaram por uma EQM dizem que receberam informações em sua jornada, mas não se lembraram de tudo quando retornaram. Mark, assim como Marissa e Ken e Lynnclaire, sentiu como se tivessem lhe mostrado o universo e um grande conhecimento, mas não se lembrava de tudo.

"Mark só conseguiu retornar com uma parte desse conhecimento. Assim como foi, ele voltou para um corpo físico com um grande trauma. Havia um limite para o que ele conseguiria apreender. O universo só lhe concedeu aquilo com que ele conseguiria retornar."

Eu vi Mark sorrir antes de continuar. "O que causou o som de assobio que eu ouvi enquanto flutuava no teto?", ele perguntou.

Sua consciência estava deslizando para fora do corpo, indo para outro reino. Não estamos acostumados a esse som na Terra, mas nós chamamos isso de silvo ou zumbido.

Mark franziu a testa. "Eu conseguia ver e sentir átomos no ar durante a EQM. Como isso era possível?"

Sua consciência é permeável. Ela seguiu diretamente para esses átomos e moléculas e foi capaz de compreendê-los e reconhecê-los como uma forma de matéria irreconhecível para nós. Nesse estado, você conseguia se fundir com as unidades mais diminutas do universo.

Mark consegue "desligar" sua sensibilidade elétrica agora, mas levou anos para que ele conseguisse fazer com que o campo com o qual interage não interferisse no seu trabalho e na sua vida.

Mark e eu conversamos por mais alguns minutos sobre a consulta, e então ele balançou a cabeça e disse: "Você chegou muito perto", referindo-se ao que eu tinha visto naquela consulta.

"*Muito* perto", repeti para mim mesma em voz baixa. Então acrescentei: "Não sou eu", disse. "Eu sou apenas uma facilitadora. O plano espiritual me mostra o que quer que eu veja e então eu transmito a você."

Eu sou apenas um canal, alguém que é usado para transmitir informações. A informação geralmente não "fica" comigo. Ela vem e eu escuto atentamente, para que possa transmiti-la, da melhor maneira possível, à pessoa que está sentada à minha frente. Para quem estou fazendo a consulta. Eu trago a energia e procuro as respostas e depois as transmito. Isso é tudo o que eu faço.

A consulta de Mark foi um pouco diferente porque eu senti e vi que ele tinha passado grande parte da sua experiência "lá fora". Isso tornou sua consulta mais complexa e adicionou informações sobre o Cosmos e o universo, algo que não aconteceu em outras consultas.

Mark foi mais longe do que outros? Ele certamente teve uma experiência complicada e eu fui levada para lá com ele. Tudo o que aconteceu com Mark foi profundo, vasto demais para que entendêssemos tudo.

Sensibilidade eletromagnética

> "A matéria elétrica consiste em partículas extremamente sutis, uma vez que pode permear a matéria comum, até mesmo o mais denso dos metais, com facilidade e liberdade, pois não recebe nenhuma resistência perceptível."
> – Benjamin Franklin

Verifiquei meus registros, para observar a frequência da sensibilidade elétrica. Lembrei-me do homem que quebrou a máquina de vender ingressos do cinema, a mulher que causou o mau funcionamento do caixa eletrônico e a pessoa que causou uma pane na cancela do estacionamento. Pensei nos efeitos colaterais de Mark e nos componentes de energia – pelo menos o que eu sabia sobre energia. Somos todos seres feitos de energia. Todos nós temos frequências.

Agora, os cientistas aceitam amplamente que as interações eletromagnéticas são fundamentais para o funcionamento do tecido biológico. Somos todos seres feitos de energia, com frequências que governam nossas atividades e, na Terra, operamos em baixas frequências elétricas. No entanto, as pessoas que passaram por EQMs parecem retornar com uma energia de alta frequência única – uma energia que não só interfere no equipamento estacionário comum, mas colabora com um plano mais elevado. Nós não sabemos que energia é essa, mas sabemos que ela interage com nosso campo eletromagnético.

Essa energia pertence a reinos que não são lineares, planos muito distantes do nosso mundo tridimensional. Somos parte de um todo muito vasto, que nem sequer podemos contemplar. Atualmente, nem os cientistas entendem ou têm um arcabouço conceitual para entender essa energia. Esse reino energético está tão além de nós, em evolução e funcionamento, que escapa às nossas explicações convencionais.

Os efeitos colaterais elétricos de Mark são específicos. No entanto, muitos dos que passaram pela EQM têm efeitos colaterais de teor elétrico: lâmpadas de rua que se apagam quando passam, computadores que funcionam mal, falhas em celulares e outros aparelhos. Essas pessoas têm uma carga elétrica, e muitas conduzem eletricidade numa frequência muito maior depois da EQM.

Até a presente data as pesquisas sobre a sensibilidade elétrica das pessoas que vivenciaram uma EQM são limitadas. Jan Holden, um pesquisador da Universidade do Texas, facilitou os estudos sobre a sensibilidade elétrica. Sua pesquisa indica que a sensibilidade eletrônica está ligada à profundidade da EQM, conforme medida pela escala Greyson. (Ver apêndice A.)

O problema com essa hipótese é que muitas pessoas que nunca passaram por uma EQM também são eletricamente sensíveis. Outras que não se lembram da sua EQM também são eletricamente sensíveis. E algumas com pontuações altas na escala de Greyson não têm nenhuma sensibilidade elétrica. Isso sugere que a sensibilidade elétrica não está ligada a uma escala, mas sim a experiências noéticas e eventos elétricos, incluindo qualquer coisa, da meditação a ataques cardíacos ou provocados pela queda de raios.

Uma vez que entendamos o domínio energético para o qual essas pessoas viajam, o fato de pessoas como Mark Jacoby retornarem com sensibilidade elétrica, grande ou pequena, não deveria ser nenhuma surpresa. Eu vi um pouco disso – vislumbres desses estranhos universos e reinos tão diferentes do nosso plano terreno que, em comparação, o fazem parecer limitado.

Parei e olhei para cima, quando o piloto anunciou que aterrissaríamos em Tucson em breve. Sob a luz fraca, consultei o relógio e fechei a minha pasta de anotações sobre Mark Jacoby. Duas horas tinham se passado e o mistério da EQM ainda era indecifrável, enquanto eu contemplava o pôr do sol nas montanhas Catalina.

14

Mary Ann Mernaugh e sua Transformação Cognitiva: QI mais Elevado

> "Nossa mente é capaz de transpor a linha divisória que traçamos para ela."
> – Hermann Hesse

Verifiquei a minha lista de e-mails e notei um que dizia: "Entre em contato comigo. Passei a ter um QI muito mais elevado depois da minha EQM, anos atrás". Estava assinado "Mary Ann Mernaugh, Laguna Beach, Califórnia".

Eu respondi a Mary Ann e, no dia seguinte, ela me enviou outro e-mail.

Mary Ann era uma das muitas pessoas que conheci cuja vida tinha virado de cabeça para baixo depois da EQM. Sua experiência levou-a a trilhar um caminho completamente diferente, influenciou seus relacionamentos, sua carreira, sua missão e todas as suas crenças.

A experiência de quase morte de Mary Ann ocorreu em 1969, antes que 13 milhões de americanos admitissem ter passado por essa experiência sobrenatural e antes que o termo "EQM" fosse cunhado por Raymond Moody. A mídia e Hollywood ainda não aproveitavam a ideia de uma experiência de quase morte para "glamorizarem-na" como um espetáculo impressionante e divertido para encantar o público.

Mary Ann contou:

"Eu tinha 26 anos na época da minha EQM e estava dando à luz meu primeiro filho. Quando me deitei na mesa de parto, comecei a atravessar rapidamente um túnel. Eu me lembro de pensar, 'Oh, meu Deus! Estou morrendo!'. Vi uma luz brilhante à distância e então tudo ficou preto. Quando acordei, pensei que estava morta e no céu. Eu me sentia maravilhosa. Tranquila e animada. Alguém entrou no quarto e minha bolha estourou. Percebi que estava viva".

A EQM de Mary Ann foi tão real quanto qualquer experiência que já tinha tido – mais ainda, segundo ela. Como ela lembra, não havia nenhuma atmosfera de sonho, e continua a ser uma lembrança muito viva e cheia de detalhes memoráveis – uma experiência sensorial completa. Além disso, ela disse: "É algo completamente sem comparação na experiência humana e que está permanentemente impressa na minha mente consciente".

A experiência de quase morte de Mary Ann foi breve, mas ela compartilha o aspecto da sensibilidade elétrica com os outros:

"Tinha um problemão com os aparelhos elétricos. A máquina copiadora do escritório nunca funcionava comigo. Ela fazia todo tipo de maluquice, como alterar suas configurações e se recusar a imprimir. Eu também embaralhava os números quando usava uma calculadora eletrônica de mão."

Mary Ann não sabe muito bem o que aconteceu com ela naquele dia no hospital, mas sua família foi tocada pela tragédia ao ver seu recém-nascido morrendo nove horas após o nascimento.

"Eu não tinha conhecimento, na época, do que significava uma experiência de quase morte. Eu não fazia a menor ideia do que havia acontecido comigo e não conseguia colocar um rótulo naquilo."

"Por pura idiotice, fui à igreja e disse ao padre no confessionário que eu estava sofrendo. Não entendia por que aquilo estava acontecendo comigo. Ele disse que eu merecia que meu filho tivesse morrido porque eu usava um método contraceptivo. Só fui entender que tinha passado por uma EQM sete anos depois, quando li um artigo no jornal de domingo e vi uma imagem do que é hoje conhecido como túnel."

Mary Ann não contou a ninguém sobre a sua experiência até que conheceu uma mulher que a incentivou a falar a respeito. Isso foi muito depois de ela ter passado por várias mudanças na vida e que agora ela sabe que foram resultado da EQM.

"Após a EQM, eu tinha o forte sentimento de que todos tinham um caminho a seguir, uma vocação, uma missão", contou ela. "Não importa o nome que se dê a isso. Eu precisava encontrar essa missão sozinha."

Depois da EQM, Mary Ann constatou que ela tinha de mudar de vida. Estava sem dinheiro, o pai dela tinha falecido recentemente e seu casamento era problemático.

A TRANSFORMAÇÃO DE MARY ANN

Antes da EQM, Mary Ann frequentava a Universidade de Tecnologia de Michigan. "Na graduação, a universidade fazia testes completos em todos os calouros. Meu QI era de 123 pontos, nessa época", disse ela. Estava acima da média.

Mas depois da EQM, Mary Ann começou a notar mudanças dramáticas no seu processo mental.

Ela percebeu que estava pensando de maneira diferente. As coisas pareciam mais nítidas e claras, seu processo de pensamento mais agudo. Ela conseguia fazer contas de cabeça mais rápido, depois da EQM. Maria Ann se lembra de exemplos específicos, como este: "Minha família e eu estávamos assistindo a um espetáculo de patinação artística na TV cuja pontuação era feita com base num sistema de dez pontos com frações. Os juízes compilavam as notas e, em seguida, faziam a média. Eu conseguia compilar as notas e calcular a média antes que o total final fosse publicado na TV. Eu estava deixando minha sobrinha maluca. Ela ficava me perguntando e eu continuava fazendo as contas de cabeça.

"Eu conseguia fazer testes complexos de QI. No curso de pós-graduação, tive uma aula de psicometria. Um dos exercícios era fazer perguntas de acuidade mental a um parceiro até que ele errasse duas questões. Meu parceiro por fim chamou o instrutor e disse: 'Eu não consigo fazer com que ela erre duas perguntas. Simplesmente não conseguimos parar'. O instrutor nos disse para simplesmente pararmos e marcarmos a última pontuação. Por ironia, eu também tinha uma pontuação alta no teste de Pons, que mede a capacidade de decifrar expressões não verbais – rosto, corpo e tom de voz".

Mary Ann tinha evidências tangíveis de que seu QI havia aumentado depois da EQM. Seus processos cognitivos tinham mudado. Ela também testou o seu QI na organização Mensa da sua região e o resultado foi 145 no teste de maturidade mental, o que a incluía no 1 por cento da população. No geral, o QI de Mary Ann aumentou 22 pontos depois da EQM.

Mary Ann passou em dois mestrados com louvor e notas excelentes. Depois de seu primeiro mestrado, ela trabalhou durante doze anos na área de microbiologia, e acabou completando um ano de estágio e dois anos de residência para se tornar uma terapeuta clínica.

Como explicamos a inteligência **aumentada** de Mary Ann? O que ocorreu para que ela adquirisse seus novos poderes?

A consulta de Mary Ann

Mary Ann e eu concordamos em conversar pelo Skype na semana seguinte. Ela estava ansiosa para começarmos nosso trabalho. Acreditava, assim como Mark (ver Capítulo 13) e Marissa (ver Capítulo 12), que descobrira muitas coisas sobre o universo na sua EQM, mas como não se lembrava de todas elas, estava especialmente interessada na nossa consulta. "As coisas estão meio devagar, então será ótimo fazer essa consulta!", disse ela.

Recebi, porém, um e-mail informando que Mary Ann iria passar por uma cirurgia. A consulta foi cancelada. Fiquei desapontada, mas também preocupado com Mary Ann.

Ela entrou em contato comigo alguns meses depois. Disse que já tinha se recuperado da cirurgia e se sentia preparada para seguir em frente, acrescentando: "Nunca vou dizer que as coisas estão meio devagar novamente!"

Uma semana depois, chegou a hora: quase quatro horas da tarde – quase uma hora da tarde na Costa Oeste. Passei um pente no cabelo e coloquei alguns cristais ao lado do computador. Sentei-me à mesa da cozinha e liguei para Mary Ann. Ela já estava on-line, esperando. Quando respondeu, eu me inclinei para frente e me aproximei da tela.

Mary Ann tinha a aparência que eu imaginava: uma mulher de cabelos loiros na altura dos ombros, de rosto jovem, saudável e atraente, toda americana, a cara de Doris Day.

Eu me acalmei e respirei o aroma do incenso de sândalo que eu tinha queimado no início do dia. Senti a tensão fluir para fora do meu corpo à medida que me concentrava. Olhei para a tela e perguntei a Mary Ann se ela estava pronta.

Ela assentiu com a cabeça e começou com um comentário: "Eu sempre senti que muito mais aconteceu na minha EQM, mas minha memória foi bloqueada. Não é estranho? Ao longo dos anos tentei descobrir o que mais era, mas nunca consegui". Ela estava ansiosa para descobrir por que não se lembrava de mais nada e agradecida por ter a oportunidade de explorar essa questão na consulta.

Não era nada tão estranho, como descobrimos. É como se esses indivíduos tivessem incorporado o conhecimento do universo, independentemente da memória ativa. Eles podem não conseguir acessar todas as informações quando retornam para a terra, contudo os eventos estão permanentemente registrados em sua consciência.

Assim como outras pessoas, Mary Ann não conseguia se lembrar de todas as informações que recebeu na sua EQM porque seria simplesmente informação demais quando ela voltasse para a sua vida terrestre. Só ter a experiência já tinha sido mais do que suficiente. Você pode imaginar o que é quase morrer, ver uma luz mais brilhante do que um bilhão de sóis, encontrar parentes falecidos, receber lições de vida e depois descobrir os segredos do universo? O que você faria? Talvez não quisesse mais nenhuma "dádiva" da qual se lembrar.

Como aconteceu com Mark e outros que receberam informações do universo, o conhecimento é cuidadosamente parcelado pelo plano espiritual. Ele só nos dá aquilo com que podemos lidar, seja numa EQM, na nossa vida diária ou em partes da nossa jornada. Embora essas pessoas possam processar tudo no reino invisível da EQM, elas não conseguiriam lidar com isso quando retornassem para casa.

Eu me concentrei, respirei fundo e senti um formigamento na pele. Escutei quando Mary Ann fez a primeira pergunta. "O que aconteceu na minha EQM que transformou a minha vida?", ela perguntou.

Mary Ann foi infundida de luz. Não há nada mais forte do que o poder da luz. Ela é um ímã que redireciona e reorganiza tudo o que encontra. Uma vez implantada num indivíduo, ele nunca mais é o mesmo. Algo que não pertence ao físico agora o permeia, como se um interruptor fosse acionado. E permanecesse acionado.

Como outras pessoas que tinham vivenciado uma EQM, Mary Ann estava em processo de descobrir sua missão. Como resultado dos notáveis efeitos colaterais da EQM, Mary Ann descobriu o chamado da sua vida. No entanto, não se lembra de ter feito nenhum pacto com o plano espiritual. Ela tinha a sensação de que havia uma ordem profunda, e que a experiência tinha afetado sua mente, seu poder e sua capacidade de compreender muitas coisas. No entanto, não conseguia se lembrar de um acordo, uma transação, um arranjo.

Ter uma experiência de quase morte e todos os seus efeitos colaterais é desconcertante e desorientador. Todas as pessoas que a tiveram fazem a mesma pergunta: o que devo fazer com ela? Porque não importa o que você obtenha na EQM, isso não se adapta ao sistema em que vivemos na Terra.

De acordo com Mary Ann, algumas pessoas têm EQM para saber como devem mudar sua vida. "Alguns, como eu, têm essa experiência para ajudá-los a fazer mudanças quânticas", disse ela. "Acredito que haja uma razão espiritual", acrescentou.

Mary Ann tinha muitas outras perguntas pessoais sobre a próxima fase da sua vida, e passamos algum tempo conversando sobre elas. Ao terminarmos, depois de ter estado no reino espiritual, eu precisava sentir a terra, a natureza, as árvores e o céu. Como fiz depois de muitas consultas, calcei meus tênis e saí de casa para caminhar no parque. Essa é uma atividade que me ancora na realidade depois de uma consulta e me ajuda a pensar melhor na minha própria vida.

O QI e a EQM

Por que Mary Ann passou a ter uma inteligência maior? Como ela foi capaz de conseguir um aumento de 22 pontos no seu QI? Se a resposta não pôde ser encontrada em nossa consulta, talvez uma pesquisa pudesse fornecer informações adicionais.

Comecei a examinar o que determina o QI. O QI em si é algo difícil de definir, embora, em poucas palavras, seja a nossa capacidade de raciocinar e entender, e uma medida da nossa habilidade cognitiva. As definições de QI mudaram desde o início dos testes de QI, mas os testes geralmente são confiáveis o suficiente para que se tenha uma semelhança na pontuação ao longo da vida. No entanto, ao contrário da maioria de nós, as pontuações de Mary Ann não permaneceram constantes. Depois da EQM, a pontuação de Mary Ann ficou bem acima da média, no extremo superior da inteligência, no patamar dos muito talentosos.

Pensei no que eu sabia sobre o aprimoramento do cérebro e dos fatores que influenciam a inteligência, quando comecei a sondar a excepcionalidade dos efeitos colaterais de Mary Ann. Verifiquei todas as informações sobre drogas inteligentes, suplementos, potencializadores cognitivos, e marcadores genéticos. Nenhum destes era a resposta. O que aconteceu com Mary Ann não envolveu produtos farmacêuticos e, além disso, sua experiência aconteceu antes da introdução dos medicamentos mais modernos. Também não havia evidências de que sua configuração genética fosse a resposta, uma vez que o crescimento do seu QI foi gradual.

Se não foram drogas, potencializadores, suplementos ou genes, o que tinha afetado o QI de Mary Ann?

Decidi examinar os batimentos binaurais – sons causados por estimulação específica. Eu já havia examinado seu papel como potencializadores da consciência e suspeitava que não fossem a resposta para a pergunta de Mary Ann. Os batimentos binaurais ocorrem quando o cérebro integra dois sinais separados e interpreta isso como esse terceiro sinal, o som produzido, como uma batida binaural. A frequência de batidas binaurais, os Hz alcançados, não são suficientemente altos para induzir uma inteligência maior. Também descartei os efeitos da idade e do meio ambiente. Geralmente se reconhece que o QI diminui com a idade e que o fator ambiental não tem uma forte influência sobre o QI após os anos cruciais da metade da adolescência.

Eu sabia, graças a um trabalho anterior, que Mary Ann tinha entrado num espaço energético diferente. Ela, assim como outros, tinha pego o elevador expresso para reinos mais elevados da consciência. Então decidi verificar os domínios de maior energia, por assim dizer.

Ondas cerebrais e frequência

O cérebro, composto por bilhões de células chamadas neurônios, é um órgão eletroquímico capaz de gerar até 10 watts de eletricidade. Esses neurônios são abelhas operárias e usam a eletricidade para se comunicar entre si. Essa atividade elétrica combinada é descrita como ondas cerebrais. As células nervosas que disparam sinais elétricos são chamadas de padrões de ondas cerebrais.

Como outras frequências do nosso corpo, as ondas cerebrais são medidas em Hertz (Hz), e esses sinais elétricos são afetados pelas vibrações que atingem o nosso corpo. O papel e a função das ondas cerebrais e da atividade elétrica que irradia do cérebro pareciam ser um caminho que valia a pena investigar. Além disso, como eu achava que as ondas de som e luz tinham exercido um impacto sobre as habilidades maiores de Ken e Robert (ver Capítulo 10), me parecia que as ondas e frequências estavam relacionadas aos efeitos colaterais da EQM.

A ciência descobriu há pouco tempo novas frequências que estimulam as funções mentais do nosso corpo, por isso eu resolvi analisar os aspectos terapêuticos dos campos de energia sutis para saber mais e ver se há uma ligação entre os campos de energia e a inteligência.

As ondas cerebrais gama, a onda cerebral de maior frequência, ou a "elite" das ondas cerebrais, estão ligadas a propriedades intelectuais e funções executivas como o QI mais elevado. Até muito pouco tempo atrás, as ondas gama receberam pouca atenção dos pesquisadores. Com uma frequência de 40-70 Hz, essas são as ondas cerebrais mais rápidas e menores do cérebro, que permitem que partes dele se comuniquem umas com as outras. De acordo com um estudo publicado na *Nature Neuroscience*, a indução de ondas cerebrais de uma frequência específica, por meio da aplicação de uma corrente elétrica no cérebro, produz a atividade elétrica das ondas gama.[1]

Estudos demonstraram que os padrões de ondas cerebrais podem ser alterados por uma variedade de estímulos, incluindo o som e a luz. A estimulação do cérebro produz alterações e, numa frequência muito alta, pode produzir o que consideramos como "dons" (habilidades mais elevadas, maior QI). As ondas gama poderiam ser alteradas por uma EQM? As ondas gama, associadas ao processamento de informações, à cognição e à consciência, poderiam ser afetadas por uma experiência noética?

De acordo com pesquisas recentes da Universidade de Michigan, publicadas nos *Proceedings of the National Academy of Sciences*, níveis elevados de atividade cerebral foram detectados no momento da morte em ratos de laboratório.[2] Se um aumento acentuado nas ondas cerebrais de alta frequência, chamadas oscilações gama, estão presentes na morte ou perto da morte, isso explicaria o QI superior de Mary Ann?

A marca registrada da frequência da EQM – a frequência que permanece com a pessoa que passa pela EQM – transmite múltiplas propriedades: curar, crescer, facilitar a aprendizagem, propiciar um raciocínio melhor, estimular a criatividade. É como se Mary Ann tivesse sido exposta a uma frequência que aumentou a sua capacidade de processar informações e funções superiores. É possível que ela tenha encontrado uma frequência que interagiu com as ondas de gama do seu cérebro e aumentou sua inteligência?

Ou essa inteligência aumentada é um fenômeno que vai além do cérebro e das ondas cerebrais? Talvez um fator X do universo?

Não temos como afirmar com certeza se conseguiremos encaixar algumas peças desse quebra-cabeça desconcertante, na fronteira entre a ciência e a espiritualidade, que em grande parte ainda permanece desconhecido.

15

Ann Callan e sua Transformação Cognitiva: Poesia e Versos

"A poesia é uma ciência tão exata quanto a geometria."
– Gustave Flaubert

Enquanto eu folheava o jornal *The Baltimore Sun*, a luz do sol se infiltrava através das persianas do meu escritório. Meu celular apitou – uma mensagem do meu velho amigo Rich, um colega dos tempos em que eu trabalhava com investimentos. Eu não o encontrava havia anos, mas ele me lembrava de uma outra época, muito tempo atrás.

"Eu pensei em você hoje, pois hoje é o aniversário de 10 anos do Google. Você vai a Nova York?", ele perguntava em sua mensagem de texto.

"Claro", escrevi de volta. "Vou lá uma vez por mês."

Apesar do trabalho que isso me dava, sempre que podia eu tentava ir a Nova York para assistir a exposições de arte e à ópera, ou para visitar amigos.

Rich e eu combinamos de jantar juntos na minha próxima viagem, para colocar o papo em dia e nos deliciar com uma refeição no Balthazar, um bistrô na baixa Manhattan.

Duas semanas depois, numa tarde quente no meio da semana, eu estava caminhando na Spring Street, vendo vitrines, os estúdios dos artistas e os prédios de aço de Manhattan. Quando entrei no restaurante, vi Rich no bar, tomando champanhe. Ele acenou para mim.

Quando me sentei, Rich me contou sobre como andava o negócio dele. Parecendo melancólico, ele disse: "Os clientes estão morrendo [ele quis dizer isso literalmente; seus clientes já tinham uma certa idade], o negócio só dava para sobreviver agora. As coisas realmente mudaram".

Quando Rich perguntou o que eu estava fazendo, sorri e disse: "Você talvez queira tomar uma bebida antes que eu comece a contar". E então expliquei que era médium e estava pesquisando EQMs.

Seguiu-se um longo silêncio. Mas a expressão no rosto dele não se alterou. Ele não emitiu nenhum som nem fez nenhuma pergunta. Apenas silêncio.

Dei mais alguns detalhes e depois ele disse: "Achei que era uma boa ideia nos encontrarmos desde que anunciaram o aniversário de 10 anos do Google".

Essa foi a resposta dele.

Eu não sei o que ele estava pensando, mas não achei que fosse boa coisa. Eu já descobri que as reações a esse trabalho como médium e à minha mudança do tradicional ramo dos investimentos para outro que muita gente não leva a sério, fazem parte da minha jornada. Já enfrentei o desprezo das outras pessoas, testes, caras de espanto e interrogatórios. Como meu pai costumava dizer: "Você precisa se virar com as cartas que a vida lhe deu".

Dois anos antes, eu poderia ter tido outra reação ao Rich – talvez tentasse mudar o rumo da conversa e fazer pose de mulher de negócios e investidora. Em vez disso, eu simplesmente disse: "Rich, acabei de explicar a você o que eu estou fazendo e você não reagiu".

"Se você acha que pode fazer isso, estou feliz por você", disse ele.

Eu achei melhor não pressioná-lo.

Admito que nem todos apoiam esse trabalho. Eu já fiz as pazes com o fato de que estou fazendo algo fora do convencional. Talvez muitos se juntem a mim ao longo dos anos; preciso só esperar para ver. Os anos que passei no limiar do ramo de investimentos me ensinaram que esse pode ser um trabalho solitário. E agora eu estava no limiar mais uma vez, fazendo um trabalho diferente.

Depois de três anos de pesquisa, tive de começar a ver a morte, a vida após a morte e as EQMs de um modo diferente. Quando comecei esse trabalho, contei a várias pessoas (para a minha família, alguns amigos) sobre o que eu estava fazendo, mas não a todo mundo. Eu não sabia muito bem que tipo de reação as pessoas iam ter e não queria ter de me explicar ou explicar o fato de que sou médium.

Nunca me preocupei com o que a minha família pensava, nem no início. Meus filhos sempre foram solidários. Faziam perguntas e me enviavam artigos sobre a vida após a morte e as experiências de quase morte. À medida que o tempo passava, encontrei pessoas que não me julgavam e estavam realmente interessadas, e outras que eram céticas e achavam que eu estava meio "fora da realidade". Eu procurava não dar importância para o que fosse negativo. Quando me adaptei, até comecei a pensar em mim mesma como uma pessoa "normal".

À medida que trabalhava com as pessoas que tinham passado pela EQM, aprendia com cada encontro. Essas pessoas tinham dons especiais e algumas tinham condições para compartilhá-los com outras pessoas. E o trabalho não se resumia mais aos efeitos colaterais apenas. Foi assim por um bom tempo. Mas hoje é sobre um milhão de outras coisas.

Nessa época, várias pessoas me perguntavam se a poesia era um efeito colateral das EQMs e eu sabia que era. Eu tinha falado com vários poetas que me contavam que tinham recebido versos inteiros num momento de inspiração, sem revisão, durante os sonhos ou até durante o expediente de trabalho. Um deles era apresentador de um programa de rádio, outro tinha escrito uma peça de teatro autobiográfica sobre sua experiência e outro era um executivo do setor de tecnologia que um dia acordou no meio da noite com uma torrente de versos na mente.

A poesia de Ana

Ana Callan passou a escrever poesia depois da EQM. Esse é o efeito colateral da sua experiência. Sua EQM ocorreu em Dublin, na Irlanda, depois de um acidente quase fatal quando ela tinha 41 anos. Quando ela contou sobre a sua EQM, explicou que tinha constatado que tudo na vida acontecia de um modo que ela chamou de "total perfeição – de um modo primoroso, inteiro e completo".

Imediatamente depois do acidente, Ana não conseguia escrever e tinha dificuldade para se expressar. Ela começou a brincar com as palavras na mente e logo começou a ver significados ocultos por trás das letras e frases. Quando formava as frases, era como se tivesse "decifrado um código secreto. Eu tinha a sensação de estar conectada com algo maior do que eu mesma".

Posteriormente Ana descobriu que a poesia era o único veículo pelo qual ela conseguia expressar sua experiência, pois os versos transmitiam sua essência. Desde a EQM, Ana também sentia uma comunhão cada vez maior com os animais e os pássaros, assim como Ken (ver Capítulo 10), e ficou intrigada com isso.

Quando Ana e eu nos falamos, ela mencionou que, por acaso, no dia seguinte faria quatorze anos que ela tinha passado pela EQM e estava apenas começando a analisá-la e descobrir seu significado.

Enquanto conversávamos, logo ficou claro que Ana e eu tínhamos outras coisas em comum. Contamos algumas histórias uma para a outra e descobrimos que ela morava em Baltimore e trabalhava na Universidade Johns Hopkins, onde eu tinha estudado. Ela mesma já tinha dado aulas no Centro de Crianças Superdotadas da universidade, onde meus filhos tinham sido atendidos. Eu interpretei essas sincronicidades como um sinal de que estava no caminho certo.

Ana estava estudando na Universidade de Dublin quando teve a EQM. Ela estava andando na calçada quando um caminhão carregado de vigas de madeira passou direto sobre uma lombada sem brecar. Ana foi atingida por uma viga que caiu do caminhão.

Em alguns instantes, ela viu uma mulher caída, ensanguentada, e curiosos assistindo à tragédia com um ar de espanto. Ela não conseguia entender por que todo mundo estava tão espantado e não reconheceu a mulher caída no chão.

Segundo ela contou, sentiu imediatamente uma tração magnética na direção do amor e da luz. Primeiro, Ana viu uma série de cavernas, escuras e agourentas, onde havia muitos seres. Reconheceu esses seres e se comunicou com eles: "Eu disse a eles que iria ficar longe dali por muito tempo e implorei para que assumissem o comando por mim. Recebi uma mensagem muito forte, dizendo que ninguém ali estava disposto a isso. Depois disso, tive de voltar. Senti uma imensa resistência, e então voltei para o meu corpo físico, que estava dentro de uma ambulância".

Enquanto estava deitada na ambulância, num estado entre a consciência e a inconsciência, Ana percebeu, *"Ah, meu Deus, sou eu!"*

Depois do acidente, ela não queria mais ficar ali. A dor de cabeça era lancinante e seu corpo estava muito machucado. Ela não conseguia ficar em pé nem se sentar por causa da dor, e suas faculdades mentais estavam comprometidas. "Tentei falar a palavra 'aliás', e o que saiu foi a palavra 'lilás'", contou ela.

Antes do acidente, Ana tinha se formado na Johns Hopkins e escrito artigos de não ficção e um romance. Mas, depois da EQM, a poesia era o único veículo com o qual ela conseguia descrever a sua experiência.

"A poesia era a única coisa que me fazia seguir em frente", disse Ana. "Ela salvou a minha vida."

A princípio, Ana só conseguia guardar na memória um verso por vez. Ela decorava o verso e o repetia várias e várias vezes.

"É quase impossível viver aqui", ela repetia.

O tipo de poesia que Ana começou a escrever depois da EQM tinha um tom muito mais místico do que seus trabalhos anteriores. De início, seus poemas eram devocionais, dirigidos a Deus ou ao seu Eu Superior. Posteriormente, outro tipo de poesia emergiu: poesia infundida de amor e estímulo, voltada para a transmissão da verdade. Uma poesia que brotava do silêncio.

"Os poemas vinham o dia inteiro e a noite inteira, numa torrente – centenas, milhares de poemas", contou ela. "Eu sei, no fundo do meu ser, que não sou eu quem faz isso acontecer. A poesia é semelhante a uma voz mais autoritária, mas amorosa, a dissolução do ego. Completamente oposta ao tipo de poesia que eu escrevia antes do acidente, que era pessoal ou sobre a natureza."

Como Ana diz, sua poesia parecia estar ligada a uma autoridade superior, uma voz que não era individual. Um poder superior.

A poesia de Ana vem como uma descarga de energia. Ela nunca a revisa. Além do mais, as pessoas dizem que chegam a um estado de profunda harmonia e felicidade quando Ana recita sua poesia. Segundo ela, a poesia parece gerar um sentimento de grande paz e conexão naqueles que a ouvem. Ela sente como se estivesse voltando a viver, como no dia em que a luz a conectou tanto com o reino divino quanto com o humano.

Ana acredita que ela está completamente transformada desde a sua EQM. Ela está livre da sua bagagem emocional, dos seus sentimentos mais densos. Ela mesma se sente leve e etérea em sua serenidade e tranquilidade.

Depois da EQM, Ana foi para Tallahassee trabalhar com portadores de doenças terminais e depois para a Universidade Estadual da Flórida, onde dá aula de poesia na faculdade. "Parece que todo o acidente foi perfeitamente orquestrado, e a experiência me foi proporcionada para que eu me curasse do ciclo de abuso. [Ana sofreu abusos quando criança.] Deixei o mundo por sete anos e essa foi a minha noite escura da alma", diz ela sobre os anos que se seguiram à sua EQM. Ela acredita que agora está sendo levada a devolver o que recebeu. Essa é a missão de Ana.

Ana agora mora em Mt. Shasta, um centro energético no norte da Califórnia. Na verdade, muitas pessoas que passaram pela EQM vão morar em centros energéticos – Tucson, Mt. Shasta, Louisville, Taos. Nós queríamos compreender o significado disso durante sua consulta.

Ana e eu concordamos em nos encontrar pelo Skype, na semana seguinte, para investigar a sua experiência.

A consulta de Ana

Na semana seguinte, tentei fazer login no meu computador para me conectar com Ana, mas o sinal da internet estava ruim. Tentei várias vezes. Nada. Finalmente liguei para Ana. Teríamos de tentar novamente mais tarde.

Várias semanas se passaram antes que pudéssemos nos reconectar, porque Ana iria fazer um retiro espiritual e eu estaria viajando.

Ana e eu finalmente conseguimos conversar pelo Skype numa noite quente de agosto. Ana foi muito clara sobre o que estava buscando na consulta. Embora ela estivesse recebendo suas próprias mensagens, estava interessada em ter mais esclarecimentos sobre seu trabalho e sua vida pessoal. Eu relaxei e respirei profundamente e comecei a consulta observando a aura de Ana:

Ambas as suas auras – a aura física e a aura espiritual – estavam passando por um longo processo de cura. Embora as auras espirituais da EQM às vezes substituam a aura física, a aura espiritual de Ana ainda está tentando se reconstruir.

Essa foi a primeira vez que vi uma aura espiritual que ainda estava se restabelecendo, anos após a EQM.

Também notei o terceiro olho de Ana, nosso olho invisível, que proporciona a percepção além da realidade comum. Eis aqui o que vi:

Seu chakra do terceiro olho está totalmente aberto. Ele me mostra o interior do Mt. Shasta, como se você estivesse conectada com a fonte no interior dessa montanha.

Passamos a examinar a EQM de Ana, perguntando: "Por que ela teve de passar pela EQM?"

Outras pessoas, como Ana, têm o "veículo", o aparelho para divulgar e dispersar a mensagem da EQM, mas seu "poder" precisa ser adaptado para o trabalho. [Infelizmente, as pessoas não retornam da EQM com um adaptador ou conversor para converter seus poderes, como os viajantes costumam fazer quando saem do seu país. Elas precisam se adaptar por conta própria.] Algumas retornam com poderes que servem ao nosso planeta. Ana tinha os recursos do seu ofício poético já embutidos dentro dela, mas essa habilidade e seus recursos seriam usados de modo diferente depois da ativação da sua EQM.

Como era o caso de outras pessoas que tinham vivenciado a EQM, [Ken, Marissa (ver Capítulo 12) e Bob (Ver Capítulo 6)], as habilidades de Ana – o básico para seu trabalho missionário – já faziam parte dela. Elas foram amplificadas pela EQM e aprofundaram-se para servir aos outros.

"Recebi uma missão durante a minha EQM?", perguntou Ana.

A mesma pergunta sobre a missão. Sempre a mais importante na cabeça das pessoas que passaram por uma EQM. Olhei para Ana e a vi com os olhos fixos em mim, enquanto a resposta vinha por meu intermédio.

Não lhe disseram: "Eis aqui a sua missão". Eles sabiam quem você era e o que você faria quando retornasse. Sabiam quais eram suas capacidades. Sabiam que você era uma candidata à EQM.

Ana perguntou: "E a época em que aconteceu? Havia alguma coisa acontecendo na minha vida que me levou a ter uma EQM naquela época?"

Do ponto de vista emocional, sua EQM poderia ter acontecido mais cedo. Ela poderia ter interrompido sua vida – uma vida de traumas – muito antes. Mas do ponto de vista do mundo real, aconteceu mais tarde, quando você estava madura o suficiente para "lidar com isso". Seu crescimento e sua maturidade já eram suficientes para que você pudesse ter a EQM com a expectativa de que os resultados pretendidos ocorressem. Em certo sentido, o tempo foi um fator. Tudo convergiu e surgiu no momento oportuno.

Ana assentiu, "Sim, é de fato o que parece", ela concordou. "Alguma coisa na minha criação ou na minha biologia desencadeou a minha EQM?" Como em outros casos, Ana sofreu abusos quando criança e me contou sobre as muitas surras que levou.

Quando criança, Ana não estava protegida. Ela estava pronta para algo melhor – pronta para a luz. Pronta para que a luz divina se mantivesse na divindade. Pessoas que passam por períodos sombrios são candidatos a ficar nas mãos da divindade.

Ana se recostou na cadeira e ficou pensando na resposta, em seguida seu rosto se iluminou com o reconhecimento. "Isso é lindo!", exclamou.

Ana então perguntou por que as aves e os animais eram mais frequentes na vida dela agora. Sua experiência com os pássaros e os animais assemelhava-se à relatada por Ken. Eu também percebi que xamãs usam espíritos auxiliares na forma de animais e pássaros para acessar seu poder espiritual e me perguntei se havia uma conexão entre os animais espirituais e as conexões de Ken e Anna. Depois de Ken e Ana, aprendi coisas novas sobre o mundo natural.

Você está em sintonia com uma frequência muito elevada agora – a frequência com que os pássaros e os animais interagem. Eles a reconhecem. Eles ouvem a mesma vibração e estão sintonizados com ela. Você está em sintonia com o mundo natural.

"Bem, isso é belo e faz sentido", disse Ana.

A EXPERIÊNCIA SENSORIAL DA CONSCIÊNCIA

Ana estava preocupada com a transparência das suas conexões com as outras pessoas. Ela é fisicamente capaz de sentir e perceber o que está acontecendo com os outros, sentindo a alegria aguda e a tristeza profunda, quase como se não houvesse separação entre ela e os outros. A vida pode ser complicada por si só, mas as coisas se tornaram ainda mais desafiadoras para Ana.

"Por que eu sinto o que está acontecendo com os outros?", perguntou Ana. "Sinto fisicamente, emocionalmente, mentalmente e espiritualmente".

Eu disse a ela que, desde sua EQM, ela tem um pedaço do universo dentro dela. Ela se fundiu com o universo e não é mais uma pessoa. Num certo sentido, ela é parte de tudo o que existe. "Quando você tem esse pedaço do universo dentro de você", eu disse, "é claro que você vai sentir o que todos sentem, porque você agora está conectada a todos – e a tudo."

"Sim, isso é verdade", ela concordou.

Ana também falou sobre algo que frequentemente acontece com ela:

"Quando fecho os olhos, especialmente à noite ou ao meditar, vejo um fluxo constante de pessoas. Não apenas rostos, mas corpos inteiros. Eles são extremamente vívidos e muito próximos, e na maioria das vezes estão fazendo coisas diferentes. Suas expressões são palpáveis. Não sinto medo, mas me pergunto quem são essas pessoas. É como estar num trem lotado e ver todos de perto, enquanto eles fazem suas atividades."

Expliquei que outras pessoas que passaram pela EQM relatam eventos semelhantes. Eles fecham os olhos e veem estrelas, pessoas desconhecidas, entidades. Às vezes imagens mais sombrias.

Quando dormimos, partimos para o completo desconhecido. Para as pessoas que passaram pela EQM, isso é mais radical. As pessoas que Ana vê quando fecha os olhos estão lá, à espera. Depois que ela deixa este plano, encontra todos que já morreram e tudo – e todos – que não reconhecemos durante a vigília. Quando estamos em nosso corpo físico, essas pessoas, esses seres, estão atrás das cortinas, nos bastidores. Nosso corpo físico e sua densidade impedem a nossa consciência de nos mostrar essa realidade; ela bloqueia esse outro domínio. Porém, durante o sono, a cortina se abre. Os seres estavam lá o tempo todo, mas Ana só os encontra quando sai do corpo.

O IMPACTO DOS VÓRTICES ENERGÉTICOS

"Estar no Mt. Shasta influencia o lado criativo das pessoas?", perguntamos. Eu olhei para a tela do computador e vi o Mt. Shasta além da janela de Ana em seu estúdio. A montanha branca domina a paisagem e sempre foi objeto de curiosidade.

Num lugar como o Mt. Shasta, há uma força energética, um ímã, que irradia da montanha. É quase como uma bateria que ativa as capacidades das pessoas. E você também está aí, portanto está conectada a ela. Há sim uma força que atrai você e outros para esse lugar. É verdadeiramente uma atração magnética.

A sala de repente ficou mais quente. Eu me sentei, tomei um copo de água e respirei fundo. Pensei no conceito de ímã, algo que tinha sido mencionado durante a conversa e que eu exploraria novamente. (Ver Capítulo 13.)

Agora, era a vez de Ana perguntar: "Está tudo bem?".

Eu me recostei e pensei na minha resposta. Seria o Mt. Shasta? A montanha também me afetava? Como sou alguém que opera em alta frequência, que realiza eventos de alta frequência como uma consulta mediúnica, preciso ter cuidado para não ir muito longe ou muito fundo.

Falei bem devagar. "Sim. Estou bem."

Ana fez mais algumas perguntas sobre sua vida pessoal e carreira, sobre o novo livro de poesia que ela havia terminado, e conversamos sobre isso antes de terminar a consulta. Ela foi muito metódica ao analisar as perguntas, e a consulta foi suave e avançou num ritmo bom.

Depois de meia hora, a consulta acabou, e Ana e eu nos despedimos. Eu abri e fechei o os dedos e arqueei as costas para me alongar. Estava pronta para uma bebida gelada e uma barra de cereais para voltar a me centrar.

A conexão entre a poesia e a EQM

E quanto ao efeito colateral de Ana? Por que a poesia era um efeito colateral da EQM? De que modo a poesia estava ligada a outros efeitos secundários da EQM? Poesia e espiritualidade têm longos laços literários e culturais. Antigos xamãs usavam a poesia para manter a conexão entre seres humanos e seres multidimensionais. Alguns poetas acreditavam que a poesia era um meio para chegar a Deus e ser um instrumento melhor para o plano espiritual.

Nos séculos passados, as pessoas descreviam o mundo interior e o mundo exterior por meio centenas ou milhares de poesias. O verso é uma forma de representar um evento místico, é um meio de explicar níveis mais altos de consciência. Certamente Ana usa a poesia dessa maneira. A *Ilíada* e a *Odisseia* são poemas épicos universais que traduzem jornadas espirituais e foram lidos e relidos ao longo de vários séculos.

Os poetas místicos atravessaram as eras. Visionários como Hildegard von Bingen, Mirabai e Omar Khayyam deram um significado ao universo, à época e à vida de seus ouvintes, inspirando-os e dando propósito à vida deles. Alguns poetas acreditam que a poesia permite que seus ouvintes tenham um vislumbre de mundos superiores, que é uma maneira de experimentar o que, em alguns casos, somente eles, como poetas, experimentam.

O que torna a poesia de Ana envolvente e como ela está vinculada à sua EQM?

Os poemas de Ana são consciência corporificada, o que remete ao Todo Universal. Seus poemas tornaram-se uma maneira de descrever sua jornada na EQM, como a arte de Bob e Dan (ver o Capítulo 6), e Marissa e a música de Lyla (ver o Capítulo 7). A poesia de Ana serve como um instrumento para envolver os ouvintes e levá-los a uma dimensão superior. Sua combinação de palavras desbloqueia percepções mais profundas do que a mente consciente. A poesia de Ana, que parece ser em sua maior parte canalizada, é uma maneira de todos nós nos conectarmos ao estado superior que Ana alcançou.

Como uma antiga maneira de expressão e comunicação, a poesia provoca pensamentos e emoções ao estabelecer uma conexão com outro lugar. Há ritual e sacralidade nas tentativas de Ana de juntar as palavras para transmitir significado, experiência e percepção ao ouvinte. Com as palavras, a poesia de Ana conecta nossa mente com a de outras pessoas; ela nos conecta a diferentes momentos e lugares, para transcender as limitações do tempo e do espaço.

Observamos padrões em muitos dos efeitos colaterais da EQM. A poesia também tem padrões sofisticados, entre eles a ressonância, o ritmo, a melodia, a harmonia e a vibração. Algumas poesias como a de Ana também têm ritmos parecidos com um transe, que permitem que os ouvintes atinjam um estado superior.

Na poesia, o som é organizado em padrões: os padrões da linguagem, da expressão e da voz. O padrão e a repetição são úteis como mecanismos para desencadear estados de transe e hipnóticos, como descobrimos com a música de Lyla. Ana parece ter induzido um estado de transe em si mesma ao repetir várias e várias vezes que "É quase impossível viver aqui", depois da sua EQM. Alguns acreditam que os padrões dos ritmos e dos tons formam a base do universo – que os padrões compõem grande parte da nossa existência invisível.

PARTE V

O QUADRO MAIOR: O UNIVERSO ENTRELAÇADO ÀS NOSSAS EXPERIÊNCIAS

16

Manifestação e Intenção: Como elas Influenciam a EQM?

"O sofrimento é a via por onde a Luz entra em você".
– Rumi

No norte de Baltimore o inverno deu lugar à primavera e, por fim, ao início do verão. Enquanto eu passeava pelos Sherwood Gardens, os mais famosos jardins de tulipas da América do Norte, contemplando as flores amareladas dos cornisos, as trepadeiras de glicínias e as magnólia cor-de-rosa e roxa, pensava no quanto eu já tinha progredido.

Ao examinar a relação entre a EQM e seus efeitos colaterais ao longo dos anos, os padrões se tornaram evidentes. O meu trabalho tinha se transformado numa espécie de tapeçaria de experimentos. Como você já deve ter deduzido a partir desta leitura e no que os meus entrevistados disseram, parece haver uma relação positiva entre um certo tipo de criação e a tendência para se ter uma EQM. E a chance de ter uma EQM também parece estar relacionada a certos tipos de comportamento num período posterior da vida.

Eu pensava sobre quem poderia ser candidato a esse evento. Tinha a impressão de que esses homens e mulheres que vim a conhecer estavam o tempo todo se sentindo meio deslocados. Muitas vezes alienados do resto do mundo, às vezes presos a uma certa rotina ou girando sem sair do lugar. Eles tiveram uma infância difícil e sofreram abusos. Esses perfis sempre se repetiam. Certos parâmetros psicológicos ou físicos ajudariam a explicar a EQM? Quais estavam relacionados? O tempo era um fator? E qual o papel que a intenção desempenhava? Eu tinha certeza de que as EQMs não eram acontecimentos aleatórios; estava convencida disso enquanto dava prosseguimento ao trabalho, e podia ver as conexões e histórias entrelaçadas em todas as narrativas.

Muitas pessoas que passaram pela EQM tinham sofrido abusos. Muitas manifestavam interesse, direta ou indiretamente, pela exploração de outros planos. Muitas tinham pedido para serem levadas a esses planos – na verdade, parecia que estavam quase treinando para o dia em que teriam essa experiência na vida.

A intenção parecia desempenhar um papel importante nas EQMs. Mas vamos examinar alguns casos mais de perto.

O universo ouve um apelo: Evelyn Carleton

Se você se lembra do Prefácio, poucas horas antes da EQM, Evelyn Carleton olhou para o céu e gritou: "Deus, se existe algo além disso, me mostre. Não vou dar mais nem um passo à frente se não me der respostas!". Podemos dizer que Evelyn pediu para ter uma EQM?

Descobri que muitas pessoas que passam pela EQM pedem – até mesmo exigem – provas de que existe outra vida além da que estão vivendo no plano terreno. Muitas mergulham nas profundezas da alma para enviar uma mensagem direta ao universo e, em alguns casos, o universo atende.

Todas as pessoas deste meu estudo pediram – em algum momento da vida – para ter a experiência que tiveram. Essas experiências não foram um acidente e, na verdade, dão a impressão de que foram muito intencionais. Os sinais sugerem que as EQMs são provocadas.

Evelyn pediu especificamente uma mudança na sua realidade. É possível que, nas circunstâncias certas, o plano espiritual possa intervir, selecionar alguém para cumprir uma finalidade maior, criar uma EQM e enviar essa pessoa de volta para cumprir a missão que o plano espiritual lhe designou? Evelyn disse que sempre se sentiu diferente, como se não se encaixasse muito bem neste mundo. Esse sentimento a levou a procurar uma alternativa para as circunstâncias da sua vida. Ela pediu para ser retirada da sua realidade, para encontrar algo melhor.

Evelyn se candidatou a uma EQM? Para receber um propósito mais elevado? Ela teve uma sensação inconsciente de que poderia ser transformada e desejou um tipo de experiência que a transformasse? Será que ela pediu outro modo de existência que fosse mais satisfatório, mais significativo, mais em sintonia com uma pessoa que se sentia mal adaptada nesta vida no plano terreno? No caso de Evelyn, o intervalo de tempo entre o momento em que ela solicitou isso e a sua EQM foi de apenas algumas horas. Coincidência?

Ou será que foi essa a resposta do universo, para que ela soubesse que existe algo mais lá fora e que o plano espiritual assumiria o controle da vida dela a partir dali? Que lhe concederia propriedades universais e a devolveria a este plano? Seria essa a resposta dele?

Um caso indireto de intenção: Bob Magrisso

Outra pessoa que passou pela EQM, Bob Magrisso (ver Capítulo 6), começou a trilhar o caminho da espiritualidade anos antes da sua experiência. Podemos analisar o caso dele para obter algumas respostas.

Como outras pessoas, Bob estava avançando na direção da sua EQM já fazia anos e seu resultado pareceu muito intencional. Em outras palavras, ele queria uma mudança e a conseguiu.

Quando perguntei a Bob como a experiência mudou sua vida, ele disse: "Ela a aprofundou". Sua EQM alterou a maneira como ele vivia no dia a dia e fez com que examinasse constantemente sua ligação com o Outro Lado. A vida de Bob, da prática médica à prática espiritual, é pautada pela espiritualidade. A vida dele está entrelaçada com o plano espiritual 24 horas por dia, sete dias por semana.

Na época em que Bob teve sua EQM, ele estava tendo sessões com um analista junguiano e já estava investigando os elementos inconscientes da sua psique. Bob já era um candidato à EQM, numa jornada para trabalhar sua mente de um modo diferente e explorar a aplicação de ideais espirituais ao seu cotidiano. Ele estava em busca de uma consciência maior, de explorar a espiritualidade por meio de várias práticas individuais e grupais. O trabalho de Bob "lubrificou as rodas" do universo?

Quando fiz a consulta para Bob, foi me mostrado um padrão que descobri que se repetia na consulta de outras pessoas que passaram pela EQM. Como elas, Bob se sentia travado na vida. Na época, perguntei-me se esse padrão era comum nas pessoas que tiveram EQMs, e, em caso afirmativo, o que significava? Eu tinha sido treinada para prestar atenção em padrões, nas mudanças e nas tendências, então essa questão praticamente saltou aos meus olhos.

Pelo que pude perceber, parece que há um ponto em comum entre todos que passaram por uma EQM. Muitos sofreram traumas emocionais, mas também tinham capacidade para ter uma vida mais satisfatória. No entanto, não sabiam como conseguir isso, pelo menos não por conta própria.

Em certo ponto – num ponto de virada –, eles foram retirados de seus corpos para que voltassem a "despertar". O plano espiritual parece desempenhar um papel nisso tudo e o resultado não está completamente dentro dos limites do indivíduo. Posteriormente, essas pessoas retornaram à vida terrena para continuar em frente, mas trilhando um caminho alternativo e um propósito mais elevado. É justo dizer que muitas delas não sabiam que tinham um propósito maior e, se sentiam isso, talvez não fossem capazes de identificá-lo. Esse ponto de virada e suas consequências podem ser traumáticas por si mesmas e não levar a uma existência pacífica. Examinaremos essa condição e missão mais de perto em breve.

Para Bob, seu interesse pela espiritualidade foi reforçado após sua EQM, pois a sua prática artística passou a transmitir uma mensagem. "Essa experiência validou e deu realidade a algumas coisas sobre as quais eu meditava", disse Bob. Ela foi uma confirmação para ele. E uma confirmação para mim também.

Mas Bob provocou sua experiência? Ele foi cúmplice, ao cocriar a sua EQM? E quanto aos outros? Eles produziram suas experiências também?

O PERFIL DE UM CANDIDATO PREPARADO: LEWIS BROWN GRIGGS

Lewis Brown Griggs (ver o Capítulo 4) estava seguindo pela vida aos tropeços antes da sua EQM e parecia não estar chegando a lugar nenhum. Ele parecia ter chegado a um impasse e as circunstâncias pontuais e externas interecederam por ele. Ou podemos olhar isso de outro modo e perguntar se Lewis desempenhou um papel mais ativo no que lhe aconteceu?

Parece que muitos desses indivíduos estavam numa espécie de tela de radar para pessoas vulneráveis, aquelas que são suscetíveis, mas também poderiam mostrar muito mais capacidade se tivessem uma oportunidade. Em certo sentido, são indivíduos que estavam preparados e poderiam cumprir um propósito maior – uma vida de mais significado, em que pudessem contribuir mais.

Quando examinei o que tinha descoberto sobre EQMs e sobre Lewis, me pareceu que ele tinha certas qualidades que o elegeram como candidato.

Por exemplo, em sua vida exterior, Lewis era um sucesso. Interiormente, ele poderia nunca descobrir seu poder, devido às condições de seu nascimento e da sua criação. Embora Lewis parecesse ter muitos recursos neste mundo, sua vida parecia não avançar, enquanto ele tentava se libertar do passado.

E então Lewis teve sua EQM. E, como os outros, foi enviado de volta para cumprir uma missão. Foi o que Lewis fez. Ele encontrou seu lugar neste mundo.

Lewis provocou sua EQM? Embora ele não tenha pedido diretamente para ter uma EQM, sua vida parecia estar alinhada com um evento não intencional. Ele estava numa situação da qual não conseguia sair. O meio convencional de lidar com a vida – dinheiro, prestígio, *status* – não funcionava bem para ele. Ele precisava de algo mais, algo mais poderoso.

E conseguiu algo mais. Algo mais distante do que as armadilhas convencionais com as quais ele estava acostumado e que muitos de nós usamos para definir nossa vida. Coisas como dinheiro, poder, *status* e prestígio. Essas são soluções mundanas, mas não são soluções para o plano espiritual.

Explorador radical: Dan Rhema

Antes de sua EQM, Dan Rhema (ver Capítulo 6) estava sempre olhando para o futuro, para além do convencional. Quanto mais longe melhor. Dan foi candidato à sua EQM *porque* ele era um explorador? Porque sua EQM foi a sua exploração mais radical – algo que ele nunca encontraria no plano terreno.

Também podemos perguntar se Dan estava preparado para sua jornada. Foi algo pré-arranjado, iniciado por meio de uma intervenção do plano espiritual? E a EQM estava esperando nos bastidores, até esse momento preciso em que o trauma físico e a sua jornada de vida convergissem num momento perfeito que apenas o plano espiritual poderia identificar?

Podemos também perguntar se a EQM de Dan ocorreu no momento mais propício da sua vida, quando ele se sentiria obrigado a retornar por causa das suas responsabilidades familiares. Quando Dan teve a opção de escolher entre ficar ou voltar, ele refletiu e decidiu voltar, especificamente por causa da esposa e dos filhos. Como Ana Callan (ver Capítulo 15), Dan estava maduro o suficiente para pesar as consequências de não voltar e decidiu servir de instrumento para o plano espiritual. Não só Dan parecia ser um candidato à EQM, mas o tempo também pareceu ser um fator nesse caso.

"Eu quero saber mais sobre essas coisas que ninguém entende. Esses mistérios para os quais não temos respostas", disse Dan.

Ele continuava buscando, mas viveu frustrado até receber a resposta que estava procurando e que mudou sua vida.

Ainda não conhecemos as respostas às muitas perguntas que surgiram sobre as EQMs, mas os casos descritos em livros como *Life After Near Death*, e como o caso de Dan, nos levam a perguntar se ele e outros se prepararam para uma mudança de paradigma. Dan estava se sentindo confuso, esperando ser acessado, isto é, para receber uma missão à medida que se afastou da convenção em sua busca por uma alternativa?

Que tipo de pessoa é um candidato à uma EQM?

A maioria das pessoas que passam pela EQM pertence ao grupo que viveu a vida toda pensando, "eu sou diferente". Na idade adulta, elas ainda sentem o mesmo: "não pertenço a este mundo. Não me encaixo nele". Elas vivem com essa consciência, mas sempre, lá no fundo, ou nem tão no fundo, os pensamentos/perguntas persistem: será que existe algo mais? Posso experimentar outra realidade? Graças aos casos deste livro, descobrimos que muitos desses indivíduos levam esse pensamento a um extremo, para explorar outras possibilidades e outras realidades. Eles saem do corpo, tentam partir de alguma maneira, e a certa altura se veem além desta realidade, levados para lá por alguma outra força.

Também é evidente que as pessoas que passam pela EQM devem ser de um certo tipo. Um padrão de abuso na infância parece ser um pré-requisito, talvez porque isso contribui para que haja esse traço de vulnerabilidade que eles compartilham. Elas também precisam estar dispostas a cumprir uma missão com todo coração e alma. Evidentemente esses indivíduos também devem ser capazes de compreender as profundas mudanças que sofreram e reequilibrar-se, adaptando-se a uma vida voltada para a espiritualidade e o serviço ao próximo.

Também me ocorreu que, para aqueles que sofreram abuso na infância, essa poderia ser a maneira de o plano espiritual dizer: Estamos ao seu lado. Vamos cuidar de você daqui para frente.

Muitas pessoas parecem dizer, "Dê-me algo mais. Estou preparado para isso. Isto não pode ser tudo o que existe."

Por outro lado, esses homens e mulheres podem não estar necessariamente esperando o torpedo que reordena completamente suas vidas. E nem todos conseguem lidar com isso.

Um ciclo de abuso: Barbara Whitfield

Na minha consulta com Barbara Whitfield (ver Capítulo 3), perguntei sobre sua infância e ela disse: "Sim, você está certa. Sofri abuso. Tinha esquecido que quando criança eu costumava entrar no túnel depois de ter sido abusada".

"Você entrou nesse túnel muitas vezes antes da sua EQM?", perguntei, percebendo que estava ouvindo algo importante.

"Sim", disse ela.

Isso significava que Barbara já havia aberto a porta para uma outra realidade – e fazia isso desde que era bem mais jovem. Então, quando a EQM finalmente ocorreu, ela já tinha descoberto a entrada de um portal para outro mundo.

"Eu tinha me esquecido disso", disse Barbara.

Barbara desenvolveu um processo para deixar este mundo por meio de um ritual. Isso serviu como um modo de se preparar para uma forma mais completa de EQM?

Explorando realidades alternativas: Ken Ebert

Ken Ebert (ver Capítulo 10) é outro entrevistado que desenvolveu o hábito de explorar sua consciência por anos antes da sua EQM. Ele sabia que existia algo mais lá fora e queria descobrir o que era. Muito antes do acidente que levou à EQM, Ken já havia aberto a porta e estava lendo livros e explorando outros lugares em sua mente. Ken gostava de pensar no que havia do outro lado da porta da consciência e queria ir até lá. Ainda assim, quando finalmente aconteceu, ele quis uma prova da existência de outras realidades. Queria ter certeza de que não estava apenas imaginando coisas.

Como outros candidatos à EQM, indivíduos como Ken já estão avançando aos poucos ou rapidamente na direção de outro domínio. Aqueles que expressam o desejo de deixar nosso mundo ou de saber mais ou de se aprofundar numa existência mais satisfatória, na qual se sentem mais à vontade, parecem estar se candidatando para ter uma EQM. Ao mesmo tempo, esses indivíduos sentem que não estão cumprindo seu propósito na terra, o que leva a uma sensação de frustração e contribui para o sentimento de não pertencer a este mundo.

Dentre as pessoas com que trabalhei, há uma certa combinação de "matérias-primas" que pode levar a um resultado melhor, que, com o desejo de ter uma experiência no plano espiritual, tende a ter qualidades que se misturam para criar o perfil de um candidato à EQM.

Ken admitiu que, apesar de ser talentoso e extremamente habilidoso, ele sentia-se um tanto sem objetivo na vida antes da sua EQM. Estava ciente de não estar usando esses talentos, pelo menos não da maneira que deveria.

Ken confirmou isso, mas também reconheceu que, ao mesmo tempo, estava explorando outros mundos. Sua consciência estava aberta e ele estava explorando isso – embora não na mesma medida da EQM que ocorreu posteriormente em sua vida. A porta foi aberta e ele começou a ler livros que, segundo esperava, o levariam a esse outro reino. Ainda assim, o plano espiritual não conseguiu chamar sua atenção.

Ken concordou com isso, dizendo-me que o primeiro livro que ele leu por conta própria foi *A Wrinkle In Time*, uma história sobre um estudante problemático que era capaz de fazer coisas incríveis e foi transportado para outro universo que entrelaça tempo e espaço. A autora, Madelyn L'Engle, escreveu o livro no final da década de 1950, durante uma época de transição pessoal, quando ela mesma estava estudando física quântica.

Na consulta de Ken, me foi dito: *Você já estava explorando esses outros lugares em sua mente e sabia que havia a possibilidade de existir algo mais. Você gostava de pensar sobre isso e visitar esses lugares. E imaginava e refletia muito. Ao mesmo tempo, você era um homem muito capaz e não estava usando todos os seus talentos. Estava fazendo coisas não muito inteligentes.*

"Sim, de fato", concordou Ken.

Coisas que não o levavam a lugar nenhum, que não acrescentavam nada à sua vida.

"Sim", ele repetiu.

Ken percebeu que a vida dele não estava contribuindo para desenvolver nenhum dos seus pontos fortes, o que lhe permitiria ser mais útil ao universo.

Ken se agarrava à ideia de que havia algo mais "lá fora" e chegava mais perto desse "algo mais", por meio da leitura e da imaginação. Ele não chegava a desejar isso, mas não deixava de querer que uma parte do que imaginava fosse realidade.

"Eu desejava isso e, quando finalmente apareceu", disse Ken, "e eu estava de frente com isso, eu o desafiava. Toda vez que eu topava com isso, eu como que dizia: 'Eu o estou vendo. Agora me mostre'."

Seja dando pequenos passos em direção a esse outro reino ou avançando rapidamente, aqueles que passaram pela EQM são indivíduos que expressam o desejo de deixar os limites da nossa realidade ou de ter uma experiência maior do universo. Eles são selecionados com base nas suas qualidades voluntárias ou involuntárias, e depois recrutado pelo plano espiritual para fazer o seu trabalho. Esses candidatos estavam no fundo do poço e vivendo uma vida insatisfatória. E, quando tiveram oportunidade, comunicaram ao plano espiritual o desejo de viver uma experiência transcendental. Mas os fatos são sempre tão claros quanto no caso de Ken?

Uma brecha para a transformação: Mary Ann Mernaugh

Descobri o mesmo padrão na infância de Mary Ann Mernaugh (ver Capítulo 14), que passou por dificuldades na infância e na adolescência. A EQM de Mary Ann parece estar relacionada aos demais aspectos de sua vida, quase como se ela estivesse vivendo bem e, num determinado momento-chave, tivesse recebido um golpe e lhe foi mostrada uma alternativa melhor. Uma força estava tentando chamar a atenção dela e dizer: "Olha! Eis uma maneira diferente de viver".

Exteriormente, Mary Ann estava lutando para ser a garota saudável do Centro-Oeste. A imagem de garota feliz exigia um pouco de esforço, no entanto, pois, interiormente, Mary Ann tinha muitas perguntas.

Mary Ann passou por um casamento problemático, pela morte do pai assim como pela morte de um filho. Todos esses traumas podem levar a uma ruptura em nossa armadura protetora, no tecido da nossa estrutura emocional. É essa ruptura que o plano espiritual está esperando para intervir e fazer o seu trabalho? Isso porque parece que esse ponto de entrada é a chave.

Mary Ann admite que era uma adolescente rara, que não se importava com o que seus colegas pensavam; ela confrontava valentões e seguia seu próprio caminho. Esse era o tipo de matéria-prima que poderia ser usado para um propósito mais elevado? Possivelmente o plano espiritual avaliou Mary Ann e disse: "Aqui está alguém que poderia ser um bom instrumento".

Um famoso conto de manifestação da cultura popular

Na cultura popular, existem muitos exemplos bem conhecidos de pessoas que passaram pela EQM. Esse é um tema significativo em todas as artes.

De acordo com Alan Pew, ao escrever *The Significance of the Near-Death Experience in Western Cultural Traditions*, o conto de 1951 "Uma Descida no Maelstrom", de Edgar Allan Poe, contém uma série de elementos da EQM, incluindo uma descrição fascinante do limiar de um mundo idílico, a inefabilidade, a relutância em contar aos outros e uma grande transformação nos valores e nas atitudes do protagonista em relação à vida.[1] Em outro exemplo, Ambrose Bierce descreve a EQM em "An Ocurrency at Owl Creek Bridge", uma história escrita em 1891, 84 anos antes da descrição que Raymond Moody da EQM, que inclui o túnel, um forte zumbido no momento da morte, a reunião com espíritos de entes queridos e um mundo fronteiriço.[2]

Além disso, em *Viagens de Gulliver*, de Jonathan Swift; nos contos de Lewis Carroll, *Alice no País das Maravilhas* e *Alice através do Espelho*; em *Peter Pan*, de J. M. Barrie e em *O Leão, a Feiticeira e o Guarda-roupa*, de C. S. Lewis, os protagonistas viajam para outros mundos fantásticos, habitados por uma variedade de seres estranhos e interessantes.

Vamos também dar uma olhada em *O Mágico de Oz*, de Frank Baum, um livro (e filme) sobre uma jornada, uma exploração e uma conversão, uma mensagem especial que eu particularmente gosto sobre manifestação e intenção.

O Mágico de Oz é repleto de uma paisagem surreal, os amigos incríveis de Dorothy (que se parecem com seus amigos e parentes da vida real) e presentes como os sapatinhos de rubi. Mas o filme também é uma exploração da intenção e da manifestação.

Dorothy expressa seu desejo de deixar "sua casa". Ela está procurando melhorar sua realidade comum, que, precisamos admitir, no Kansas devia ser muito entediante.

O "desejo" de Dorothy é concedido e ela é transportada para outro reino, onde lhe são mostradas propriedades que não existem na Terra. Paisagens incomuns e seres com poderes sobrenaturais que existem "além do arco-íris". É dito a ela que siga seu caminho (a "estrada de tijolos amarelos") e, por fim, descubra que as respostas que procura estão dentro dela – que a capacidade para fazer essa viagem existia o tempo todo. Depois das suas aventuras, Dorothy recebe um presente – os sapatinhos de rubi – e retorna "para casa", transformada. Ela não está mais insatisfeita. Tenta contar a seus parentes sobre sua estranha jornada, mas eles apenas riem, uma reação bem parecida com a que se depara uma pessoa de hoje que vivencia uma EQM. Dorothy, no entanto, sabe que o que vivenciou foi real e ela carrega isso e sua transformação com ela para sempre.

Essas histórias têm um significado universal para as pessoas que passaram por EQMs ao longo das eras.

Manifestação através das lentes da ciência

Em última análise, as EQMs levam, a perguntas que são antigas: a consciência e o mundo físico de alguma forma estão conectados? Nós cocriamos nossa realidade por meio da nossa mente? A consciência coletiva existe e cada um de nós realmente contribui para a nossa existência unificada? Nós existimos num mundo que pode ser criado?

Vimos que muitos dos que vivenciaram uma EQM sentiam-se insatisfeitos com a vida familiar e cotidiana, o que os levou a buscar alternativas em terrenos inexplorados ou pouco investigados. Eles pediram por isso – em alguns casos, imploraram por isso. E funcionou. Os apelos foram atendidos.

Quando pedimos ou exigimos o que queremos, muitas vezes recebemos respostas rápidas e diretas. Podemos pedir com uma oração ou com uma intenção mais focada, mas em muitos casos, quando estamos no fundo do poço e pedimos ajuda é que obtemos resultados. Isso é chamado de manifestação.

De acordo com Imants Barušs, doutor em filosofia, da King's University College, uma "camada de consciência profunda dá origem à consciência intencional e à manifestação física", conforme relatado no *Journal of Cosmology* em 2009.[3] Segundo o escritor e cientista Dean Radin, "no decorrer dos últimos 75 anos, houve um acúmulo gradual de evidências empíricas em favor de uma conexão direta entre intenção mentalmente expressa e manifestação física".[4] Isso sugere que a consciência é um elemento adicional da matéria – ou que a matéria em si é um subproduto da consciência.[5,6]

Não se sabe se isso se estende à manifestação de uma EQM, mas provas evidenciais apontam nessa direção.

Segundo Barušs afirma num artigo no *Journal of Cosmology*, em 2009, "Os programas de pesquisa convencionais para entender a consciência como uma propriedade emergente não conseguiram resultados".[7] Por exemplo, como um dos que desenvolveram teorias cognitivas funcionalistas disse: "Os últimos quarenta ou cinquenta anos demonstraram que há aspectos dos processos mentais superiores para os quais os atuais modelos computacionais, teorias e técnicas experimentais oferecem pouco esclarecimento".[8]

Somos ímãs – condutores energéticos –, capazes de atrair o que desejamos? É uma maneira possível de olhar a manifestação através da lente do campo magnético? Einstein considerou os campos de magnetismo e eletricidade em sua física de 1905, época em que explorou o conceito de um ímã em repouso e do campo elétrico que o rodeia. Portanto, poderíamos extrapolar e perguntar: se nós, também, somos feitos de energia, um tipo de ímã e a manifestação seria o efeito da energia magnética que criamos em nossos campos.

Há algum tempo, a medicina tem estudado o relacionamento entre a consciência humana e sua relação com a estrutura da matéria. De acordo com Rupert Sheldrake, "a resposta pode estar na teoria dos campos mórficos, padrões que não são físicos, mas provocam manifestações físicas".[9] Algumas provas empíricas apoiam a existência de tais campos, que podem ser criados pela vontade atuando no nível da consciência profunda. A teoria da morfogênese de Sheldrake sugere que a intenção não é um traço único da consciência humana, mas uma parte essencial de toda a vida nos sistemas biológicos.

Este livro aponta para a mesma conclusão: a intenção, no nível da consciência profunda, persiste em todo o universo. O poder da mente é notável e, com a orientação correta, pode criar expressões em comportamento. Existem provas suficientes para que levemos a sério a noção de que a intenção exerce efeitos diretos sobre a manifestação.

Os casos neste livro incluem homens e mulheres que viveram suas vidas com padrões de comportamento que existem há muitos anos. Os resultados, as EQMs, não ocorreram só porque, em algumas ocasiões, essas pessoas desejaram algo melhor. Então, uma palavra de advertência: não tente fazer isso em casa e esperar resultados imediatos. Não vai funcionar. E lembre-se: o plano espiritual parece contribuir com essa experiência também.

A MANIFESTAÇÃO HOJE

Hoje, ensina-se sobre a manifestação pedindo que a pessoa imagine como a vida seria quando uma intenção é realizada. Às vezes, o plano espiritual se manifesta depois que uma intenção é definida. Essa manifestação pode assumir a forma de mensagens, sincronicidades, novas oportunidades ou respostas que começam a surgir. Reconheçamos isso ou não, a maioria de nós vivencia esses fenômenos; eles não são reservados apenas para indivíduos "especiais".

De acordo com o psiquiatra suíço Carl Jung em *Sincronicidade*, as sincronicidades são sinais de algo poderoso atuando profundamente na mente inconsciente quando dois mundos, o interior e o exterior, estão alinhados.[10] Essas sincronicidades são apenas eventos aleatórios em nossa vida, sem mais consequências do que uma conversa aleatória com um colega? Ou essas ocorrências seriam o resultado de conexões profundas entre a consciência e o mundo da matéria?

Parece que algo muito poderoso está acontecendo nos bastidores. Fios de consciência se formam e se entrelaçam para convergir num todo que resgata nossa intenção do domínio do espaço e do tempo, do qual o universo é composto.

A física quântica está apenas começando a descobrir que a mente humana tem o poder de manifestar ou cocriar os resultados das nossas próprias realidades. A prova evidencial da EQM parece confirmar isso e sugere que o fluxo de energia desempenha um papel importante. Então, é possível que as EQMs criem uma energia forte, concentrada, que pode nos transportar para outro reino em mediante uma intenção significativa?

De acordo com a psicóloga de Harvard Ellen Langer, a maioria das pessoas busca os "fatos" e considera seu conhecimento como algo absoluto.[11] Na verdade, quanto mais "realistas" somos em pensamento, mais nos agarramos à visão mais lógica do universo. Quanto mais presunçosos e rigorosos somos em nossas crenças, menos oportunidade temos de que essas mensagens possam ocorrer. Quando nos atemos ao que nos é familiar, parece que isso nos mantém fixos, por causa do que a nossa mente faz com essa familiaridade. As pessoas que passaram pela EQM parecem considerar cenários alternativos como uma ocorrência natural, como buscadores do alternativo por natureza, determinados a encontrar outras formas de ser.

Esse é seu caminho também? Você é um candidato à manifestação? Como você provavelmente já viu na sua própria vida, é preciso ter plena convicção quando pede algo que seu coração deseja. É preciso investir toda a emoção quando demonstrar uma intenção. Por isso precisamos ser cuidadosos com relação ao que optamos por criar. Isso porque podemos criar uma jornada para outra realidade.

17

O Significado da Consciência na EQM

"Nas profundezas, a consciência do homem é uma só."
– David Boehm

À medida que a minha pesquisa avançava, eu percebia que estava investigando apenas uma levíssima rachadura no verniz da consciência. Era uma frágil abertura e eu sabia que havia mais.

Esse trabalho me levou a questões maiores. A indescritível vastidão das estrelas, planetas e galáxias, que se estende por milhões de anos-luz, estaria de alguma forma ligada à criação da consciência? Teria a consciência uma escala inimaginável ou seria algo absolutamente sem escala? O que conhecemos da consciência causaria algum impacto sobre a morte, a vida após a morte, a eternidade e o nosso estado de unidade? Ocorreram muitos momentos reveladores nessa pesquisa. Um dos mais memoráveis foram as suposições com relação ao modo como nos conectamos à realidade. Todos nós, na Terra, temos essa suposição básica, e a maioria de nós considera a realidade aquilo que tocamos, vemos e sentimos – o que captamos por meio dos nossos sentidos físicos. No entanto, o verdadeiro mistério está fora dessa realidade. A nossa consciência está alojada em nosso corpo físico denso, o que significa que nunca estamos inteiramente conscientes até que a nossa consciência se separe do corpo, no momento da morte ou durante uma EQM ou outro tipo de experiência transformadora, quando nos libertamos.

A consciência é o mais complexo fenômeno da nossa existência, a última fronteira, que não foi ainda completamente explorada. Atualmente, depois de extensos estudos, ninguém ainda tem a mínima ideia de como algo material pode ter consciência. A origem do universo e a consciência ainda são grandes mistérios para nós.

A CIÊNCIA E A CONSCIÊNCIA

A consciência é paradoxal. Embora intangível, ela existe. Não temos ideia de como ela se origina, pois não podemos vê-la, mas sabemos que ela é a fronteira e o centro da nossa vida, nosso quadro de referência para regularmos nossa vida.

E o que dizer do cérebro, o painel de instrumentos da nossa visão científica da consciência? Como o cérebro explica nossa experiência subjetiva? De acordo com o pensamento convencional, quando os cientistas falam da consciência, eles se referem ao cérebro. De acordo com a ciência, a experiência verídica de Rajiv Parti (ele viu a irmã e a mãe, na Índia, tomando chá enquanto ele estava do outro lado do mundo, numa mesa de operações do centro médico da UCLA; ver Capítulo 5) não poderia ter ocorrido. Mas ela ocorreu. Visto através das lentes da ciência, quando Barbara Whitfield estava deitada em seu leito de hospital (ver Capítulo 3), ela não poderia ter ouvido uma conversa entre as enfermeiras no corredor. Mas ela ouviu.

O atual pensamento científico é construído com base na premissa de que não podemos confiar em provas que não podemos testar. Mas o mundo energético desconcerta a pesquisa e a verificação científica. Ela é intangível. Não segue as mesmas regras que o mundo material, convencional, mesmo que a ciência persista em aplicar nossas leis físicas a ela.

É possível que a resposta para a consciência não esteja no cérebro? Que tudo o que existe esteja armazenado em outro lugar? Que as características que nos dão vida e conhecimento, que o elemento da EQM que é inefável também esteja em outro lugar? Ou à nossa volta? Que ele é eterno e integrado ao universo?

O exame da consciência remonta a 350 a.C., quando Aristóteles e Platão concordaram quanto ao princípio de que múltiplas almas abrangem várias funções, incluindo aquela que controla as funções biológicas, a que controla os sentimentos e outra ainda, que controla a capacidade da razão. Em torno de 1600, René Descartes começou a refletir sobre essa questão. Deveria haver não só um reino físico, mas também um reino mental, supôs ele. Ele acreditava em dualismo – que a mente e o corpo não são equivalentes.

Em nosso mundo contemporâneo, a ciência se concentra na consciência como consequência da fisicalidade. Segundo os cientistas, a morte do cérebro explica o fim da vida como a conhecemos. As EQMs não passariam de uma série de reações cerebrais. Mas as explicações científicas são escassas no plano das EQMs. A história que o mundo científico conta simplesmente não tem consistência. Não só não explica a consciência, como nem começa a explicar a experiência de quase morte.

Como você viu neste livro, a consciência encontrada pela EQM é um domínio não definido pelo materialismo, não é feito de matéria, pelo menos não como a definimos. É um domínio que escapa à explicação e aos nossos aparelhos de medição.

De acordo com os casos deste livro, a consciência universal está causando todo tipo de influência, a cada momento da nossa existência, que nos é desconhecida. As pessoas que passaram pela EQM são apenas uma pequena parte do que está acontecendo na consciência. Nosso universo é um pequeno ponto num espaço muito mais vasto, um espaço que não podemos entender; um todo muito maior e mais complexo.

Temos explorado uma forma coletiva de saber que não podemos compreender. Ao examinar a realidade, devemos perguntar: o mistério da realidade pode ser atribuído ao momento em que a consciência pura encontra a consciência universal? A nossa consciência é mais arguta e mais real e substancial quando não é filtrada nem obstruída pelo nosso corpo físico? Quando esse momento ocorre, é esse o momento raro de todo conhecimento – a compreensão total – que estamos procurando? E somos, portanto, imortais e infinitos no tempo e no espaço?

O conceito de realidade e a busca da nossa realidade final têm intrigado os seres humanos desde que percebemos os céus celestiais acima de nós. Grande parte da nossa existência humana é dedicada a tentar dar sentido ao nosso lugar no universo e o papel e a interação que temos *dentro* dessa realidade. Várias escolas de pensamento filosófico, espiritual e científico tentaram explicar essa questão dominante da existência humana, essa névoa ilimitada de energia entrelaçada com o universo.

Uma explicação da consciência por meio da EQM

De acordo com este trabalho, a consciência está viva e nos rodeia. Tudo tem algum nível de consciência, e a consciência existe em toda a vida. Pelo fato de tocarmos isso, somos contemplados com consciência.

O significado da consciência na experiência de quase morte

A consciência não entra necessariamente no nosso corpo físico e não tem uma localização física, e é aí que está o dilema da ciência.

A consciência é invisível. É permeável, como o ar, e não reside num lugar físico: nem no cérebro, nem no coração nem em nenhum órgão físico. Ela infiltra-se em nós, como vapor, por isso não precisa estar no cérebro. Ela não tem de estar no coração. Não precisa estar em lugar nenhum. Porque é porosa, é sutil. Não pertence ao nosso mundo concreto. As provas que estão surgindo mostram que a nossa consciência não tem fronteiras e nossas visões da vida após a morte devem ser reexaminadas.

Na consciência universal, tudo é registrado num sistema baseado na não fisicalidade e na não localidade. Não podemos impor nossas leis a esse sistema. Nosso mundo, nossa realidade, é um instantâneo, uma série de vinhetas, criadas pela consciência. É como um arquivo ou caixa de arquivo que é um subconjunto da totalidade do universo. Tudo na consciência pode ser elaborado, recriado e recuperado, mas nunca perdido.

Nesse plano de "existência", há informações armazenadas, uma gravação de cada ato, cada comportamento que existe. Essa informação está conectada pela fibra, a teia invisível que funciona como uma malha para tecer e tece todos os seres juntos num esquema imenso e coordenado.

Dessa maneira, todos os nossos planetas, nosso universo, tudo o que está no universo é consciência e a consciência está em tudo.

O QUE ACONTECE QUANDO AS PESSOAS QUE VIVEM EXPERIÊNCIAS DE QUASE MORTE RETORNAM COM UMA EXTRAORDINÁRIA CARGA REFORÇADA DE CONSCIÊNCIA?

A energia e a consciência dessas pessoas que vivenciaram uma EQM são alteradas permanentemente quando elas retornam – um impacto que não pode ser subestimado. Essa alteração afeta os poderes o comportamento existência cotidiana delas. Antes da EQM, esses indivíduos existiam no estado de equilíbrio com o qual associamos a vida na terra – sua proporção de fisicalidade/consciência era estável. No entanto, depois da EQM retornam sobrecarregados de informações. A consciência ampliada deles é muitas vezes um fardo, uma maneira desconhecida de ser aos olhos da maioria. Não há como viver essa nova vida com um plano de jogo ou estratégia. Eles estão por conta própria.

Para essas pessoas, é como se tivessem deixado uma sala e, ao retornarem, descobrissem que a sala está diferente, numa casa diferente, num mundo diferente. Eles ficaram fora por um instante e, ao voltar, elas mesmas não são as mesmas e tudo mais também mudou. A mente dessas pessoas se expandiu quando deixaram o corpo físico e sua consciência se fundiu com o universo e eles se tornaram uma unidade.

"Você não está realmente no controle", disse Bob Magrisso (ver Capítulo 6). "É como se fosse levado e tem uma forte sensação de estar deixando o plano normal de existência. É a sensação de que você é parte de algo maior."

Para colocar tudo isso num contexto, tenha em mente que, segundo a ciência ocidental, as experiências que essas pessoas relatam não são reais. A primeira tendência da ciência é minimizar a magnitude dessas experiências. "Isso de fato não aconteceu", esse é o julgamento feito com uma dose de ceticismo. Em muitos casos, as experiências são até negadas, como se nunca tivessem ocorrido. Ou talvez sejam vistas como alucinações induzidas por drogas ou consequências de mau funcionamento do cérebro. No entanto, é estranho que todas as ilusões sejam idênticas entre as pessoas que as vivenciaram. A comunidade científica é incapaz de explicar definitivamente o que está acontecendo ou entender como o cérebro poderia causar esses efeitos colaterais.

A consciência não é humana nem está viva. É composta do infinito e de tempo nenhum, de todo o espaço e nenhum espaço. O espírito pareceu sussurrar que ela surgiu da força de uma multiplicidade de modalidades, planetas e alguma alquimia universal de um universo distante, há bilhões de anos. Não foi criada em nenhuma vida que possamos entender.

É um poder que tem intenção sobre tudo: um domínio específico que envolve todos os sentidos – no entanto, ao mesmo tempo, não temos sentidos quando estamos lá. Somos capazes de reagir a tudo o que esse domínio tem a oferecer, bem como aceitar, e o que ele tem a oferecer é absolutamente tudo, cada elemento: música, espiritualidade, a capacidade de ver nossos entes queridos, um castelo além da compreensão. É como imergir em propriedades terrenas de uma imensa proporção.

A consciência é a nossa essência. O corpo físico que usamos na terra é um veículo temporário que nos permite experimentar a vida num plano tridimensional. Quando deixamos este plano terreno, existimos como consciência pura, como pura essência. Podemos nos conectar a tudo porque não estamos mais restringidos pela fisicalidade.

A questão da consciência, a inefável alteração da nossa realidade, é única. Examinar isso através da lente de uma EQM aumenta sua complexidade. As pessoas que passaram pela EQM falam do enigma da realidade e de como a realidade da EQM é mais real do que a realidade da nossa terra. Isso nos leva a perguntar: a nossa realidade não é mais do que um sinal para satisfazer a nossa compreensão limitada da nossa existência?

Mais real do que a própria realidade

Quando avançamos para além da densidade física do nosso corpo, podemos vivenciar com clareza a verdadeira realidade universal? Essa questão foi examinada pelos cientistas ao longo do tempo, e a filosofia e a literatura têm muito a dizer sobre essa intersecção:

- "A realidade é meramente uma ilusão, embora muito persistente." (Albert Einstein)
- "Tudo o que chamamos de real é feito de coisas que não podem ser consideradas reais." (Niels Bohr)
- "Existem coisas conhecidas e outras desconhecidas, e no meio estão as portas da percepção." (Aldous Huxley)
- "Se as portas da percepção estivessem desobstruídas tudo pareceria ao homem como é, infinito." (William Blake)
- "A humanidade não pode suportar muita realidade." (T.S. Eliot)
- "Nada existe, exceto átomos e espaço vazio; todo o resto é opinião." (Demócrito)
- "O entendimento humano é como um espelho falso que, recebendo raios irregularmente, distorce e descolore a natureza das coisas, misturando sua própria natureza com ela." (Francis Bacon)

Cada pessoa que vivenciou uma EQM compartilhou experiências semelhantes em suas interações com o plano espiritual e a consciência. Como disse Dan Rhema: "Eu realmente tenho sonhos intensos. É difícil explicar às pessoas com são as minhas noites. Eu chego lá [na experiência] em apenas um instante, mas depois levo muito tempo para tentar processar o que aconteceu, porque isso vai contra tudo o que eu pensava antes. Tive de realmente me esforçar muito para conseguir dizer: 'Ok. Não tem problema eu fazer esse tipo de coisa'".

"A EQM é uma coisa viva e ela não acaba só porque a pessoa a teve e ponto final", falei a Dan. "O processo continua pelo resto da vida."

E embora isso pareça ótimo para alguns, a experiência da consciência eterna às vezes não é algo tão maravilhoso quanto se pensa. Para as pessoas que vivenciaram uma EQM, não existe alívio, elas são o tempo todo atacadas pela consciência indesejada. No entanto, elas também dizem que nossa realidade parece banal em comparação com essa experiência. Quando discuti essa questão com elas, descobri mais sobre sua aceitação gradual do evento. Algumas tinham progredido mais nesse processo do que outras. No início, muitas não entendiam o que estava acontecendo. Algumas me pediram informações e eu consegui dizer a elas o que aprendi com outras pessoas que passaram pela mesma coisa. Eu podia dizer que todas essas pessoas que conheci aprenderam a se ajustar – algumas mais do que outras – e isso exigiu tempo.

Nas minhas conversas com elas, eu disse que, quando você entra nessa outra realidade, depois da EQM, suas experiências podem ser incomuns. Quando alguns desses homens e mulheres estão dormindo ou de olhos fechados, podem ver rostos ou ouvir música. Eles se conectam num nível diferente. Alguns me disseram que acordam à noite e tomam cuidado para não despertar o parceiro, indo para outro cômodo para deixar que esse processo se desenrole. Eles observam e escutam como observadores de um mundo invisível.

A CONSCIÊNCIA COMO MISSÃO

O que é essa "missão" e por que ela é dominante na EQM? A palavra "missão" vem do termo latino *"mittere"*, que significa "enviar". E esse conceito de ser enviado para fazer um trabalho não poderia ser mais verdadeiro para as pessoas que parecem retornar depois de sua experiência de quase morte para se tornarem representante em favor do universo.

As missões aparecem ao longo da história e são encontradas no folclore de muitas culturas. O cumprimento de uma missão exige uma grande força, um grande esforço e a superação de muitos obstáculos. O mesmo é verdadeiro para as pessoas que acham que seu verdadeiro trabalho não começou até que retornassem da EQM.

A missão parece ser a tentativa do plano espiritual de implantar uma intenção específica na consciência dessas pessoas. Elas não apenas retornam da EQM com uma variedade de efeitos colaterais, mas com uma nova orientação. Isso vai além de uma saída da rotina ou do desejo de encontrar o significado na vida pelo qual muitos de nós anseiam. Trata-se da consciência do universo, profundamente enraizada, e uma compulsividade que está incorporada dentro deles. Eles retornam com a luz, com habilidades que geralmente atribuímos a poderes superiores. Eles acumulam várias delas, para provocar uma mudança no modo como o planeta opera.

COMO A MISSÃO É CRIADA?

Em algum momento, após a experiência de quase morte, a pessoa retorna à vida. Como certamente você observou, ela pode ter recebido a opção de voltar ou não, ou pode ter sido lançada de volta para o corpo físico. Pode dizer que voltou porque o trabalho de sua vida não estava completo. Ou o seu retorno pode ter decorrido de um senso de responsabilidade, como não querer deixar a família, como foi o caso de Dan Rhema (ver Capítulo 6).

Pode ser dada à pessoa uma razão pela qual ela deve retornar, como "Não chegou a sua hora". Algumas são informadas de uma missão específica, como Lewis Brown Griggs (ver Capítulo 4). Outras têm a sensação de que lhes foi designada uma missão, mas não conseguem lembrar que missão é essa, como Mary Ann Mernaugh (ver Capítulo 14). Algumas sabem que têm um trabalho a fazer, sentem uma compulsão para fazê-lo e partem para se tornar um farol de luz. Pode ser uma missão concreta, como é o caso de Robert Bare, que afirma: "Eu só quero fazer o bem" (ver Capítulo 10) ou pode ser a missão de levar os acordes da harpa aos que estão à beira da morte, "algo maior do que eu, maior do que a harpa", como Marissa disse (ver o Capítulo 12). Algumas missões são visíveis e outras são incertas.

Depois da EQM, a vida dessas pessoas muda de maneiras para as quais elas não estão preparadas. Elas têm de pensar, agir e viver de maneira diferente. Precisam dar um sentido a tudo que vivenciaram e colocar esse novo sistema em vigor para ajudar outras pessoas. O resultado, se tudo sair bem, torna-se sua missão. O tema subjacente de servir à humanidade é uma constante. Por isso a compulsividade para executar esse trabalho. Para algumas, é menos um salto do que uma progressão, mas, ainda assim, é uma exploração designada e orientada pelo mundo espiritual.

O que o plano espiritual nos conta sobre o nosso plano terreno? Por que "eles" estão enviando de volta baterias de consciência para iluminar o nosso planeta? O que o plano espiritual sabe sobre a nossa Terra e seu futuro? E nós, na Terra, entenderemos a mensagem? Essas questões permanecem, mesmo enquanto procuramos as respostas.

18
Tudo É Energia

> "Para entender a verdadeira natureza do universo,
> precisamos pensar em termos de energia,
> frequência e vibração."
> – Nikola Tesla

Como você viu, o trabalho que relato neste livro me levou a muitas direções diferentes, apresentando-me uma variedade de pistas novas ao longo do caminho.

Comecei este trabalho focada na resolução do enigma dos efeitos colaterais da EQM. Quando comecei a pesquisa, tentava aprofundar a natureza essencial do que acontece numa EQM, seus efeitos colaterais e o significado que eles tinham para todos nós. Eu acabei indo muito mais longe, investigando os mistérios da consciência e o domínio energético, a natureza da vida após a morte e a força vital que existe em todos nós.

A noção de energia impregna o domínio da EQM. Tudo com que retornam aqueles que a vivenciam é resultado da entrada numa energia com uma frequência energética maior, um domínio não material que não podemos definir e temos dificuldade para descrever na nossa língua. Na linguagem da EQM e das consultas, esse reino é de fato "luz". No entanto, também abrange efeitos colaterais.

No início, esses efeitos secundários pareciam inexplicáveis, mas, com mais investigações, passaram a ter mais coerência. Um efeito inegável e intenso resulta de se estar na "luz". Esse efeito fortalece de modo seletivo nossas habilidades, aumenta nossa cura, amplia nossa inteligência, cura nossa fisicalidade, intensifica nossas experiências e intensifica nossas capacidades. Como se explica isso?

Nós somos energia

Uma das razões pelas quais as EQM são tão poderosas é que elas revelam e ativam aspectos da consciência que são obscuros na realidade do dia a dia que a maioria de nós vivencia. O acesso a esse espaço revela mais do que qualquer coisa que possamos imaginar.

Nossa experiência física na Terra é apenas um aspecto muito estreito da realidade imensamente maior que as EQMs acessam. Toda indicação que temos sugere que essa realidade "universal" surge como um campo de energia conhecido por vários nomes, entre eles Uno, Fonte, Deus e Consciência Cósmica.

Embora nossa experiência humana limite dramaticamente nossa capacidade de compreender essa realidade maior, muitas fontes explicam que a nossa consciência deriva desse campo e está diretamente conectada a ele, além de interagir com ele. Trata-se de uma concentração incrivelmente grande, integrada e extremamente complexa de energia. Nossa consciência, sendo um aspecto integral, nunca morre, e nossa essência existe concomitantemente, pela eternidade.

Quando morremos, nossa consciência sai do corpo físico que usamos na Terra e vai para esse vasto reino onde essa profunda atividade energética ocorre. Podemos vivenciar um conhecimento maior, sentir-se parte do Todo, existir para sempre – um conceito claramente inconsistente com a nossa presente compreensão das leis físicas.

Quando temos uma EQM, nossa essência deixa nosso corpo físico para vivenciar uma espécie de evento astrofísico. Nossa consciência retorna à realidade física do plano terreno impregnada pela experiência desse domínio maior. Todos os indivíduos desse estudo retornaram com uma consciência alterada que reconfigurou sua existência física com características e habilidades que nós chamamos de efeitos colaterais. Não temos categoria na ciência para descrever esse fenômeno, mas essa pode se tornar a nova física – o estudo de uma energia e um processo desconhecidos, gerados por uma fonte ainda não identificada que altera nossa energia física permanentemente.

A energia do reino astral é diferente da energia na terra – seja ela química, mecânica, nuclear, radiativa ou elétrica. Essas energias terrestres são mais densas que a energia do plano astral, que vibra numa frequência extremamente alta. A densidade do plano astral é praticamente inexistente.

O que é frequência?

Muitas fontes, entre elas veneráveis filósofos e estudiosos, declaram explicitamente que tudo o que existe, vibra. Isso significaria que uma característica essencial desse vasto domínio é o fato de que ele pulsa em diferentes frequências.

O que é frequência? A frequência é a taxa básica em que qualquer coisa vibra – o número de ciclos vibratórios por segundo (medido em Hertz, em que 20 Hz seria igual a 20 ciclos por segundo).

Nossa experiência é que os objetos em nossa realidade variam em sua frequência, que vai de (aparentemente) zero até frequências extremamente altas, como as ondas de rádio e de luz. As ondas de áudio ou de som vibram em frequências relativamente mais baixas (milhares de vezes por segundo), sendo que as ondas de rádio são mais altas (milhões por segundo); a luz visível é muito mais alta; e os raios-x e os raios gama vibram mais rápido ainda.

Como as diferenças no campo são essencialmente diferenças nos padrões de vibração, por definição, tudo o que vivenciamos é essencialmente o resultado de uma combinação de vibrações ou frequências.

Diferentes tipos de materiais (rochas, árvores e o fogo, por exemplo) têm frequências de base diferentes, sobre as quais as vibrações são sobrepostas para produzir os extraordinários detalhes que observamos. O resultado é chamado de onda, uma combinação de um grande número de frequências.

Como tudo o que observamos, cada parte do nosso corpo físico tem uma forma ondulatória com sua própria frequência. Todo o corpo humano é uma superforma de onda complexa que inclui as várias frequências e assinaturas energéticas de seus componentes. Muito complexo de fato.

Esses componentes podem ser isolados pela frequência de base. Por exemplo, nossas células vibram a uma frequência de base de 1.000 Hz. Nosso coração vibra a uma frequência de base de 100 Hz. Estima-se que nosso corpo físico em geral vibre a uma frequência de base de 7-10 Hz.

Ok, você pode estar pensando agora. *Onde ela quer chegar com isso? Que relação isso tem com a EQM?*

Como você pode agora imaginar, nossos órgãos e as outras partes principais do nosso corpo são concentrações de atividade vibratória – centros energéticos – que, se influenciados ou alterados, podem influenciar o funcionamento do resto do organismo.

Ondas de luz e energia

Algumas pessoas que passaram pela experiência de quase morte relatam que viram luzes de cores impossíveis de serem descritas em termos convencionais, o que mostra a evidente possibilidade de que existam aspectos de luz ou tipos de luz dos quais não temos nenhuma compreensão. Essas luzes e fontes quase certamente poderiam interagir com quem foi exposto a elas, de maneiras que seria difícil para nós entendermos.

Também há um consenso de que os reinos espirituais têm uma frequência energética significativamente maior do que aquelas que produzem a nossa realidade. O domínio espiritual é geralmente descrito como uma "luz" intensamente brilhante. No entanto, ao mesmo tempo, muitos admitem que entendem ou reconhecem essa luz como o Uno, o Todo, o plano espiritual, "Deus", e assim por diante. Essa "luz" do Espírito parece possuir a mais alta frequência.

Se seguimos essa linha de pensamento, então, por que a luz branca do mundo espiritual, um fenômeno energético de carga elevada, tem um impacto sobre as pessoas que passaram pela EQM e que se viram nesse espaço? Nós podemos perguntar: essa luz de altíssima vibração foi o que transformou e alterou essas pessoas?

Padrões, frequência, vibração: as conexões

No Capítulo 11, analisamos o Padrão que Lynnclaire Dennis recebeu na EQM. Nós também examinamos padrões na poesia, na música, na geometria e na matemática. Na verdade, o padrão é parte integrante dos conceitos de formas de onda que resultam das vibrações que abrangem tudo o que vemos.

Ao longo da história, inúmeras pistas e indicações sobre a frequência energética nos foram dadas e aguardam que nós as organizemos, como peças de um quebra-cabeças gigante. Aqui no alvorecer de uma nova era, esse quebra-cabeças está finalmente revelando os componentes de uma linguagem baseada em energia, frequência e forma, que parece estar incorporada à EQM e aos seus efeitos colaterais.

Se há uma linguagem universal, será que ela pode ser demonstrada em padrões energéticos e vibrações? Padrões que já existem na terra e que fazem parte da nossa vida? Essa linguagem já existe? Será que outras informações podem ser transmitidas por meio desses padrões? A frequência será uma maneira de criar e organizar o mundo à nossa volta? Esse conceito cativou pensadores e cientistas por séculos. Nikola Tesla disse: "Se você quiser encontrar os segredos do universo, pense em termos de energia, frequência e vibração", e Einstein supostamente disse: "Tudo é energia e isso é tudo o que existe".

Vibrações estão em toda parte. Estamos cercados por vibrações. Vivemos num oceano de vibrações. As vibrações movem-se através de nós assim como o som viaja através do oceano. Nós estamos todos interligados e ligados ao universo por unidades invisíveis de energia e vibração. Podemos pensar nelas como milhões de partículas subatômicas fervilhando de energia. Tudo o que é visível e invisível no Cosmos está costurado por uma estrutura energética que existe de acordo com suas próprias leis. Essas experiências ocorrem num espaço tão vasto, tão além das nossas fronteiras ou da nossa aparelhagem moderna, que ainda não podemos definir as suas especificidades e nem mesmo temos vocabulário para classificá-las.

A capacidade de estar na luz, essa vibração mais alta que todas as pessoas que vivenciam a EQM descrevem como uma luz branca brilhante, a "luz do Espírito", pode levar à ampliação das propriedades terrenas. A vibração gerada por essa frequência e energia pode alcançar e restaurar o equilíbrio e aumentar nossa consciência para estados alterados. Essa energia, essa frequência mais elevada com que essas pessoas retornam, também pode se expressar como dons, habilidades intensificadas, uma transfusão de frequência que nos concede talentos.

Energia vibratória

Se você é como a maioria das pessoas, provavelmente está se perguntando como pode aumentar a sua frequência sem ter uma EQM. Os métodos que podem ser usados no dia a dia incluem meditação, cânticos, toque de tambor, tigelas tibetanas e o *Toning* vocal, criado por Laurel Elizabeth Keyes. A hipnose, uma variação de transe, também pode ser usada para aumentar a vibração. Alguns acreditam que a gratidão, as expressões de amor e a compaixão também podem aumentar nossas vibrações. Porém, esteja ciente de que você não aumentará sua frequência o suficiente para entrar no estado de quase morte. Na verdade, você nem desejaria isso. Você não quer morrer ou quase morrer para alcançar esse estado. Sim, é possível usar esses métodos para aumentar a consciência e dar mais um passo adiante, mas esse não é o último passo à frente.

A frequência ampliada que conseguimos atingir na EQM, como se sintonizássemos um sinal de rádio fraco, fora do alcance da audição humana, é o que tem a capacidade de nos transformar, moldar e alterar para sempre.

A visão científica da energia e do estado da quase morte

Os cientistas estudaram a energia e a manifestação energética, mas em geral consideraram-nas como incidentais em comparação com o papel do cérebro no estado de quase morte. De acordo com pesquisas na Universidade do Arizona, no entanto, há provas científicas de que os aspectos elétricos da atividade cerebral sofrem alterações nas experiências de quase morte.[1]

Embora os cientistas tenham se concentrado no cérebro em seus experimentos relacionados à vida após a morte, eles ignoraram totalmente um elemento-chave: o aumento da atividade elétrica registrada nos estados de morte e quase morte indica que o cérebro está em funcionamento durante esses experimentos. A ciência se concentra no cérebro, mas ignora o fato consistente de que são os campos elétricos que são alterados, seja em humanos, em ratos ou em outros estudos científicos.

De acordo com pesquisas publicadas no *Proceedings of the National Academy od Sciences*, um estudo realizado na Universidade de Michigan em ratos moribundos encontrou altos níveis de ondas cerebrais no instante da morte dos animais. O principal autor do estudo "Electrical Signatures of Consciousness in the Dying Brain" concluiu que no período de trinta segundos depois que o coração dos animais parou de bater, houve um aumento acentuado nas ondas cerebrais de alta frequência chamadas oscilações gama (as mesmas ondas gama que conferiram a Mary Ann Mernaugh mais inteligência e que foram mencionadas no caso dela no Capítulo 14).[2] Nos ratos, esse aumento inexplicável na conectividade elétrica ocorreu em níveis ainda mais elevados logo após a parada cardíaca, em comparação com o momento em que estavam acordados e bem.

Ocorre uma conexão elétrica, a energia alterada que ocorre na morte ou na quase morte. De acordo com pesquisas em Zurique e em estudos sobre meditação, as ondas gama de alta frequência também estão conectadas às experiências noéticas e à meditação. Parece ser o próprio campo elétrico o denominador comum, que sofre a mudança na morte ou na quase morte, e que leva a uma alteração da energia. Esse tema exige um estudo mais aprofundado.

Os efeitos terapêuticos e transformadores da energia e da frequência

Quando comecei a estudar frequência, vibração, padrões e energia, percebi que os efeitos colaterais da EQM estão conectados à energia e às vibrações, e que a linguagem oculta da EQM é percebida por meio da expressão de ritmos, padrões e vibrações à medida que aquele que a vivencia viaja através de uma paisagem de luzes e símbolos.

A EQM é um fenômeno energético. Para onde os indivíduos viajam, a energia é infinita e incompreensível. Uma parte da energia dessas pessoas sai e é tocada por essa energia infinita. Quando retornam para a terra, essa energia está costurada no ser deles – uma frequência diferente daquela com a qual estamos acostumados no plano terreno. A ideia do corpo como mecanismo energético não é única e é um conceito unificador que nos liga ao universo. Essa frequência mais alta é colocada nele como um implante, enquanto o corpo físico ainda está sintonizado com a energia deste plano.

A energia junta esses efeitos colaterais da EQM, que se manifestam como dons e comportamentos alterados. Música – som e padrão numa escala de frequência. Arte – energia manifestada como cor e forma. Visão – uma função de ondas de luz e frequência. Audição – uma função das ondas sonoras e da ressonância. A matemática e a geometria estão ligadas a padrões energéticos. Parece que ondas ou vibrações também têm relação com as qualidades de cura da EQM. A frequência mais alta, alcançada pela reorganização da matéria no nível básico, ativa propriedades na pessoa que passa pela EQM. Os efeitos colaterais da EQM podem parecer dons, mas estão, na verdade, relacionados à energia de alta frequência.

O que é que está tentando se expressar por meio desses padrões?

Uma resposta é que, de alguma maneira, somos levados a um reconhecimento subconsciente de um grande padrão baseado em frequência, tempo e espaço. O mais provável é que essas expressões representem os componentes de uma linguagem que não compreendemos completamente, mas poderia ser a linguagem subjacente à estrutura do universo.

Seriam as EQMs o veículo para nos permitir um salto cósmico, uma conexão entre a vibração energética e o universo?

Ao considerar essa questão, percebi que estava voltando ao ponto em que comecei, ao momento em que tive minhas primeiras experiências com o mundo psíquico e descobri que "Somos apenas energia e a energia tem de ir para algum lugar".

19

Um Novo Paradigma para Explicar a EQM

> "A viagem de descoberta não consiste em buscar novas paisagens, mas em ter novos olhos."
> – Marcel Proust

À medida que avançava, continuei a aprender muitas coisas novas. Quando comecei este trabalho, esperava me concentrar na variedade de efeitos colaterais produzidos pelas experiências de quase morte e satisfazer a minha curiosidade sobre seus poderes peculiares.

Mas algo aconteceu à medida que o trabalho avançava: dei-me conta de que o antigo paradigma para descrever o evento e seus elementos – o túnel, a luz, os seres – compreende apenas um nível da experiência. Percebi que esses elementos poderiam ser ampliados, para que se pudesse examinar a experiência num nível mais profundo.

Esses elementos permitiram que os cientistas classificassem a EQM. No entanto, é hora de estabelecer uma compreensão mais profunda sobre o que mais esse fenômeno significa, além do espetáculo dos elementos. O conhecimento de que essa experiência de fato é real exige uma compreensão que vai além do drama relatado pelo indivíduo que passou por ela.

Com a melhor das intenções, procurei catalogar os efeitos colaterais da experiência de quase morte. Mas o plano espiritual tinha outros planos em mente. Ele continuou me instigando a examinar outras questões que colocava à minha frente, a fim de me fazer examinar o significado mais profundo da EQM.

Enquanto eu explorava os casos e mergulhava no mundo da consciência além do nosso entendimento, descobri não só que os poderes tangíveis das pessoas que vivenciavam a EQM não se encaixavam perfeitamente no meu plano original, mas que todos eles estavam interligados. Nenhum está sozinho. Mas por mais conectados que estejam, eles podem ser opressivos e mais bem entendidos quando considerados separadamente.

15 Princípios da EQM

1. A experiência de quase morte é uma expressão da vibração energética.
2. Uma vez que a "porta foi aberta", a consciência das pessoas que vivenciam a EQM e a sua conexão com o plano espiritual tornam-se irrestritas e permanentemente acessíveis.
3. Depois da EQM, as conexões com a consciência são involuntárias. Uma parte desproporcional da vida da pessoa passa a ser dominada pela consciência.
4. As pessoas que vivenciam a EQM ficam conectadas ao plano espiritual após a experiência, o que significa que elas estão conectadas a toda a consciência e o resultado disso é uma sensibilidade maior.
5. As EQMs parecem se manifestar e ser provocadas pela intenção.
6. A realidade da EQM é a consciência verdadeira e a nossa realidade na Terra é apenas uma realidade muito tênue.
7. As pessoas que vivenciam a EQM parecem estar em treinamento e ter sido pré-selecionadas, por alguma força desconhecida, para uma missão maior.
8. A EQM parece ser uma maneira de aumentar a consciência do nosso planeta.
9. Nossa consciência vive para sempre, é universal e controla todos os aspectos da nossa vida. Nosso corpo físico é apenas um traje temporário que vestimos no plano terreno.
10. A EQM altera a energia da pessoa após o seu retorno.
11. O estado vibracional mais elevado da EQM faz com que as pessoas que a vivenciam interajam e interfiram com o plano eletromagnético, após o seu retorno.
12. Durante a EQM, caso haja uma autoridade apropriada para orientá-la, alguém que a pessoa respeite, admire e busque o exemplo, ocorre uma revisão de vida.
13. Os elementos da EQM não são a mensagem da EQM. As mensagens da EQM são a transformação e a conexão com a consciência universal.
14. Os estados de consciência alterados não provocam necessariamente uma EQM.
15. Depois da morte, a nossa consciência passa a existir fora do nosso corpo, em outro estado.

Essas informações nos levam para além das primeiras descobertas sobre a EQM, feitas cinquenta anos atrás. Agora estamos prontos para explorar o próximo nível.

20

O Que os Cientistas Descobriram, o Que Eu Descobri e o Que Todos Nós Podemos Descobrir se Avançarmos na nossa Investigação

> "Talvez a vida seja isso... um piscar de olhos e estrelas piscando."
> – Jack Kerouac

Todos as pessoas com quem trabalhei na minha busca para entender a experiência de quase morte concordam que a vida na Terra é apenas uma parte da surpreendente jornada delas e que o que está do "outro lado" excede amplamente os nossos mais memoráveis encontros terrenos. Todas elas voltaram com uma crença sólida no quadro maior da vida e na vida após a morte. Elas descobriram que todos nós estamos conectados e todos vivenciamos a vida na terra por um curto período de tempo, e que as tensões que às vezes parecem ser intransponíveis, quando vistas da perspectiva do plano espiritual, são meramente "problemas terrenos".

Essas pessoas também descobriram que a vida como a viviam antes não era mais uma opção. À medida que esse trabalho progredia, eu também percebi que havia avançado demais nesse caminho para poder voltar. Minha vida antiga era apenas isto: minha vida anterior. Eu aprendi com aqueles que encontrei na minha jornada que as pessoas que passam pela EQM são uma inspiração em sua capacidade de iluminar o caminho para a humanidade. Elas me ajudaram a continuar a escrever este livro.

Neste livro, procurei desvendar o significado dos efeitos colaterais da experiência de quase morte e do que consideramos como consciência. Embora eu inicialmente tenha me proposto explorar os efeitos colaterais, não demorou muito para que o meu caminho cruzasse com a necessidade de compreender o plano espiritual, um caminho que me levou a investigar fundo a consciência e à sua misteriosa órbita.

Entre as muitas coisas que aprendi estava o fato de que padrões repetitivos relacionados à consciência e ao seu significado são inerentes ao processo da EQM. Essas conclusões, teorias e padrões são o cerne deste livro e têm um viés científico, se não etérico. Aprendi que esse trabalho tem implicações profundas para a nossa vida na Terra e o nosso entendimento da realidade. O que eu aprendi foi muito além do meu objetivo inicial de conhecer o reino da grande ordem das coisas, do cosmos, do significado da vida após a vida física e da crença em outras realidades.

Carregamos o peso do nosso corpo físico e dos nossos sentidos enquanto estamos no plano terreno. Eles nos impedem de subir às alturas da consciência, que podem criar tão facilmente felicidade perfeita e perfeição. Ainda assim, todos temos a capacidade e o potencial para melhorar nossa vida. Não precisamos esperar para provocar uma mudança. O plano espiritual está pedindo por isso agora. Todos somos capazes de nos elevar de modo colaborativo; temos a capacidade e os recursos para fazer isso. Nossa contribuição, no nível individual, é valiosa. Mesmo que não possamos alcançar as alturas misticadoras da EQM, ainda podemos evoluir e exercer algum impacto sobre o universo.

Somos todos seres feitos de energia, conectados ao plano espiritual e, pelo plano espiritual, uns aos outros. Podemos nos lançar coletivamente em estados mais elevados de consciência. Embora não possamos alcançar o nível transformador da EQM, podemos usar a iluminação intencional para nos conectar à humanidade e alcançar uma frequência mais alta para entrar em sintonia com uma perspectiva maior. Cada um de nós pode lançar uma luz sobre o nosso planeta.

O que está tentando se expressar por meio desses padrões – os efeitos colaterais e poderes da EQM? Podemos perguntar logicamente se esses padrões são o modo de o universo exigir uma nova consciência.

A mensagem da EQM refere-se ao fato de que vivemos/existimos num ambiente energético/vibratório subjacente a todas as nossas atividades, padrões e ações. A EQM remete ao cerne da nossa existência na Terra e do nosso relacionamento com o universo. A mensagem é mais clara na experiência de EQM quando estamos livres da esfera física e não distraídos por ela.

Profetas, místicos e videntes previram uma época em que o homem dará um salto cósmico para outro domínio da consciência. As EQM serão o veículo para nos transportar para lá?

Minha pesquisa exigiu que eu consultasse centenas de livros, artigos, sites, vídeos do YouTube, filmes e entrevistas. Fui levada pela curiosidade sobre as questões que nos cercam e pela minha paixão por esse trabalho. Eu continuava avançando, mesmo quando outros questionavam o que eu estava fazendo. Percebi que, se você tiver um sonho, deve seguir em frente. Tentei me manter flexível e ver oportunidades que outros não conseguiam ver.

Eu não tinha respostas perfeitas para as minhas perguntas mais importantes no início da jornada, mas, à medida que avançava, percebi que talvez não existisse nenhuma resposta perfeita, apenas indicações para novos caminhos e passagens, novas maneiras de examinar a informação.

Como você pode discernir com base no meu comentário a este livro, o entendimento que eu tinha da EQM mudou desde que comecei este trabalho e busquei o seu significado mais profundo. Quanto mais eu investigava, mais histórias as pessoas compartilhavam, mais as peças se encaixavam.

Continuei fazendo perguntas à medida que a jornada prosseguia e sempre encontrava outra maneira de buscar respostas para as minhas perguntas, perguntas que serviram como tópicos neste livro: o que torna o universo coeso? Tudo o que vemos numa EQM pode explicar a tudo o que existe? Qual é a natureza da energia?

Ao longo do caminho, fiquei fascinada pelas EQMs. Meu trabalho tornou-se uma missão para explorar nossos mistérios básicos. E a jornada me permitiu descobrir partes de mim mesma no processo. Quando me deparei com padrões e histórias quase idênticos, também aprendi que este é apenas o começo se quero desvendar a experiência de quase morte e compreender a sua complexidade.

"Descobrimos nossa vida vivendo-a", disse a poeta Maya Angelou. Bem, eu vivi minha vida. Nunca me propus fazer isso. Meu trabalho tornou-se não só a investigação da jornada pessoal das pessoas que vivenciaram a EQM, mas também a minha jornada. Ao longo do caminho aprendi a aceitar os meus dons, a usá-los para ajudar outras pessoas e para dizer, "Esta é a pessoa que eu sou".

As verdades universais

Reafirmo a verdade universal de que tudo é verdadeiramente energia. Essas histórias e seus efeitos especiais únicos me convenceram de que todos fazemos parte de algo muito maior do que qualquer um de nós pode contemplar ou tem a capacidade de expressar. E isso do qual fazemos parte é completo e eterno. Essas histórias me apresentaram a pessoas notáveis que demonstram que tudo é possível e que nossas capacidades humanas são controladas em parte por nós, mas principalmente por forças que nunca compreenderemos. Todos somos verdadeiramente universais.

Aprendi que não posso voltar a olhar as coisas do mesmo modo. Depois que você entra nesse reino, descobre que não vivemos de maneira aleatória ou num universo material em que nada importa muito. Na verdade, estamos deixando nossa pegada no nosso universo por meio de nossas ações, e coletivamente somos muito importantes. Eu sei disso agora.

APÊNDICE A
A TERMINOLOGIA E A DEFINIÇÃO DA EQM

Raymond Moody, considerado o "pai" da EQM, começou a estudar as experiências de quase morte quando tinha 18 anos e estudava filosofia na Universidade da Virgínia. Ao ler a *República* de Platão, ele ficou intrigado com a história de Er, um guerreiro que se julgava morto e descreveu sua jornada para outro domínio antes de voltar à vida.

"Eu sentia que a questão da vida após a morte era o buraco negro do universo pessoal", explicou Moody em suas memórias, *Paranormal: My Life in Pursuit of the Afterlife*.[1]

Moody cunhou a expressão "experiência de quase morte" para descrever a experiência pós-morte que muitas pessoas disseram ter vivenciado e relataram, mas para as quais não existiam pesquisas ou provas. Seu livro *Life After Life*, publicado em 1975, conquistou o interesse do público e, desde então, as pessoas não pararam de buscar informações sobre esse fenômeno.

De acordo com a definição de Moody, a expressão "experiência de quase morte" – ou EQM – engloba:

* A experiência em que uma pessoa foi ressuscitada depois de ter sido considerada, julgada ou declarada clinicamente morta pelos médicos.
* A experiência em que uma pessoa chegou muito perto da morte física, depois de sofrer um acidente, lesão ou doença grave.
* A experiência em que uma pessoa sabe que foi declarada morta e mais tarde relata às pessoas o conteúdo da sua experiência de morte.
* Um conjunto semelhante de experiências – um túnel de luz, a sensação de estar fora do corpo, uma revisão da vida, um zumbido ou um som ressonante, a reunião com entes queridos falecidos, uma profunda sensação de paz – vivenciadas antes de a pessoa voltar para o mundo físico.

O dr. Moody logo se juntou a outros pesquisadores em sua busca para entender melhor as experiências de quase morte.

Oito anos depois que ele publicou seu livro, o dr. Bruce Greyson aperfeiçoou o trabalho de Moody. Greyson, professor da Universidade da Virgínia, desenvolveu uma escala composta de dezesseis elementos para medir a profundidade da experiência de quase morte de um indivíduo. De acordo

com a escala de Greyson, uma experiência de quase morte inclui alguns dos seguintes:
- ✸ Alteração no tempo
- ✸ Um discernimento repentino
- ✸ Um sentimento de paz
- ✸ Uma sensação de unidade com o universo
- ✸ Uma luz brilhante
- ✸ Visões do futuro
- ✸ Uma experiência fora do corpo
- ✸ O encontro com um ser místico.
- ✸ A visão de espíritos falecidos ou figuras religiosas
- ✸ A chegada a uma fronteira ou ponto do qual não há retorno.

De acordo com Greyson, uma pontuação de pelo menos sete, em sua escala, qualifica a pessoa que passou por isso como um candidato à pesquisa sobre EQMs.

Isso parece bastante definitivo e conclusivo, certo? Mas e se a EQM não puder ser mensurada por nenhum dos nossos instrumentos? Poderia haver outra maneira de vê-la?

De acordo com a minha experiência, medir a experiência de alguém por meio dos elementos relacionados anteriormente não é algo tão simples. Afinal, essa experiência propicia o contato com um reino que não pode ser mensurado ou mesmo detectado pelos nossos métodos científicos. Será possível, portanto, explicar pelas estatísticas uma experiência num plano não material? A consciência pode ser pesada e sistematizada? Dito de outro modo, a profundidade é algo que pode ser medido?

É verdade que os elementos nos fornecem um contexto para entendermos esse evento intangível, assim como buscamos a linguagem para descrever o fenômeno, mesmo sem ter um vocabulário adequado para definir a experiência. Os elementos servem para nos fornecer um léxico visual e nos dar acesso a uma experiência descrita pela maioria como inefável.

No entanto, enquanto eu pensava nos elementos, percebi, parafraseando Montoya, que "não acho que eles significam o que eles acham que significam". Os elementos pareciam ser apenas um fragmento do significado completo da EQM. A mensagem da EQM parecia abranger mais, parecia dizer que vivemos/existimos num universo de energia subjacente a todas as nossas atividades, padrões e ações.

À medida que o trabalho com a EQM progredia, descobriu-se que o primeiro relatório médico de uma experiência de quase morte estava num livro de medicina do século XVIII, escrito por um médico militar francês. *Anecdotes de Médecine* descreve o caso de um conhecido farmacêutico de Paris que ficou inconsciente e relatou ter visto uma "luz tão pura e brilhante que ele pensou que deveria estar no céu".[2] Essa explicação é surpreendente porque, na época, a maioria das pessoas recorria à religião para explicar a experiência de quase morte.

As pessoas que vivenciam uma EQM também esclarecem o conceito de que a morte e o morrer não são um fenômeno muito bem definido. Considerando que, em nossa cultura, a morte é vista com o fim do corpo físico, o fim da vida, a questão da vida após a morte permanece. A vida pode continuar? Talvez não como a conhecemos, mas num domínio mais vasto?

Pode ser útil pensar nesse reino invisível como um prisma. Você pode virá-lo de todas as maneiras, mas nunca consegue ver muito bem o interior dele. Cada vez que você o gira, vê uma faceta diferente, outra característica, todas conectadas, mas todas misteriosas.

APÊNDICE B

METODOLOGIA DE PESQUISA

Metodologia e primeiros passos

Com o passar do tempo, as perguntas que me motivaram a prosseguir com este trabalho continuaram: *Quais são os efeitos colaterais da experiência de quase morte? Como as pessoas que a vivenciaram os adquiriram? Quais são as implicações? Por que tantas pessoas retornam à vida com peculiaridades completamente estranhas a elas?* Como você observou neste livro, essas perguntas me levaram a investigar mais a fundo.

Antes de entrevistar essas pessoas, pensei no tipo de metodologia que eu usaria nessa pesquisa. Decidi formatá-la de acordo com o tipo de pesquisa que já conhecia, e, dessa maneira, usar meus dons e talentos. Escolhi a pesquisa qualitativa em que a informação é coletada de várias maneiras, a fim de registrar a experiência e absorver o máximo possível da situação.

Eu já tinha iniciado pesquisas de campo para descobrir o corpo de conhecimento existente, lendo os livros de Raymond Moody e outros, e revisando casos publicados. Eu usaria a metodologia qualitativa rigorosa com base em entrevistas, questionários e estudos de caso. Procuraria pessoas que tivessem vivenciado a experiência de quase morte e depois investigaria os casos e examinaria correlações e relacionamentos entre elas. Quando as entrevistas e os questionários estivessem completos, eu faria uma consulta para descobrir informações não tão facilmente acessíveis por meio de entrevistas e questionários. Por fim, sintetizaria toda a informação para examinar correlações e relações entre os entrevistados.

Acabei trabalhando com um universo de cerca de cinquenta indivíduos que tinham vivenciado a EQM. Selecionei os quinze casos mais interessantes para este livro. No processo, falei com enfermeiros, sacerdotes e cientistas, bem como pessoas de todo o mundo que tinham passado pela EQM. Reuni experiências de quase morte, experiências fora do corpo e relatos de efeitos colaterais.

Pesquisa de métodos mistos

> "Na minha opinião, na ciência do futuro a realidade não será nem 'psíquica' nem 'física', mas, de alguma forma, as duas coisas e, ao mesmo tempo, nenhuma delas."
> – Wolfgang Pauli, físico

Decidi fazer uso da pesquisa de métodos mistos, combinando métodos qualitativos e a análise *psi*.* O objetivo da abordagem qualitativa é descrever e observar – para descobrir do que se trata o fenômeno. Psi é um campo de investigação do fenômeno metafísico.

Os pesquisadores utilizam pesquisas de métodos mistos quando um método isolado não é adequado. Eu entendi que o fenômeno da EQM não tem explicação nem permite investigação convencional, então decidi explorar e combinar arsenais para cobrir mais potencialidades.

A maioria das pessoas irá dizer que é muito difícil descrever a sua EQM e que essas respostas escapam a elas. Percebi que elas só conseguem responder a uma entrevista ou questionário sobre o que se lembram da sua experiência. Como resultado, suas respostas são limitadas. Mas e se houvesse outras questões e circunstâncias que contribuíram para a sua experiência? Fatos e situações que estavam escondidos e ainda exigiriam investigação? Haveria uma maneira de resolver isso? Uma abordagem seria fazer perguntas durante a consulta.

Como a análise psi funciona?

Tentei determinar como a informação poderia nos servir melhor. À medida que eu avançava para extrair respostas, cheguei a resultados que, como eu, você provavelmente também achará surpreendentes. Estou convencida de que o que recebi é real, e é por isso que compartilhei as descobertas com você. Como não estou tentando convencê-lo de absolutamente nada, mas apenas divulgando essa informação, você pode analisar essa informação de acordo com seu próprio discernimento.

Embora eu tenha feito essa pesquisa de um ângulo diferente da maioria das pessoas, acho que muitos ainda podem reconhecer uma metodologia que

---

* Psi é a 23ª letra do alfabeto grego e a primeira letra da palavra "psique". É o termo que os parapsicólogos usam para se referir genericamente a todos os tipos de fenômenos, experiências ou eventos psíquicos que parecem estar relacionados com a psique, ou a mente, e que não podem ser explicados por princípios físicos estabelecidos. (N.T.)

vale a pena considerar num campo que ainda é evasivo. Então arregacei as mangas, coloquei meu boné de pesquisadora e comecei o processo.

De que se compõe uma consulta?

Uma consulta ou sessão psíquica (ou mediúnica) é uma tentativa de discernir informações mediante habilidades perceptivas ampliadas. A informação vem a mim por meio de um processo que requer que eu entre num estado de consciência superior. Faço perguntas e "escuto" as respostas. Em seguida, transmito as respostas para o cliente ou, neste caso, para a pessoa que vivenciou a EQM. Todas as consultas são gravadas. É assim que eu trabalho. Começo por limpar a minha mente. E me desprendo de todas as sensações e desordens no meu espaço e corpo físicos. Respiro fundo algumas vezes, como faria se estivesse entrando num estado meditativo. Na verdade, eu entro num tipo de estado meditativo. Por causa das minhas habilidades, sou capaz de alcançar níveis mais elevados nesse estado, o que me permite acessar outras informações. Devo mencionar que, enquanto estou nesse estado, também estou completamente presente. Posso dizer aos meus gatos que saiam de cima da mesa da cozinha ou dar uma olhada nas notícias da TV. É um estado de completa concentração, ainda que esteja completamente aberta a receber informações. Escuto atentamente para que possa transmitir as informações. Quando termino, agito as mãos, bebo um pouco de água ou faço uma caminhada para purificar meu organismo.

É assim que a informação chega a mim

A informação chega a mim por meio de símbolos, imagens e às vezes palavras; isso consiste em clarividência. Eu ouço coisas, o que é clariaudiência. Sou também capaz de sentir cheiros e sabores, embora essas habilidades sejam menos ativas nessas consultas, porque a informação que buscamos é do plano espiritual, não do plano material. A capacidade de usar os sentidos físicos é um pouco menos importante.

O *feedback* é às vezes fornecido pela própria pessoa que vivenciou a EQM, durante a consulta. Às vezes, ele ocorre depois, em e-mails e telefonemas. Durante a consulta, enquanto transmito as informações, o consulente muitas vezes diz: "Sim, eu tinha me esquecido disso" ou "Eu nunca entendi essa parte, então o que você está dizendo vai preencher algumas lacunas".

Na maior parte das vezes, as informações das consultas são transcritas em itálico ao longo deste livro, para ajudar você a identificar as informações transmitidas por meu intermédio. Não incluí consultas inteiras nos capítulos, mas editei-as, apresentando apenas as informações pertinentes. Também resumi algumas informações transmitidas nas consultas e apresentei-as no capítulo relevante, e também usei certas informações em outros capítulos para confirmar os padrões.

O PROCESSO ESPECÍFICO DAS CONSULTAS USADAS NESTE LIVRO

Como formulamos as perguntas feitas nas consultas?

As perguntas das consultas eram formuladas depois que o consulente preenchia um questionário, seguido de uma extensa entrevista. Normalmente, depois desse processo, eu encontrava lacunas nas informações, entre eles eventos ocorridos que o consulente não tinha conseguido explicar ou sobre os quais não tinha conseguido responder marcando uma das alternativas do questionário. Esse tipo de informação poderia se relacionar à sua história pessoal, à sua infância e às suas experiências anteriores, ou a alguma faceta da EQM, como a escuridão que ele tinha encontrado ou ruídos que tinha ouvido. Eu certamente não sabia as respostas a essas perguntas, mas estava disposta a ver o que poderíamos descobrir numa consulta.

À medida que os padrões começavam a surgir, surgiam também outras perguntas, e estas eram incorporados às consultas. As pessoas que tinham vivenciado a EQM também podiam fazer suas próprias perguntas nas consultas. As perguntas mais comuns tinham relação com a necessidade de entender melhor o significado da escuridão que elas tinham encontrado ou os seres que haviam conhecido. Outra pergunta frequente estava relacionada à razão por que receberam tanta informação, mas não se lembravam de tudo ao voltar. A missão também era uma questão fundamental para a maioria delas.

Em termos práticos, se o consulente fosse da região, eu realizava a consulta com a presença dele. Caso contrário, as consultas eram realizadas pelo Skype. Eu registrava, transcrevia e depois analisava todas as consultas.

Como você viu, surgiam padrões referentes aos antecedentes e à criação da pessoa que vivenciara a EQM. Assim como eu mencionei nos capítulos 16 e 17, padrões sobre a intenção e a consciência, sobre o universo e o significado da experiência também surgiam.

NOTAS DOS CAPÍTULOS

Capítulo 4

1. Conforme citado em Pollan. "The Trip Treatment", sobre o tema de possibilidades terapêuticas de experiências místicas.

Capítulo 8

1. Atwater. *Children of the New Millennium.*
2. Christian. *Marital Satisfaction and Stability.*
3. Knoblach e Schmied. "Different Kinds of Near-Death Experience."
4. Perera et al. realizou uma pesquisa por telefone, em 2005, com uma amostra representativa da população australiana, como parte do Levantamento Roy Morgan Catibus.

Capítulo 9

1. www.nderf.org/NDERF/Research/number_nde_use.htm e uma estimativa baseada numa pesquisa de opinião pública de 1992.

Capítulo 11

1. Omni Publications International, 1997.
2. "Mereon as an Archetypal Solution to the Theory of Everything," *near-death.com*

Capítulo 14

1. Voss, Ursula, Romain Holzmann, Allan Hobson, Walter Paulus, Judith Koppehele-Gossel, Ansgar Klimke e Michael A Nitsche. "Induction of Self Awareness in Dreams Through Frontal Low Current Stimulation of Gamma Activity", *Nature Neuroscience* 17 (2014): 810–812.
2. Borjigin, Jimo, UnCheol Lee, Tiecheng Liu, Dinesh Pal, Sean Huff, Daniel Klarr, Jennifer Sloboda, Jason Hernandez, Michael M. Wang e George A. Mashour (programa de graduação do departamento de Fisiologia Molecular e integrativa, neurologia, anestesiologia, e neurociência da Universidade de Michigan, Ann Arbor, Michigan; e Veterans Administration, Ann Arbor, Michigan) "Surge of Neurophysiological Coherence and Connectivity in the Dying Brain", organizado por Solomon H. Snyder, da Escola de

Medicina da Universidade Johns Hopkins, Baltimore, Maryland. Aprovada em 9 de julho de 2013. Recebida para revisão em 2 de maio de 2013.

Capítulo 16

1. Pew. *The Significance of the Near-Death Experience.*
2. Ibid.
3. Barušs. "Speculation."
4. Radin. *The Conscious Universe.*
5. Barušs. "Characteristics of Consciousness."
6. Chalmers. "Consciousness and its Place."
7. Barušs. "Speculation."
8. Fodor. "The Mind Doesn't Work."
9. Sheldrake. "Morphic Resonance and Morphic Fields."
10. Jung. *Synchronicity.*
11. Langer. *Mindfulness.*

Capítulo 18

1. Britton and Bootzin. "Near-Death Experiences and the Temporal Lobe."
2. Borjigin. "Electrical Signatures of Consciousness in the Dying Brain."

Apêndice A

1. Moody, Raymond. *Paranormal: My Life in Pursuit of the Afterlife* (HarperOne, 2013).
2. Du Monchaux, Pierre-Jean (1733-1766), *www.livescience.com/46993-oldest--medical-report-of-near-death-experience.html.* De acordo com o *Live Science News*, o relatório foi escrito em 1740 por Pierre-Jean du Monchaux, um médico militar francês, em seu livro *Anecdotes de Médecine.*

GLOSSÁRIO

Aura
Campo de energia sutil que envolve a pessoa e irradia dela. Todos os seres vivos têm uma aura, que pode ser percebida como um corpo de luz.

Canal
Pessoa que é um veículo de comunicação entre o plano espiritual e o plano terreno. Ela também pode ser chamada de "médium".

Chakras
Segundo tradições hindus e yogues, centros energéticos de poder espiritual, localizados no corpo de energia sutil.

Consciência
Estado de ser ou percepção caracterizado por sensações, sentimentos e estados de consciência alterados, além da consciência consciente.

Consulta ou Leitura
Tentativa de discernir informações mediante o uso de habilidades do domínio metafísico. Essas habilidades incluem clarividência (visão), clariaudiência (audição), clarissensitividade (sensação), clarisciência (conhecimento intuitivo), clarigustação (paladar), entre outras.

Cordão de Prata
Fio que liga o corpo físico ao eu superior ou ao corpo mental. Um cordão de cor prateada e delgado que liga o corpo etérico ao corpo físico.

Corpo Astral
A contrapartida espiritual do nosso corpo físico. Um duplo energético que tem uma conexão sutil com o corpo físico.

Energia
Substância do reino espiritual que cria um tipo de força vital imensurável.

Espírito
Entidade não física que governa o reino metafísico e se comunica por meio de um canal ou meio na Terra.

Experiência Fora do Corpo
Sensação de flutuar fora do corpo e observar a si mesmo de uma perspectiva externa.

Força Vital
Poder invisível que conecta tudo no universo, das menores moléculas ao cosmos e às galáxias.

Frequência
A pulsação em que tudo no universo ressoa.

Médium
Pessoa sensitiva com a capacidade de receber informações de espíritos na forma de mortos. A informação é recebida sob a forma de percepções auditivas, visuais ou somáticas.

Metafísico
Diz-se do reino que não pode ser visto, mas que se supõe que exista. Domínio que transcende a realidade material.

Místico
Pessoa que procura refletir sobre a existência espiritual.

Nova Era
Abordagem alternativa à medicina, à cultura, à espiritualidade, à religião ou à filosofia tradicional. Movimento ocorrido nas nações ocidentais no início da década de 1970.

Psi
Termo que se refere a tipos de fenômenos psíquicos que não podem ser explicados por princípios físicos.

Telepatia
Comunicação que ocorre além dos meios físicos, da mente de uma pessoa para outra.

Vibração
Taxa em que a energia do universo se movimenta.

Vida Após a Morte
A continuação da existência após a morte.

Xamã
Sacerdote de uma tribo, que atua como intermediário entre o mundo sobrenatural e o natural. Os xamãs podem ter habilidades de cura, mediúnicas, mágicas e divinatórias.

BIBLIOGRAFIA

"A Guide to Holistic Healing, Body Frequencies", *www.holisticmindbody-healing.com/brain-wave-frequency.html*.

"5 Types of Brain Waves Frequencies: Gamma, Beta, Alpha, Theta, Delta", Mental Health Daily, *http://mentalhealthdaily.com/2014/04/15/5-types-of-brain-waves-frequencies-gamma-beta-alphatheta-delta/*.

Atalay, Bulent. *Math and the Mona Lisa: The Art and Science of Leonardo da Vinci* (Smithsonian Books, 2011).

Atwater, P.M.H. *Children of the New Millennium* (Three Rivers Press, 1999).

Bahn, Paul. *The Cambridge Illustrated History of Prehistoric Art* (Cambridge University Press, 1998).

Bahn, P. e J. Vertut. *Journey Through the Ice Age* (Berkeley, Los Angeles, Califórnia: University of California Press, 1997).

Barušs, Imants, Ph.D. "Characteristics of Consciousness in Collapse-Type Quantum Mind Theories", *Journal of Mind and Behavior* 29 (3) (2008).

_____. "Contemporary Issues Concerning the Scientific Study of Consciousness", *Anthropology of Consciousness* (julho de 1992).

_____. "Speculations About the Direct Effects of Intention on Physical Manifestation", *Journal of Cosmology* (2009).

Beauregard, Mario, Ph.D; Gary E. Schwartz, Ph.D; Lisa Miller, Ph.D; Larry Dossey, MD; Alexander Moreira-Almeida, MD, Ph.D; Marilyn Schlitz, Ph.D; Rupert Sheldrake, Ph.D; e Charles Tart, Ph.D. "Manifesto for a Post-Materialist Science", *Explore, The Journal of Science and Healing* 10 (5) [setembro/outubro de 2014].

Beauregard, Mario, Ph.D. *Brain Wars: The Scientific Battle Over the Existence of the Mind and the Proof That Will Change the Way We Live Our Lives* (HarperOne, 2013).

Bednarik, Robert. "The Nature of Australian Pleistocene Rock Art." IFRAO Congress (setembro de 2010) [simpósio].

_____. *Rock Art Science: The Scientific Study of Palaeoart* (Nova Délhi: Aryan Books International, 2007).

Bergland, Christopher. "Alpha Brain Waves Boost Creativity and Reduce Depression", *Psychology Today www.psychologytoday.com/blog/theathletesway/201504/alpha-brain-waves-boost-creativity-and-reducedepression* (abril de 2015).

Borjigin, Jimo, Ph.D. "Electrical Signatures of Consciousness in the Dying Brain", *Proceedings of the National Academy of Sciences*, University of Michigan (agosto de 2013).

"Brainwave Entrainment to External Rhythmic Stimuli: Interdisciplinary Research and Clinical Perspectives", Stanford Center for Computer Research in Music and Acoustics (13 de maio de 2006).

"Brainwaves and Consciousness," *www.hirnwellen-und-bewusstsein.de/brainwaves_1.html*.

Britton, Willoughby e Richard Bootzin. "Near-Death Experiences and the Temporal Lobe", University of Arizona, Departamento de Psicologia (2004).

Bukhman, E.V., S.G. Gershman, V.D. Svet e G.N. Yakovenko. "Spectral Analysis of Acoustic Vibrations on the Surface of the Human Body", Andreev Acoustics Institute, Russian Academy of Sciences, ul. Shvernika 4, Moscou, 117036 Russia_1993, *www.zainea.com/humanvibrations.htm*.

Cahn, B. Rael e John Polich. "Meditation States and Traits: EEG, ERP, and Neuroimaging Studies", *The American Psychological Association Vol. 132, No. 2* (2006).

Cahn, B. Rael, Arnaud Delorme e John Polich. "Occipital Gamma Activation During Vipassana Meditation", U.S. National Library of Medicine National Institutes of Health (2009).

Chalmers, David. "Consciousness and its Place in Nature." In: S. Stich e F. Warfield (orgs.). *The Blackwell Guide to Philosophy of Mind* (2003).

Christian, Sandra Rozen, MEd. *Marital Satisfaction and Stability Following a Near-Death Experience of One of the Marital Partners* (University of North Texas, 2005).

"The Close Reading of Poetry", University of Victoria, British Columbia, *http://web.uvic.ca/~englblog/closereading/?page_id=122*.

Daw, Nigel. *How Vision Works: The Physiological Mechanisms Behind What We See* (Oxford University Press, 2012).

Errede, Steven. "The Human Ear: Hearing, Sound Intensity and Loudness Levels", *https://courses.physics.illinois.edu/phys406/lecture_notes/p406pom_lecture_notes/p406pom_lect5.pdf*. Departamento de Física, University of Illinois em Urbana-Champaign, Illinois (2002-2015).

"Everything in Life Is Vibration", Altered States, *http://altered-states.net/barry/newsletter463*.

Fodor, Jerry. *The Mind Doesn't Work That Way: The Scope and Limits of Computational Psychology* (Cambridge, Mass.: MIT Press, 2000).

Foster, KR. "Thermal and Nonthermal Mechanisms of Interaction of Radio-Frequency Energy With Biological Systems", *IEEE Transactions on Plasma Science Vol. 28, No. 1* (fevereiro de 2000).

Fraccaso, Cheryl. "Electromagnetic Aftereffects of Near Death Experiences", *Journal of Transpersonal Research* (2012).

Freeman, Lyn, Ph.D. *Mosby's Complementary & Alternative Medicine: A Research-Based Approach* (Elsevier Health Sciences, 2008).

Gilmore, Grover C. "Age Effects in Coding Tasks: Componential Analysis and Test of the Sensory Deficit Hypothesis", *Psychology and Aging* (2006).

Goodman, R. e M. Blank. "Insights Into Electromagnetic Interaction Mechanisms", *Journal of Cellular Physiology* (2002).

Greyson, Bruce, Janice Miner-Holden e Debbie James. *The Handbook of Near-Death Experiences: Thirty Years of Investigation* (Praeger, 2009).

Guthrie, Russell Dale. *The Nature of Paleolithic Art* (University of Chicago Press, 2005).

"The Harp", Iowa State University, *www.music.iastate.edu/antiqua/harp. htm.*

"The Harp Blog," *www.celticharper.com/harpblog/.*

"Harp Therapy at the Bedside", *Harp Therapy Journal*, *www.harptherapyjournal.com/.*

Henderson, Tom. "The Anatomy of the Eye", The Physics Classroom (julho de 2011).

Henshilwood, C.S. et al. "Emergence of Modern Human Behaviour: Middle Stone Age Engravings from South Africa", *Science 295* (5558).

"How Do We Hear", National Institute of Health, National Institute on Deafness and Other Communication (abril de 2014).

"How Hearing Works", Hearing Health Foundation (cidade de Nova York) *http://hearinghealthfoundation.org/how-hearing-works.*

"How the Power of Frequency Can Heal Disease", *Conscious Life News* (dezembro de 2012), *http://consciouslifenews.com/power-frequency-heal-diseases/1144786.*

"How Vision Works", *Brain Fitness News* (Posit Science, San Francisco, Califórnia), *www.brainhq.com/brain-resources/brain-facts-myths/how-vision-works.*

"How We Hear", University of South Carolina, *www.sc.edu/ehs/modules/Noise/hearing.htm.*

"How We See", NIH National Eye Institute, National Institute of Health, Information Office (Bethesda, Maryland), *https://nei.nih.gov/healthyeyes/howwesee.*

Hrushovski, Benjamin. "The Meaning of Sound Patterns in Poetry: An Interaction Theory. *Hyperphysics.phy-astr.gsu.edu/hbase/mod3/html.*

Inan, Omar. "Interactions of Electromagnetic Waves With Biological Tissues", Stanford University (2005).

Jung, Carl. *Synchronicity: An Acausal Connecting Principle* (1952).

Knoblach, H. e I. Schmied. "Different Kinds of Near-Death Experience: A Report on a Survey of Near-Death Experiences in Germany", *Journal of Near-Death Studies 20(1)* (2001): 15-29.

Kotsos, Tania. "Brain Waves and the Deeper States of Consciousness", *www.mind-your-reality.com/brain_waves.html.*

Langer, Elllen. *Mindfulness* (Da Capo Lifelong Books, 2014).

Liou, Stephanie. "Meditation and HD", Stanford University (2010).

Livio, Mario. *The Golden Ratio: The Story of PHI, the Worlds Most Astonishing Number* (Broadway Books, 2008).

Long, Jeffrey e Paul Perry. *Evidence of the Afterlife: The Science of Near-Death Experiences* (HarperCollins Publishers, 2009).

Mackintosh, Nicholas. *IQ and Human Intelligence* (Oxford University Press, 2011).

"Magic Sounds of Peru's Ancient Chavín de Huántar", *Popular Archeology* (fevereiro de 2012).

Massoudian Nouri, Farnoosh, MEd, LPC-S, "Electromagnetic After effects of Near Death Experiences" (University of North Texas, 2008).

"Meet Your Brainwaves—Introducing Alpha, Beta, Theta, Delta, and Gamma", *www.finerminds.com/mind-power/brain-waves/.*

Moody, Raymond, MD, Ph.D. *Life After Life* (HarperCollins, 1975).

Muzzolini, A. "New Data in Saharan Rock Art 1995–1999." In P. Bahn e A. Fossati, *Rock Art Studies: News of the World* (Oxbow Books, 2003).

Nave, C.R. "The Interaction of Radiation with Matter/HyperPhysics", Georgia State University, Department of Physics and Astronomy, 2014.

"New Age Music", Escola de Música da Sam Houston State University, Huntsville, Texas.

Oghalai, John S., MD. "Hearing and Hair Cells", Departamento de Otorrinolaringologia e Ciências da Comunicação do Baylor College of Medicine, Houston, Texas (dezembro de 1997).

Pappas, Stephanie. "Sound Illusions: Eerie Echoes May Have Inspired Prehistoric Cave Art", *Live Science* (outubro de 2014).

Petroff, Ph.D., Emily. "Cosmic Radio Burst Caught Red-Handed", Swindburne University of Technology (janeiro de 2015).

Pew, Alan. "The Significance of the Near-Death Experience in Western Cultural Traditions", California State University, 1999.

"The Poet as Shaman: Language, Nature, and Art in Transformation." *The Waters of Hermes: A Journal of Poetry, Imagination and Traditional Wisdom Vol. 4* (2004), *www.academia.edu/3171431/The_Poet_as_Shaman_Language_Nature_and_Art_in_Transformation.*

Pollan, Michael, "The Trip Treatment", *The New Yorker* (1º de fevereiro de 2015).

Press, Lily Ann Cascio, "From Iconography to Opacity: The Harp's Mythological Origins And Modern Neglect", Haverford College (23 de abril de 2009).

Radin, Dean, *The Conscious Universe: The Scientific Truth of Psychic Phenomena* (HarperCollins, 2010).

Reimer, David. *Count Like an Egyptian: A Hands-on Introduction to Ancient Mathematics* (Princeton University Press, 2014).

Ring, Kenneth, Ph.D. *Heading Toward Omega: In Search of the Meaning of the Near-Death Experience* (Harper Perennial, 1986).

Ring, Kenneth, Ph.D, B.S. Rosing e J. Christopher. "The Omega Project: An Empirical Study of the NDE-Prone Personality", *Journal of Near Death Studies* (1980).

Rogers, Buck. "The Bizarre Electromagnetic Aftereffects of Near Death Experiences", *Waking Times* (novembro de 2014).

"Roman Jakobson: Language and Poetry", Duke University Press, *Poetics Today Vol. 2, No. 1a*, (outono de 1980).

Rubik, Beverly, Ph.D. "Measurement of the Human Biofield and other Energetic Instruments", Foundation for Alternative and Integrative Medicine.

Schwan, H.P. "Dielectric Properties of Biological Tissue and Biophysical Mechanisms of Electromagnetic-Field Interaction", Department of Bioengineering/D3, University of Pennsylvania (julho de 2009).

Sheehy Hoover, Joanne. "Making Prehistoric Music", National Park Service, Programa do Departamento Norte-Americano de Arqueologia do Interior dos Estados Unidos, Arqueologia Norte-Americana (inverno de 2004-2005).

Sheldrake, Rupert. "Morphic Resonance and Morphic Fields: An Introduction" (fevereiro de 2005), *www.sheldrake.org/Articles&Papers/papers/morphic/morphic_intro.html.*

Sheldrake, Rupert. *The Presence of the Past: Morphic Resonance and the Memory of Nature* (Park Street Press, 2012).

Skinner, Stephen. *Sacred Geometry Deciphering the Code* (Sterling, 2009).

GRUPO EDITORIAL PENSAMENTO

O Grupo Editorial Pensamento é formado por quatro selos:
Pensamento, Cultrix, Seoman e Jangada.

Para saber mais sobre os títulos e autores do Grupo
visite o site: www.grupopensamento.com.br

Acompanhe também nossas redes sociais e fique por dentro dos próximos
lançamentos, conteúdos exclusivos, eventos, promoções e sorteios.

editoracultrix
editorajangada
editoraseoman
grupoeditorialpensamento

Em caso de dúvidas, estamos prontos para ajudar:
atendimento@grupopensamento.com.br